I0018390

Thomas Haindl

Einführung in die Datenorganisation

Konventionelle Dateiverarbeitung – Datenbanken – TP-Monitore

2., durchgesehene Auflage

Springer-Verlag Berlin Heidelberg GmbH

1984

CIP-Kurztitelaufnahme der Deutschen Bibliothek

Haindl, Thomas:
Einführung in die Datenorganisation :
konventionelle Datenverarbeitung – Datenbanken –
TP-Monitore / Thomas Haindl. – Würzburg ;
Wien : Physica-Verlag, 1984

ISBN 978-3-7908-0314-3   ISBN 978-3-662-41578-8 (eBook)
DOI 10.1007/978-3-662-41578-8

Ursprünglich erschienen bei Physica-Verlag, Rudolf Liebing GmbH + Co., Würzburg 1984.

Composersatz und Offsetdruck „Journalfranz" Arnulf Liebing GmbH + Co., Würzburg

Vorwort

In der heutigen elektronischen Datenverarbeitung nimmt die Verwaltung von Datenbeständen einen wesentlichen Raum ein.

Das immense Anwachsen der Informationen in den Unternehmen und Verwaltungen sowie das Bedürfnis, über diese Informationen schnell zu verfügen, macht den Einsatz von effizienten, rechnerunterstützten Datenverwaltungssystemen zur Notwendigkeit.

Es sind mehrere Gesichtspunkte, die die Anforderungen an eine Datenverwaltung bestimmen: die Daten sollen so gespeichert sein, daß sie möglichst schnell unter verschiedenen Gesichtspunkten ausgewertet werden können, daß die Verwaltung möglichst unaufwendig ist, und daß die angeforderten Daten möglichst schnell an die abrufende Stelle gelangen.

Im heutigen EDV-Betrieb werden diese Anforderungen hauptsächlich durch den Einsatz von zentralen Datenbanken, Datenverzeichnissen (Data Dictionary) und Dialogbetrieb über Bildschirmterminals erfüllt.

Die zentrale Abspeicherung der Daten in Verbindung mit der hohen Geschwindigkeit der modernen Computer erlauben die verschiedensten Verknüpfungen zwischen Datenbeständen. Die gewünschten Informationen können über die Bildschirme sofort aus- und eingegeben werden.

Allerdings wird gerade durch diese schnelle und variable Datenverwaltung die Gefahr des Mißbrauches erheblich verstärkt. Eine wichtige Funktion jeder elektronischen Datenverwaltung liegt deshalb darin, sicherzustellen, daß solche mißbräuchlichen Anwendungen möglichst schwer gemacht werden.

Ziel dieses Buches ist es, EDV-Praktikern und anderen Interessierten einen Überblick über die unterschiedlichen Formen der heutigen rechnerunterstützten Datenverwaltungsmethoden zu geben.

Der Text entstand aus Skripten für verschiedene Vorlesungen und Firmenseminare über Dateiverarbeitung, Datenbanken und TP-Monitore.

Im ersten Teil werden zum Einen die wesentlichen Grundlagen der Datenorganisation ohne Verwendung eines speziellen Datenbanksystems vorgestellt. Er basiert dabei hauptsächlich auf den Büchern von Bauer, Wedekind und Schlageter/Stucky, die für eine eventuelle Vertiefung herangezogen werden können. Zum Anderen enthält er neben der Beschreibung des Aufbaus und der Merkmale eine Vorstellung der verschiedenen Konzepte der heutigen Datenbanksysteme. Anhand der ausführlichen Analyse von IMS und ADABAS sollen dem Leser detaillierte Kenntnisse über die Arbeitsweise zweier weitverbreiteter DB-Modelle vermittelt werden. Diese Beschreibung stützt sich naturgemäß im wesentlichen auf die Unterlagen der Hersteller oder der Vertriebsfirmen der entsprechenden Systeme.

Der zweite Teil beschäftigt sich mit der Dialogverarbeitung unter Verwendung von TP-Monitoren. Es werden wie bei den Datenbanken die wichtigsten Aufgaben und Merkmale dargestellt. Anhand des Monitors COM-PLETE wird anschließend gezeigt, wie diese Aufgaben in der Praxis gelöst werden können. Grundlagen dieser Beschreibung sind die verschiedenen Systemunterlagen der Firma SOFTWARE AG, die den Monitor vertreibt. Zur Vertiefung der rechnerorganisatorischen Voraussetzungen der Online-Verarbeitung können die Bücher von Wedekind, Bauer Knuth usw. benutzt werden.

Da der Zugang zu dem Lehrstoff praxisorientiert ist, sind zum Lesen außer einem Grundwissen über den Aufbau und die Arbeitsweise eines Computers keine weiteren Vorkenntnisse nötig.

Abschließend möchte ich allen danken, die mir mit ihrem fachlichen Rat und auch Kritik bei der Erstellung des Textes zur Seite standen.

Hamburg, im Juli 1981   Thomas Haindl

Inhaltsverzeichnis

Teil 2: TP-Monitore

Teil I: Konventionelle Dateiverarbeitung – Datenbanken

1. Einführung und Definition von Grundbegriffen

Die erforderlichen EDV-Begriffe können in 3 Ebenen angeordnet werden:

— physikalische
— physische
— logische

Die **physikalische Ebene** soll die hardwaremäßige Realisierung (elektronisch, mechanisch) des Computers umfassen. Dazu gehören Begriffe wie Flip-Flop, Gatter usw. Diese Ebene ist jedoch für die Benutzer der Rechenanlage normalerweise von geringer Bedeutung. Es soll deshalb hier nicht weiter darauf eingegangen werden.

Auf der **physischen Ebene** werden die physikalischen Bauteile unter rechnerorganisatorischen Gesichtspunkten gruppiert und benannt. Die kleinste physische Einheit in einem Computer ist das **Bit** (binary digit). Bits können nur zwei Werte annehmen (0 oder 1, physikalisch z.B. realisiert durch magnetisierten oder unmagnetisierten Zustand, Stromfluß oder kein Stromfluß). Das Bit bildet damit die Grundlage der gesamten Informationsspeicherung in einem Rechner. Mehrere Bits werden zu einem **Byte** zusammengefaßt. Mit einem Byte kann ein Zeichen (Buchstabe, Ziffer, Sonderzeichen) dargestellt werden. Bei einigen Maschinentypen werden die Bits zu größeren Einheiten, den **Wörtern** verbunden. Dies geschieht hauptsächlich bei technisch-wissenschaftlich genutzten Computern, da durch die größere Länge der Wörter (32 - 64 Bit) eine größere Rechengenauigkeit erreicht werden kann. In der kommerziellen Datenverarbeitung werden byteorientierte Maschinen verwendet, da die Abspeicherung nur eines Zeichens in einem Wort eine schlechte Speicherausnutzung zu Folge hat.

Die Bytes und Wörter sind die kleinsten ansprechbaren Einheiten im Arbeitsspeicher eines Rechners. Alle Manipulationen, die mit Daten in einem Computer durchgeführt werden, werden in diesen Einheiten ausgeführt. Die Wörter oder Bytes selbst werden zu **Sätzen (record)** verbunden.

Die Sätze sind die Einheiten, in denen die Informationen auf den **Sekundärspeichermedien** (Magnetband, Platte, Trommel,) abgespeichert und gefunden werden können. Sie besitzen deshalb **Adressen**, unter denen sie angesprochen werden können. Dies können physische Speicheradressen oder andere Werte sein, aus denen mit Hilfe der verschiedenen Zugriffsmethoden die physische Adresse ermittelt werden kann. Um den Transport der Datensätze in und aus dem Hauptspeicher zu optimieren, werden die Sätze zu **Blöcken** zusammengefaßt. Die physische Ebene ist vor allem für die Programmierer von Bedeutung.

Die **logische Ebene** enthält alle Begriffe, die für die Anwender (z.B. Fachabteilungen) von Wichtigkeit sind. Die kleinste logische Einheit ist das **Feld** (field, **data item**). Jedes Feld besteht aus einem **Feldnamen** und einem **Wert (value)**. Aufgebaut ist ein Feld aus einem oder mehreren Zeichen (**character**). (Zur Abspeicherung jedes Characters wird ein Byte bzw. ein Wort benötigt.) Das Aussehen eines Feldes (Art und Anzahl der Zeichen) muß gegenüber dem Rechner definiert werden. Dies geschieht bei der konventionellen Datenverarbeitung in den Programmen, die die Felder verarbeiten (z.B. FD-Eintragung bei Cobol). Mehrere Felder können zu **Segmenten** oder **Sätzen** verbunden werden, wobei in einem Satz oder Segment logisch zusammengehörige Felder enthalten sind. Der Zusammenhang ergibt sich dabei aus der jeweiligen Verarbeitungsanforderung.

Der Begriff Satz kommt sowohl auf der physischen als auch auf der logischen Ebene vor. Dies ist vor allem bei der Betrachtung von Datenbanksystemen von Wichtigkeit: in Datenbanken kann ein logischer Satz in verschiedenen physischen Sätzen gespeichert sein, bzw. für unterschiedliche Benutzer können physische Sätze unterschiedliche logische Sätze ergeben. Unglücklicherweise ist der Terminus „logischer Satz" im Bereich der Datenbanken kein eindeutiger Begriff. Je nach Philosophie des Systems besteht ein logischer Satz aus einem oder mehreren Segmenten, während andere DB-Systeme den Begriff Segment nicht verwenden. Ein logischer Satz entspricht dann in seiner Funktion einem Segment. *Bei konventionellen Dateien besteht kein Unterschied zwischen physischen und logischen Sätzen!*

Die Sätze und Segmente bestehen aus einem Definitionsteil, der aus den einzelnen Feldnamen und Felddefinitionen besteht und einem Werteteil, der sich aus den einzelnen Feldwerten zusammensetzt. Bei der konventionellen Dateiverarbeitung ist der Definitionsteil nur in den Anwendungsprogrammen und den Dokumentationsunterlagen enthalten. Bei Datenbanken müssen die einzelnen Felder eines Satzes gegenüber der Datenbank explizit definiert sein. Die Feldwerte der Sätze werden in **Dateien,** die zur Identifikation benannt sind, auf den Sekundärspeichern abgelegt. Dabei stellt ein kompletter Satz von Feldwerten für alle Felddefinitionen eine Ausprägung eines Satzes oder Segmentes dar. Eine konventionelle Datei enthält nur Ausprägungen von Sätzen mit gleichem Aufbau.

(In der EDV-Umgangssprache ist der Begriff Ausprägung mit Satz gleichgesetzt. Man spricht z.B. vom Finden, Lesen, Verarbeiten eines Satzes, wobei eigentlich die Satzwerte gemeint sind. Es soll deshalb im folgenden ebenfalls diese Gleichsetzung gelten!)

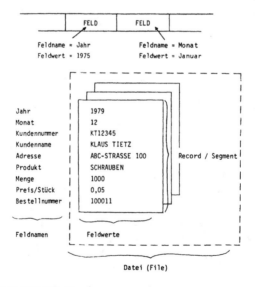

Bild 1: Beispiele für die Begriffsdefinitionen

Eine Datei muß nach ihren Ausdehnungen (Satzlänge, max. Satzanzahl, Anzahl Sätze pro Block) auf dem Speichermedium definiert und eingerichtet werden. Die Satzlänge setzt sich aus der Länge der Einzelfelder zusammen. Da man sich bei der Bestimmung der Feldlängen immer nach der längstmöglichen Ausdehnung richten muß, ergibt sich der Nachteil, daß beim Fehlen von Werten bzw. bei unterschiedlicher Länge (Straßennamen) Speicherplatz verloren geht.

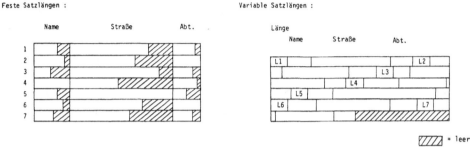

Bild 2: Satzformate

Diesen Nachteil kann man durch **variable Satzlängen** ausgleichen. Die jeweilige Länge wird dann am Anfang des Satzes angegeben. Die Verarbeitung variabel langer Records ist jedoch komplizierter, da immer erst die aktuelle Länge festgestellt werden muß.

2. Konventionelle Dateiverarbeitung

2.1 Aufbau / Datenorganisation

2.1.1 Sequentiell

Die Sätze sind in der Datei hintereinanderliegend (sequentiell) abgespeichert. Dies kann in 2 Formen geschehen:

2.1.1.1 Unsortiert

Hierbei werden die Sätze in der Reihenfolge ihrer Eingabe in die Datei gespeichert. D. h. neue Sätze werden immer hinten angehängt. Dies ist sowohl auf Platten- und Trommelspeichern als auch auf Magnetbändern möglich.

2.1.1.2 Sortiert

Bei dieser Form werden die Dateien nach einen Sortierkriterium (Ordnungsbegriff, Schlüssel) entweder auf- oder absteigend sortiert. Neue Sätze müssen dann an der entsprechenden Stelle eingefügt werden. Diese Form der Datenorganisation ist deshalb nur auf Speichermedien mit direktem Zugriff (Platte, Trommel) möglich. Das Einfügen von Sätzen in der Sortierfolge erfordert einen zusätzlichen Aufwand. Die einfachste Möglichkeit wäre die Verschiebung aller in der Sortierung nachfolgenden Sätze. Da dies aufgrund des großen Aufwandes nicht praktikabel ist, müssen geeignete Mechanismen zur Lösung dieser Schwierigkeit bereitgestellt werden z.B. Überlaufspuren auf dem Speichergerät.

Dies ist normalerweise ein gesonderter Bereich eines Zylinders, in dem nur die Sätze, die nicht an ihren eigentlichen Platz geschrieben werden können, gespeichert werden. Selbstverständlich müssen diese Überläufe in geeigneter Weise behandelt werden, damit die Sortierung erhalten bleibt.

Die größere Streuung der Datensätze über die Platte verursacht ein schlechteres zeitliches Verhalten beim Schreiben und Lesen der Sätze, so daß von Zeit zu Zeit eine **Reorganisation** der Datei erforderlich wird. Dabei werden die Überlaufsätze an ihren durch die Sortierfolge bestimmten Platz geschrieben.

2.1.2 Index-sequentiell

Die Datensätze sind bei dieser Organisationsform nach einem Schlüssel sortiert und lückenlos hintereinanderliegend gespeichert. Dem eigentlichen Datenbestand werden eine oder mehrere Dateien mit Indextabellen vorangestellt. Mit Hilfe dieser Indextabellen wird der Zusammenhang zwischen den Datensätzen und ihren Adressen hergestellt, z.B. in der folgenden Form:
Die Datendatei wird in eine beliebige Anzahl logischer Blöcke unterteilt. (Diese Blöcke sind in der Praxis mit den Transportblöcken identisch.) Jeweils der Schlüsselwert des letzten Satzes eines Blockes wird zusammen mit der Adresse des ersten Satzes in eine Indexdatei aufgenommen. Bei großen Datenbeständen ist die Anzahl der Indexsätze in dieser 1. Datei immer noch sehr groß, so daß mit ihr ebenso verfahren wird wie mit der Datendatei. Auf diese Weise können mehrere **Indexstufen** aufgebaut werden. In Abhängigkeit der Anzahl der Indexlisten spricht man von 1- bzw. **n-stufigem Index.**

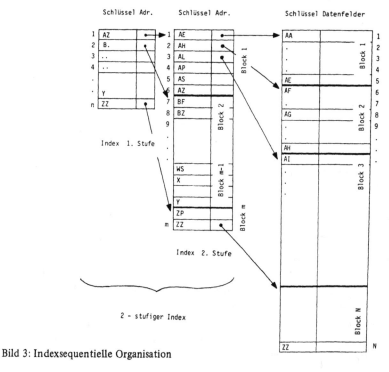

Bild 3: Indexsequentielle Organisation

Eine häufige Anwendung der Indexorganisation ist das Suchen von Sätzen auf Platten-speichern. Man orientiert sich dabei beim Aufbau der Indexlisten an der Einteilung des Speichermediums in Zylinder und Spuren (z.B. ISAM):
Die lückenlose Speicherung der Datensätze auf den Plattenspuren ermöglicht es, eine Spur als einen logischen Block zu betrachten. Auf einer gesonderten Plattenspur wird dann für jeden Zylinder ein **Spurindex** eingerichtet, der den höchsten Ordnungsbegriff pro Spur und die entsprechende Spurnummer enthält. Aus den Spurindices wird danach ein Index der nächsten höheren Stufe **(Zylinderindex)** aufgebaut. Dazu werden der höchste Ord-nungsbegriff pro Zylinderspurindex und die dazugehörige Zylindernummer zusammen-gefaßt. Dem Zylinderindex können dann noch weitere Stufen vorangestellt werden.

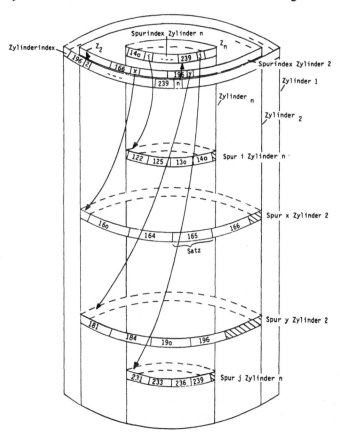

Bild 4: Indexsequentielle Organisation auf Plattenspeicher

Der Nachteil dieser Form der Datenorganisation liegt zum einen in dem Aufwand, der zum Speichern und Aktualisieren der Indexdateien bei Einfügungen und Löschungen er-forderlich ist und zum anderen in den Schwierigkeiten, die beim Einfügen durch das lük-kenlose sortierte Abspeichern verursacht werden (**Überlaufspuren**, Reorganisation).

2.1.3. Direkt

Für diese Organisationsform ist es notwendig, daß entweder ein ganzzahliger numerischer Schlüssel (key) in dem Datensatz enthalten ist, der die Werte zwischen 1 und N
annehmen kann, oder daß ein Schlüssel beliebigen Typs vorliegt, der sich in einen oben
beschriebenen umwandeln läßt. (N gibt den größten Wert an, den der Schlüssel erreichen
kann. Das ist gleichzeitig die höchstmögliche Satzadresse in der Datei.) Die Sätze müssen
alle die gleiche Länge haben, da sonst eine Adressermittlung nicht durchgeführt werden
kann. Da jeder Schlüsselwert nur einmal vorkommen darf, benötigt man zum Auffinden
eines Satzes nur einen Speicherzugriff.

Aufgrund der direkten Umsetzung des Schlüssels in eine Adresse, ergibt sich eine
sequentielle, sortierte Datenorganisation in der Datei, ohne die oben geschilderten Nachteile, da für jeden Satz ein Platz reserviert ist. Das heißt, daß für Datensätze immer Platz
belegt ist, egal, ob sie existieren oder nicht. Dies hat den Nachteil, daß Lücken im Schlüsselbereich auch Lücken im Speicherbereich zur Folge haben.

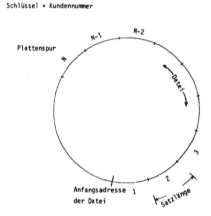

Adressermittlung nach der Formel

ADR = ANFANGSADR. + KUNDENNR. x SATZLÄNGE

Bild 5: Beispiel für die Adressermittlung bei direktem Zugriff

Beispieladressermittlung bei direkter Organisation:
Es soll die Adresse des Kundensatzes mit der Nummer 4287 ermittelt werden. Der Bereich der Kundennummern reicht von 1000 bis 5000. Auf jeder Spur des Sekundärspeichers befinden sich 20 Sätze. Der Anfang der Datei befindet sich auf der ersten Spur
(Spur 0) des Zylinders 50. Die Umsetzung des Schlüssels in die Adresse erfolgt in
4 Schritten:
(Die Numerierungen beginnen immer mit Null!)

1. Vom gesuchten Ordnungsbegriff wird als erstes der Anfangswert   4287
   des Nummernbereiches abgezogen. Man erhält dadurch die   −1000
   relative Satznummer in der Datei (**relative Adresse**).   3287

2. Die relative Satznummer wird dann durch die Anzahl
   der Sätze pro Spur dividiert. Daraus ergibt sich die   3287: 20 = 164 R 7.
   relative Spurnummer auf der der Satz liegt und die Nummer $7 + 1 = \boxed{8}$
   des Satzes in der Spur (Rest + 1).

> 1. Satz einer Spur ist der Spurbeschreibungssatz

3. Anschließend wird die **relative Zylindernummer** ermittelt.
   Dazu wird die relative Spurnummer durch die Anzahl der Spuren $164: 20 = \boxed{8}$ R 4
   eines Zylinders geteilt. (In der Regel besteht ein Zylinder aus 20
   Spuren.) Der Divisionsrest ist die Spurnummer des Satzes auf dem
   Zylinder.

4. Im letzten Schritt wird zu der relativ zum Dateianfang ermittelten   Z   Sp   S
   Satzadresse die Anfangsadresse der Datei addiert. Das Resultat ist die ⑧   4   ⑧
   absolute Adresse des Satzes auf dem Speicher.   +50   0   0

	Z	Sp	S
	58	4	8

2.1.4 Gestreut (Hashing)

Hierbei stehen die Datensätze verstreut und voneinander unabhängig auf dem Sekundärspeicher. Diese Form darf nicht mit der bereits beschriebenen direkten Organisationsweise
verwechselt werden. Dort ist für jeden Satz genau ein Bereich vorgesehen, der sich direkt
aus dem Schlüsselwert ergibt, während bei der gestreuten Speicherung ein Bereich angegeben wird, über den die Datensätze verteilt werden. Die Zuordnung von Satzschlüsseln
zu den Speicheradressen der Datensätze erfolgt bei der gestreuten Organisation über eine
Rechenvorschrift. Diese Vorschrift (Funktion) wird **Hash-Funktion** genannt.

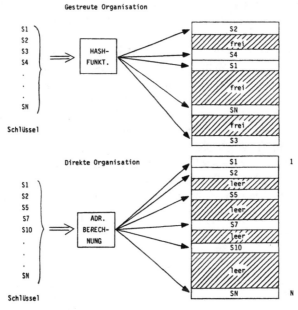

Bild 6: Unterschied zwischen direkter und gestreuter Organisation

Ein bekanntes Verfahren, das häufig als Hash-Funktion benutzt wird, ist die **Divisions-Rest-Methode**: (Vgl. *Wedekind*)
Zur Berechnung der Speicheradresse wird der Anfang (A) und das Ende (E) des Speicherbereiches benötigt. Für die Ermittlung der relativen Satzadresse in der Datei wird zuerst die größte Primzahl (P), die kleiner als die Differenz E−A ist, gesucht. Die Berechnung wird dann nach der Formel

$$\text{relative Satzadresse} = \text{Schlüssel} - |\,\text{Schlüssel}\,/\,P\,| \cdot P$$

durchgeführt. Zu dieser **relativen Adresse** muß dann noch die Anfangsadresse der Datei addiert werden, um die **absolute Adresse** zu erhalten. Zum besseren Verständnis soll das Verfahren an einem Beispiel erläutert werden:

$$\left.\begin{array}{l} A = 1000 \\ \\ E = 5000 \end{array}\right\} \quad E - A\ 4000 \Rightarrow P = 3989$$

Schlüssel = 4287 (wie Beispiel direkte Adressierung)

relative Satzadresse = $4287 - |\,4287/3989\,| \cdot 3989 = 298$
absolute Satzadresse = $1000 + 298 = 1298$

Die Umrechnung des Ordnungsbegriffes in die Adresse erfolgt sowohl beim Abspeichern, als auch beim Auslesen für jeden Datensatz. Das Problem dieser Datenorganisation liegt darin, eine Funktion zu finden, die einerseits die Sätze einer Datei nicht zu weit voneinander über den Speicherbereich verstreut und die andererseits möglichst wenigen Schlüsseln eine gleiche Adresse zuordnet. Da sich die Mehrfachzuordnung nicht völlig ausschließen läßt, sind verschiedene Verfahren entwickelt worden, die hier Abhilfe schaffen sollen:
Die einfachste Methode besteht darin, die Sätze mit den gleichen Adressen hintereinander in einem **Überlaufbereich** abzulegen. Eine andere Möglichkeit ist das Aufsuchen eines genügend großen freien Speicherplatzes möglichst dicht neben der errechneten Adresse. Wird kein ausreichender Platz gefunden, kann ebenfalls ein Überlaufbereich verwendet werden. Zusätzlich findet häufig eine weitere Methode Verwendung: Eine beliebige Menge von Datensätzen wird in einem Bereich (Block) zusammengefaßt. Dieser bildet dann die Grundlage der Bearbeitung. Mit der Hash-Funktion wird nur die Anfangsadresse des Bereiches ermittelt. Innerhalb des Bereiches wird dann nach dem ersten freien Speicherplatz gesucht. Wenn die Bereiche groß genug gewählt werden, kann ein Überlaufen vermieden werden. Es sollte aber auf jeden Fall die Behandlung eines Überlaufes vorgesehen sein. Als letztes soll noch eine 4. Möglichkeit vorgestellt werden. Dabei rechnet die Hash-Funktion nicht mehr direkt die Adresse des Satzes aus. Dem Datenbestand ist eine Tabelle vorangestellt, die dann z.B. auf einen Bereich verweist.

Wenn die Überlaufbereiche zu umfangreich werden, geht die Schnelligkeit des Verfahrens durch das Suchen beim Speichern und Lesen verloren.

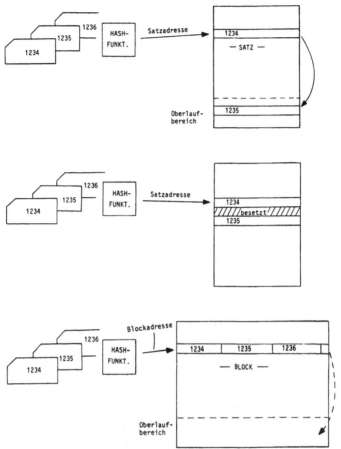

Bild 7: Gestreute Speicherung

2.2 Zugriffsmethoden auf Datensätze

2.2.1 Sequentielles Suchen (sukzessives Suchen, linear searching)

Dies ist die einfachste Form des Zugriffs auf eine sequentielle Datei. Der Bestand
kann hierbei sortiert oder unsortiert sein. Es wird jeder Datensatz gelesen und verarbeitet.
Die Reihenfolge der Abarbeitung ist dabei durch die Folge der Sätze in der Datei bestimmt.
Wenn in Abhängigkeit von Bedingungen nur auf bestimmte Sätze zugegriffen werden soll,
ist es notwendig, jeden Satz in den Hauptspeicher zu transportieren, zu lesen und zu
überprüfen, ob er der Anforderung genügt (Schlüsselvergleich). Es kann hierbei jedes Feld
eines Satzes als Kriterium (Schlüssel) dienen.

2.2.2 Binärsprung (binary searching)

Eine andere, schnellere Methode zum Auffinden von Datensätzen in sequentiellen
Dateien ist der sogenannte **Binärsprung** (binäres Suchen). Hierbei wird durch Schlüsselvergleich zuerst überprüft, ob der Datensatz, der sich in der Mitte der Datei befindet, der

gesuchte ist. Wenn nein, kann durch einen einfachen Größenvergleich der beiden Schlüsselwerte festgestellt werden, ob sich der gesuchte Satz in der 1. oder 2. Hälfte der Datei befindet. In dieser Hälfte wird dann genauso verfahren, wie in der Gesamtdatei, usw. Eine Verwendung der binären Suche setzt selbstverständlich einen sortierten Datenbestand und ein Speichermedium mit direktem Zugriff (Platte, Trommel) voraus.

2.2.3 Blocksuchen (m-Wege-Suchen)

Dabei wird der sequentielle, sortierte Datenbestand in m-Blöcke, deren Länge variabel sein kann, unterteilt. Der Block, in dem sich der gesuchte Satz befindet, wird ebenfalls durch Schlüsselvergleich gefunden. Der Schlüsselwert des gewünschten Satzes wird mit dem des 1. Satzes in einem Block verglichen. Bei aufsteigender Sortierung ist der Block gefunden, wenn der gesuchte Schlüsselwert kleiner ist, als der des 1. Satzes im Folgeblock.

2.2.4 Suchen bei index-sequentieller Organisation

Das Auffinden eines Satzes in einer index-sequentiellen Datei erfolgt über die vorgelagerte Indexstruktur. Wie beim Blocksuchen wird in jeder Indexdatei und in der Datendatei durch Vergleichen der Schlüsselwerte der Block, in dem der gesuchte Wert liegt, gesucht. Entsprechend der Organisation aus Kapitel 2.1.2 muß geprüft werden, ob der Schlüsselwert des gesuchten Satzes größer ist als der höchste Wert im ersten Block. Wenn nein, ist der richtige Block gefunden, wenn ja, wird mit dem Folgeblock genauso verfahren. Diese Prüfung wird solange wiederholt, bis der Block, der den Satz enthält, gefunden ist. Der entsprechende Block wird dann in den Hauptspeicher transportiert. Dort kann der gewünschte Satz z.B. durch binäres oder sukzessives Suchen aufgesucht werden.

2.2.5 Suchen bei direkter Organisation

Das Suchen der Datensätze wird auf die bereits geschilderte Weise durchgeführt. Für jeden Zugriff auf einen Satz (lesend oder schreibend) wird aus dem Schlüsselwert die physische Speicheradresse ermittelt, so daß eine weitere Suche nicht notwendig ist.

2.2.6 Suchen bei gestreuter Organisation

Hier wird ebenfalls bei jedem Zugriff unmittelbar die physische Adresse des Satzes auf der Platte aus dem Schlüsselwert ermittelt. Weitere Suchvorgänge sind nur nötig, wenn Adresskollisionen auftraten, wobei das Vorgehen dann von der verwendeten Kollisionsbehandlung abhängt.

3. Dateiverwaltungskonzepte

Während der Verbreitung der Datenverarbeitung nahm die Anzahl der Daten, die gesammelt, verwaltet und verarbeitet wurden, sprunghaft zu. Diese Tatsache machte es notwendig, immer leistungsfähigere und auch komfortablere Werkzeuge zur Handhabung dieser Daten bzw. Dateien zu finden. Die Datenbanksysteme stellen momentan den höchsten Stand dieser Datenmanipulationswerkzeuge dar. Dies soll jedoch nicht heißen, daß die Entwicklung damit abgeschlossen ist. Vielmehr ist damit zu rechnen, daß in den nächsten Jahren weitaus schlagkräftigere Datenverwaltungssysteme auch unter Einbeziehung der Hardware (siehe IBM/38)

zum Einsatz kommen werden. Dieses Kapitel soll einen ganz kurzen Überblick über die ver-
gangene Entwicklung geben. Im wesentlichen sind es drei Abschnitte, in denen diese Entwicklung verlief.

3.1. Seperate Dateiverwaltung

Bei diesem Konzept werden für jedes Benutzerprogramm in Abhängigkeit von den
Anwendungen die verschiedenen benötigten Dateien gesondert eingerichtet. Dabei können
diese Dateien durchaus verschiedenen Programmen mit unterschiedlichen Funktionen zugeordnet sein (z.B. bei Program A=Ausgabedatei, bei B=Eingabedatei).

Der Systemanalytiker oder der Programmierer entwirft das Feld- und Satzformat und
legt dabei die Spezifikationen jeder Datei fest.

Die Ein- und Ausgabefunktionen werden in das Programm fest eingebettet. Die entsprechenden Routinen z.B. READ/WRITE sind vom Programmierer selbst geschrieben und
greifen direkt auf den **physischen Level** der Speichereinheit zu. Die Adressermittlung
wird ebenfalls vom Anwender selbst realisiert. Die Datendatei wird bei der Bearbeitung dem
Anwenderprogramm fest zugeordnet (**physische Datenabhängigkeit**).

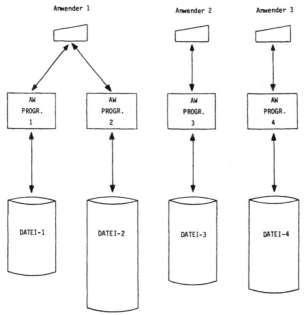

Bild 8: Separate Dateiverwaltung

Diese physische Abhängigkeit zwischen Programmen und Daten hat zur Folge, daß
Änderungen der Datenorganisation oder des Speichermediums selbst, immer Veränderungen
in den Anwenderprogrammen hervorrufen.

Viele Daten (z.B. Adressdaten) müssen sehr häufig in unterschiedlicher Zusammenstellung
verarbeitet werden. Dies wird oft so gelöst, daß mehrere Dateien mit teilweise denselben
Daten eingerichtet (**redundante Datenhaltung**) werden. Um dies zu vermeiden, können auch

aus verschiedenen Dateien die benötigten Felder isoliert werden. Beide Fälle haben jedoch einen erheblichen Mehraufwand an Rechenzeit und Speicherplatz zur Folge. Außerdem trägt das häufige Vorhandensein gleicher Daten unter verschiedenen Dateinamen zur Erhöhung des Verwaltungsaufwandes bei.

3.2. Gemeinsame Dateiverwaltung (Dateiverwaltungssysteme)

Die Dateiverarbeitung mit **Dateiverwaltungssystemen (file management system)** – das sind spezielle Betriebssystemprogramme, die dem Anwender zur Verfügung gestellt werden – ist der erste Schritt durch einheitliche Organisations- und Zugriffsmethoden wie ISAM, BDAM usw. die Verwaltung und Verarbeitung der Dateien zu standardisieren. Diese Programme unterstützen eine begrenzte Anzahl von Datenorganisationsformen wie sequentiell, index-sequentiell, direkt und ermöglichen direkte und (index-)sequentielle Zugriffe auf Datensätze. Diese Form der Dateiverwaltung wird heute von allen Großrechnersystemen angeboten und ist in diesem Bereich die am häufigsten benutzte Form.

Änderungen an der Organisation der Daten, sofern sie nicht die Struktur der Datensätze selbst betreffen, werden weitgehend von den Zugriffsroutinen abgefangen. Das heißt, daß das **physische Aussehen**, z. B. Speichermedium, Blockung, der Daten verändert werden kann, ohne daß die damit arbeitenden Programme davon betroffen werden.

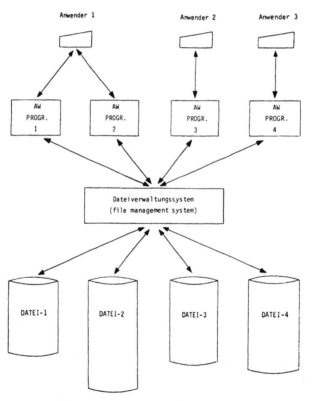

Bild 9: Gemeinsame Dateiverwaltung

Die Dateien bleiben jedoch weiter getrennt, so daß die meisten der unter 3.1 beschriebenen Nachteile (Redundanz, Verwaltungsaufwand) bestehen bleiben.

Ein anderer Punkt, der einen besonderen Nachteil darstellt ist die Tatsache, daß das Anwenderprogramm die für sich relevanten Felder aus den Datensätzen isolieren muß, was bedeutet, daß der Anwender Kenntnisse von der Struktur des Datensatzes bzw. aller beteiligten Dateien haben muß. Außerdem kann zumindest bei ändernden Zugriffen auf eine Datei immer nur ein Programm exklusiv damit arbeiten. Dies erzwingt oft eine Ablauffolge in der Bearbeitung von Programmen, die in den Rechenzentren umfangreiche organisatorische Maßnahmen notwendig macht.

3.3 Datenbanksysteme

Um einen möglichst einfachen, übersichtlichen, redundanzarmen und genormten Umgang mit Daten zu erreichen, müssen folgende Bedingungen erfüllt sein:

— Trennung von physischen und logischen Daten (**Datenunabhängigkeit**).
— Vereinigung aller (möglichst vieler) Datenbestände.

Logische Daten sind die Daten wie sie von den Anwenderprogrammen gesehen werden, d. h. die Menge aller **logischen Sätze**. Physische Daten sind die Daten wie sie auf dem Speichermedium liegen, also die **physischen Sätze**.

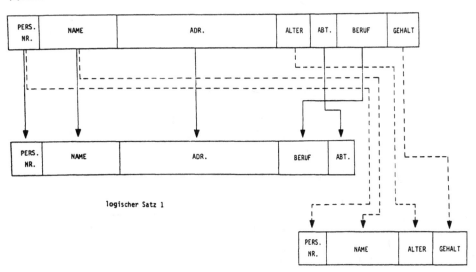

Bild 10: Physische Sätze – logische Sätze

Die Trennung von physischen und logischen Datenbeständen hat außer der Unabhängigkeit von Änderungen der Hardware und der physischen Dateien auch eine große Bedeutung für den Datenschutz.

Die Vereinigung aller einzelnen Dateien zu einem großen Datenbestand hat u.a. den Vorteil, daß die Verwaltung einheitlich und kontrollierbar wird (Datenbankadministrator, Data Dictionary). Außerdem ist die Abspeicherung effizienter, da die Mehrfachspeicherungen entfallen.

Ein Datenbanksystem besteht aus 2 Komponenten:

– der Datenbank und
– dem Datenbankverwaltungssystem.

Eine **Datenbank** ist eine Sammlung von gespeicherten Daten der verschiedenen Fachabteilungen bzw. Anwendungen eines Unternehmens.

Die Daten in einer Datenbank besitzen folgende Merkmale:

– es sind **Stammdaten** (vorhandene Daten, im Gegensatz zu **Bewegungsdaten** aus Ein- und Ausgabe)
– sie stehen in Beziehung untereinander
– sie stehen unter der zentralen Verwaltung und Kontrolle eines Datenbankverwaltungssystems und sind nur über dieses zu erreichen.

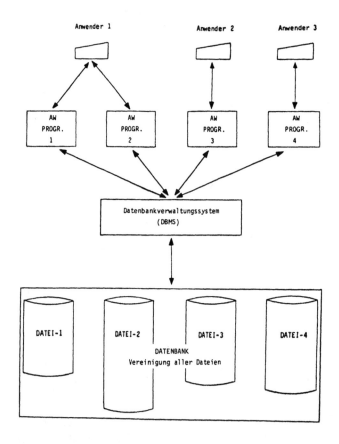

Bild 11: Datenbanksystem

Das **Datenbankverwaltungssystem (database management system, DBMS)** stellt die Zugriffsroutinen zur Verfügung, übernimmt das Einrichten der einzelnen DB-Dateien, die Datensicherung, den Datenschutz und vieles andere mehr. Es stellt also eine Zwischenebene zwischen
dem Anwender und den physischen Daten dar!

Das Anwenderprogramm übergibt seine Anforderung und überläßt dem DBMS die Iso-
lierung und Bereitstellung der gewünschten Daten. *Es hat keine Kenntnis über die physischen
Gegebenheiten* (z.B. physische Sätze, Speichermedien, Blockung usw.)!

Die Gesamtheit aller Anforderungen an die Datenbank stellt die **logische Sicht** der Daten
dar.

Die Datenunabhängigkeit ist erreicht, wenn die logische Sicht beliebig modifiziert (neue
Benutzer dazu, Veränderungen der Anforderungen u.a.m.) werden kann, ohne daß die (an-
deren) Anwender davon berührt werden, bzw. wenn Umorganisationen in den physischen
Daten für die Benutzer unbemerkt bleiben.

Außer den beschriebenen Funktionen hat ein modernes Datenbanksystem die Aufgabe,
bei Systemabbrüchen dafür zu sorgen, daß keine Daten verlorengehen und mit dem Zustand
vor der Unterbrechung weitergearbeitet werden kann. Daneben müssen aus Datenschutz- und
Revisionsgründen alle (verändernden) Aktivitäten, die mit den Daten der Datenbank durchgeführt werden, protokolliert werden **(logging)**.

3.4. Zusammenfassung von Kapitel 3

3.4.1 Nachteile der konventionellen Dateiverwaltung

— Unflexibilität
   Die Daten können nur nach einem Schlüssel sortiert abgespeichert und in der Regel nur
   über diesen erreicht werden. Um mehr Möglichkeiten zur Bearbeitung der Daten zu schaffen,
   sind Sortierungen und andere zusätzliche Tätigkeiten nötig.

— Datenverwendungsbeschränkung
   Bei der konventionellen Methode ist es nicht möglich, daß mehrere Programme gleichzeitig
   (verändernd) auf Dateien zugreifen **(konkurrierendes update)**.

— Datenverarbeitungsmehrkosten
   Zur Verwaltung der verschiedenen Dateien ist ein hoher Verwaltungsaufwand erforderlich.
   Außerdem wird durch die redundante Abspeicherung mehr Speicherplatz benötigt.

— Redundanz
   Gleiche Daten sind in verschiedenen Dateien abgespeichert.

— Datenabhängigkeit
   Änderungen in den Dateistrukturen und in den Datendefinitionen verursachen Änderungen
   in allen Programmen, die auf diese Dateien zugreifen.

— Programmineffizienz
   In vielen Anwenderprogrammen existieren gleichartige Programmteile, z.B. zur Daten-
   kontrolle, Gruppenwechsel.

— Organisationsmehrkosten
   Für den Datenschutz und die Datensicherung ist ein zusätzlicher Organisationsaufwand
   erforderlich, da meist keine einheitliche Lösung verwendet werden kann.

3.4.2 Vorteile und Ziele eines Datenbankverwaltungssystems

- Verschiedene, der jeweiligen Verwendung angepaßte Zugriffs- und Organisationsformen

- Parallelverarbeitung von mehreren Anwendern mit Online- und Batchprogrammen

- Redundanzarme Abspeicherung

- Datenunabhängigkeit

- Einheitliche Kontrolle der Datenupdates (Plausibilität, Format)

- automatische, einheitliche Datensicherung

- ausreichender Datenschutz vor unberechtigten Zugriffen auf unterschiedlichen Ebenen

3.4.3 Nachteile eines Datenbankverwaltungssystems

- Auswahlproblem
  Es werden auf dem Softwaremarkt sehr viele unterschiedliche Datenbanksysteme angeboten. Die Komplextät dieser Systeme bedingt eine intensive Einarbeitung in die Funktionsweisen, um ein für die jeweilige Anwendung optimales Modell zu finden. Dazu muß eine genaue Analyse der Anwendungswünsche in dem Betrieb durchgeführt werden.

- Mitarbeiter
  Auf dem Arbeitsmarkt ist es vor allem für selten verkaufte Systeme sehr schwer, DB erfahrenes Personal zu finden.

- Schulung
  Die vorhandenen Mitarbeiter müssen intensiv in der Anwendung des DB-Systems geschult werden. Dies gilt insbesondere für den Datenbankadministrator und die Mitarbeiter, die die Datenstrukturen entwerfen sollen.

- Preis
  Der Kaufpreis für ein DB-System bewegt sich zur Zeit zwischen Einhundert- und Zweihunderttausend DM.

- Umstellungsaufwand
  Dieser Aufwand ist sehr viel größer als der Kaufpreis, da sich die Umstellung aller Dateien eines Betriebes auf ein Datenbankmodell über mehrere Jahre erstrecken kann.

- Unterstützung
  Vor allem in der Anfangsphase ist der neue Anwender sehr stark auf die Unterstützung durch den Hersteller oder den Vertrieb des DB-Systems angewiesen.

- DB-Modell Abhängigkeit
  Nach der Einführung eines DB-Systems ist die Umstellung auf ein anderes Modell wegen der unterschiedlichen Strukturen nur mit sehr großem Aufwand möglich.

- Betriebssystemabhängigkeit
  Bei der Verwendung von Fremdsoftware setzt man sich der Gefahr aus, daß bei Betriebssystemänderungen Umstellungsschwierigkeiten der Programmsysteme auftreten.

— Standardsoftware

Für neue oder seltene DB-Modelle existieren keine bzw. wenige Standardsoftwarepakete. Der Anwender ist deshalb gezwungen, viele Anwendungen selbst zu entwickeln.

Alle diese Probleme verstärken sich erheblich, wenn zu dem Datenbankmodell ein TP-Monitor angeschafft werden soll.

4. Allgemeine Architektur eines Datenbanksystems

4.1 Einführung weiterer Begriffe

Jede Datenbank stellt eine Abbildung (ein Modell) der Wirklichkeit dar. Es ist deshalb notwendig, die Begriffe und Gegenstände der Wirklichkeit in die „Sprache" der Datenbank umzusetzen. Solche Begriffe sind z.B. Artikel, Mitarbeiter, Bestellungen usw.

In Datenbanken ist der zusammenfassende Ausdruck dafür **Objekttyp (entity)**. Entities sind eindeutig benannt und bestehen aus 2 Teilen, den **Merkmalen (Attributen)**, das sind Felder, die das Entity beschreiben, und den **Ausprägungen (occurences)**, das sind die Werte der Attribute.

Die Entities entsprechen den Sätzen und die Ausprägungen der Entities den Satzausprägungen in der konventionellen Dateiverarbeitung. Die zusätzlichen Definitionen sind jedoch nötig, da „Satz" in Datenbanken kein eindeutiger Begriff ist. Alle Ausprägungen eines Entities bilden eine Datei.

Entity A = ARTIKEL		
Attribute	Ausprägungen	
Namen	Werte	Werte
Artikel-Nummer	A11111	X22222
Bezeichnung	SCHRAUBE	MUTTER
Preis / Stück	0,01	0,02
Anzahl / Lager	10000	5000
Anzahl / best.	1000	6000

Entity B = BESTELLUNGEN		
Attribute	Ausprägungen	
Namen	Werte	Werte
Bestell.-Nr.	12345	27893
Datum	31.06.80	15.02.80
Lieferant	MOLLER	MAIER
Versandart	BAHN	POST
Anz.-Posit.	12	1

Bild 12: Beispiele für die Begriffsdefinitionen

Da man die Daten oft unter verschiedenen Gesichtspunkten ansprechen möchte, (z.B. Suchbegriff Personalnummer, Nachname) reicht oft ein Schlüssel nicht aus. Man definiert dann weitere Schlüsselfelder in dem Satz, die sogenannten **Sekundärschlüssel (secondary key)**. Der bereits bekannte Schlüssel, nach dem eine Datei sortiert ist, wird entsprechend als **Hauptschlüssel (primary key)** bezeichnet. Der Sekundärschlüssel ermöglicht also weitere Einstiege in die Datensätze über eigene Sekundärindexdateien. In jedem Satz in der Sekundärindexdatei sind alle in der Datei vorkommenden Schlüsselwerte zusammen mit den entsprechenden Satzadressen enthalten. Es entsteht dadurch quasi eine zweite Datendatei in anderer Sortierung. Vor die Sekundärindexdatei kann eine Indexstruktur gelegt werden.

Eine Anforderung eines Anwenders an eine Datenbank, z.B. Lesen oder Ändern, wird allgemein als **Transaktion** bezeichnet. Sie beginnt mit dem Abschicken des Kommandos und endet mit der Ausgabe auf dem Bildschirm (bei Online-Anwendungen). Bei Batch Anwendungen entspricht eine Transaktion dem gesamten Programm.

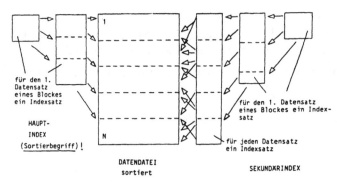

Bild 13: Index-Organisation

4.2 Beziehungen zwischen Entities

Wie bei den Begriffen und Gegenständen in der Wirklichkeit, bestehen in dem Datenbankmodell Beziehungen zwischen den Entities. Diese Verbindungen können selbstverständlich verschiedenster Art sein:

Ein Schüler besucht Klassen,
ein Lehrer unterrichtet Schüler,
viele Schüler besuchen eine Klasse,
ein Lager enthält viele Teile usw.

In diesen Beispielen sind die Beziehungen „besucht", „unterrichtet" und „enthält". Die Entities zwischen denen die Verbindungen bestehen, sind „Schüler", „Klassen", „Lehrer", „Lager" und „Teile".

Ganz allgemein kann man Beziehungen zwischen irgendwelchen Objekten in 3 Bereiche unterteilen:

1 : 1-Beziehung,   hierbei ist einem Objekt genau ein anderes zugeordnet.
                   z.B. Person — Geburtstag
                   Ehemann — Ehefrau
                   usw.

1 : N-Beziehung,   ein Objekt hat mehrere zugeordnete Objekte
                   z.B. Person — Kinder
                   Lehrer — Klassen
                   Firma — Angestellte
                   usw.

M : N-Beziehung,   in diesen Fällen werden mehreren Objekten mehrere andere Objekte
                   zugeordnet
                   z.B. Schüler — Unterricht
                   Lieferant — Artikel
                   (ein Lieferant kann mehrere Teile liefern, ein Teil kann aber auch
                   von mehreren Lieferanten geliefert werden) usw.

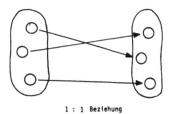
1 : 1 Beziehung

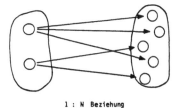
1 : N Beziehung

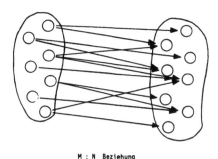
M : N Beziehung

Bild 14: Beziehungen zwischen Objekten

Die Beziehung zwischen den Entities können auf unterschiedliche Weise realisiert werden.

Es soll an dieser Stelle nicht weiter auf diesen Punkt eingegangen werden, da dies bei der Beschreibung der einzelnen Datenbankkonzepte geschieht.

4.3 Aufbau eines Datenbanksystems

Ein Datenbanksystem läßt sich in 3 Schichten unterteilen:

— die oberste Schicht wird gebildet durch die Anforderungen der einzelnen Anwender (Benutzersichten)
— als Zwischenglied zwischen der obersten und der untersten Schicht dient die physische Beschreibung aller Benutzersichten
— die unterste Schicht ist die Datenbank mit allen physischen Dateien.

Die Beschreibung *aller* Benutzersichten wird **Schema** genannt. Hier erfolgt die Benennung *aller* logischen Dateneinheiten mit Typenangaben und *allen* auftretenden Beziehungen, die gewünscht sind.

Die Sichten der Anwender sind Teilmengen des Schemas und heißen **Subschema**. Im Subschema beschreibt also jeder Benutzer *seine* Daten und die Beziehungen die *für ihn* von Interesse sind. Die physische Datenbankbeschreibung enthält die Verbindung zwischen den physischen Datensätzen in der Datenbank und den logischen Datensätzen des Schemas. D.h. sie gibt z.B. an, welches Speichermedium benutzt werden soll, die Größe der physischen Sätze, den Aufbau und die Lage von Puffern u.a.m. Treten Änderungen an den Speicherstrukturen oder den Zugriffsstrategien auf, so muß die physische Datenbankbeschreibung modifiziert werden. Das Schema bleibt von solchen Änderungen unberührt.

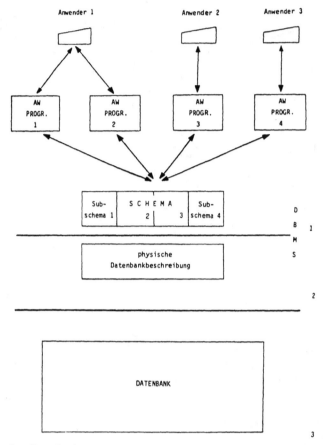

Bild 15: Aufbau eines Datenbanksystems

Die Definition und Eingabe von Schema, Subschema und physischen Datenbankbe-schreibungen sollte einer ausgewählten Person oder Abteilung, dem **Datenbankadmini-strator** (DBA), überlassen werden.

Als Mittel zur Definition der logischen Datenstrukturen dient die **Datenbeschreibungs-sprache (data definition language, DDL)**. Zur Beschreibung der physischen Organisation wird, sofern vorhanden, eine **Speicherbeschreibungssprache (storage definition language, SDL)** benutzt. Wenn nicht vorhanden, werden die entsprechenen Funktionen von der DDL übernommen.

Der Datenbankadministrator überwacht außerdem die Entwicklung und die Gesamt-struktur der Datenbank. Zusätzlich ist er für die Einhaltung der Datenschutzbelange verant-wortlich. Bei Veränderungen in bestehenden Programmen bzw. bei Neuprogrammierungen entscheidet der DBA über alle Modifikationen, die die Datenbank betreffen. Die zentrale Stellung des DBA's in einem Unternehmen entspricht und unterstützt die zentrale Speiche-rung der Daten.

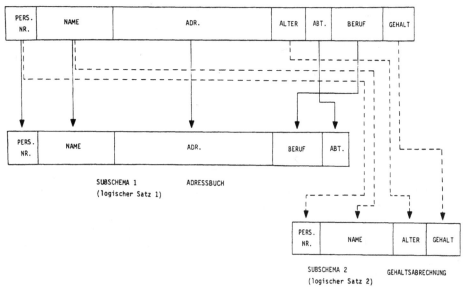

Bild 16: Beispiel SCHEMA – SUBSCHEMA

Die Benutzer der Datenbank wollen Sätze suchen, verändern, ersetzen, löschen oder einfügen. Hierfür stellt das Datenbanksystem eine **Datenmanipulationssprache** (DML) zur Verfügung. In den meisten Fällen ist diese DML eingebettet in die Programmiersprache des Anwenderprogrammes (z.B. COBOL). Man spricht dann von einer **host language (Wirtssprache)**.

Eine andere Möglichkeit besteht darin, in das Anwendungsprogramm vorgefertigte Unterprogrammaufrufe (macros) einzubetten, die dann bestimmte, einheitliche Funktionen zur Verfügung stellen.

Für das interaktive Arbeiten mit der Datenbank müssen vom Anwender entsprechende Programme und Bildschirmmasken erstellt werden. Um diesen hohen Aufwand, der sich für viele Anwendungen nicht lohnt (Spontanabfragen), zu ersparen, kann man sich einer speziellen **Dialog- oder Anfragesprache (query language)** bedienen. Die Elemente dieser Sprache sind weitgehend der natürlichen Sprache angepaßt, so daß keine umfangreichen Programmierkenntnisse nötig sind. Eine solche Anfragenformulierung könnte z.B. folgendes Aussehen besitzen:

FIND IN PERSONEN-DATEI WITH PK = 4711

FIND IN PERSONEN-DATEI WITH PN = MAIER

FIND ALL RECORDS IN FAHRER-DATEI WITH ALTER = 20 THRU 30

SORT THEM BY NACHNAME AND

DISPLAY IN FORMAT, VORNAME, ADRESSE

                    (ADASKRIPT+, Software AG)

5. Datenorganisation und Zugriffsmethoden in Datenbanken

In der Regel befinden sich Datenbanken auf Sekundärspeichermedien mit Direktzugriff (Platten, Trommeln). Die Flexibilität dieser Speichermedien erlaubt die Verwendung unterschiedlichster Datenorganisationsformen und Zugriffskonzepte, so daß die Struktur der Datei in der Datenbank den Anforderungen, die die verschiedenen Anwenderprogramme stellen, angepaßt werden können.

Die Verwendung von Speichermedien, die nur eine sequentielle Datenorganisation zulassen (Magnetbänder), ist nur bei zeitunkritischen Massenverarbeitungen sinnvoll.

5.1 Merkmale von Dateien (einer Datenbank, die die Auswahl der Organisationsform und Zugriffsmethode bestimmen)

Die Auswahl der Organisationsformen der Dateien in der Datenbank hängt von der Art und Häufigkeit der Anforderungen durch die Anwender ab. Hierbei können 5 Arten unterschieden werden:

1. Bewegungshäufigkeit
2. Umfang des Änderungsdienstes
3. Größe der Datei
4. Wachstum der Datei
5. Verarbeitungsform der Datei

zu 1. :   Unter **Bewegungshäufigkeit** versteht man die *Menge der Zugriffe* auf die Datensätze. Dies beinhaltet eine *Veränderung der Feldwerte*.

zu 2. :   Der **Änderungsdienst** umfaßt die *Veränderungen der Satzstrukturen*, sowie das *Einfügen, Ändern und Löschen* von Sätzen.

zu 3.   Die **Größe und das Wachstum** der Datei beeinflussen, sowohl die Wahl des Spei-
u. 4.   chermediums als auch die physische Anordnung der Datenelemente.

zu 5. :   Die **Verarbeitungsform** beschreibt die Art, in der die Datensätze von den Anwender Anwendern bearbeitet werden. Im wesentlichen sind das 3 unterschiedliche Formen:

— wahlfreie Verarbeitung
— fortlaufende (sequentielle) Verarbeitung in physischer Satzfolge
— fortlaufende (sequentielle) Verarbeitung in logischer Satzfolge auf ein Schlüsselfeld

In der Praxis ist es oft nicht einfach zu entscheiden, welche der drei Formen ausgewählt werden soll. Dies hängt sehr stark mit der Anzahl der Datensätze, die pro Anwendung bearbeitet werden sollen, zusammen. Ein weiterer Gesichtspunkt ist die Frage, ob eine Anwendung im Batch- oder Dialogbetrieb bearbeitet wird.

Jede der möglichen Organisations- und Zugriffsformen ist bei bestimmten Anforderungen vorteilhaft, bei anderen wiederum von Nachteil. Auf diesen Punkt wird bei der Vorstellung der einzelnen Methoden näher eingegangen.

5.2 Organisationsformen der Dateien einer Datenbank

Die Organisation der Datensätze innerhalb einer Datenbankdatei entspricht im wesentlichen den bereits bei den konventionellen Dateien vorgestellten Konzepten. Die Sätze können in 2 Arten gespeichert werden:

abhängig und unabhängig.

Abhängig bedeutet, daß zwischen den Datensätzen logische Verbindungen bestehen, die es nötig machen, von einem Satz zu einem oder mehreren Sätzen zu gelangen.

Unabhängig heißt, daß zwischen den Datensätzen keine Verbindung bestehen muß.

5.2.1 Physisch-sequentielle Organisation

Die einfachste Methode bei abhängigen Datensätzen ist die **sequentielle Abspeicherung**, sortiert nach einem Suchbegriff (vgl. Kap. 2.1.1). Die Verbindung der Sätze untereinander ist durch die physische Anordnung auf dem Speichermedium realisiert.

SATZ 1	SATZ 2	SATZ 3	SATZ 4

Bild 17: Physisch-sequentielle Organisation

Als Zugriffsformen auf diese Dateien können die bereits beschriebenen Suchmethoden verwendet werden. Diese Methode der Datenorganisation ist sinnvoll, wenn die Datei eine sehr kleine Bewegungshäufigkeit aufweist und der Änderungsaufwand sowie das Wachstum klein sind. Der Grund für diese Einschränkungen liegt darin, daß zum einen der Suchvorgang in den meisten Fällen sehr langsam und zum zweiten, das Einfügen (Einsortieren) und Löschen von Sätzen sehr aufwendig ist. Eine Rolle bei der Auswahl dieser Organisationsform spielt auch die Anzahl der Sätze, die bei einer Anwendung verarbeitet werden sollen. Wenn pro Verarbeitung sehr große Teile der Datei angesprochen werden, d.h. eine fortlaufende Verarbeitung vorliegt, kann die Auswahl dieser Methode durchaus sinnvoll sein. Ein Beispiel für die Anwendung dieser Methode ist die Erstellung von Listen des gesamten Datenbestandes etwa aller Mitarbeiter o.ä.

Die Schnelligkeit beim Aufsuchen der sequentiell abgespeicherten Sätze wird erhöht durch die Verwendung von Indexlisten (vgl. Kap. 2.3.5). Diese Verbesserung wird jedoch durch eine Zunahme des Speicherplatzbedarfs aufgrund der Indexdateien sowie des Verwaltungsaufwandes zum Aktualisieren der Indexdateien wieder verschlechtert. Außerdem gewinnen die Größe und das Wachstum an Einfluß, da die Anzahl der Indexlisten und der Updateaufwand davon abhängen. Die Schwierigkeiten, die beim Einfügen und Löschen bestehen, bleiben erhalten, solange der Datenbestand sequentiell gespeichert ist. Ein anderer Nachteil liegt darin, daß die Indexdateien in der Regel nicht im Hauptspeicher liegen, so daß zur Ermittlung der Satzadresse oft mehrere Plattenzugriffe erforderlich sind.

5.2.2 Gekettete Organisation (physisch-nicht-sequentiell)

Um einige der im vorhergehenden Kapitel beschriebenen Nachteile auszuschalten, bedient man sich der Methode der Verkettung. Hierbei wird die Sortierung der Datei über eine Verknüpfung der Datensätze mit Hilfe von **Zeigern (pointer)** realisiert. Ein Zeiger ist ein Feld, das die Adresse eines anderen Satzes enthält. Dies kann die physische Speicheradresse, eine relative Adresse bezogen auf den Dateianfang oder ein Schlüsselbegriff (z.B. bei direkter Organisation) sein.

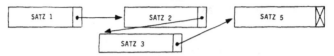

Bild 18: Gekettet-sequentielle Organisation (einfach gekettet)

Eine weitere gebräuchliche Form ist die **doppelt gekettete Organisation.** Neben dem Zeiger für den Nachfolger deutet ein zweiter Zeiger im Satz auf den Vorgänger. Soll eine Datei bezüglich zwei oder mehrerer Begriffe sortiert sein, so müssen entsprechend mehr Zeiger im Satz eingebaut werden. Die Listen können sowohl sortiert als auch unsortiert sein. Nachteilig ist, daß der Zugriff auf einen Datensatz nur sequentiell erfolgen kann. Außerdem werden bei einem großen Änderungsdienst die Sätze über den Speicher verstreut.

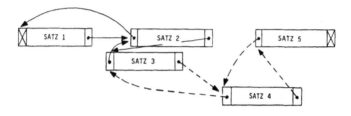

Bild 19: Gekettet-sequentielle Organisation (doppelt gekettet)

Bei einer großen Streuung der Datensätze über den Speicher kann die Suche nach Sätzen verlängert werden. Dies macht sich besonders bei der sequentiellen Verarbeitung bemerkbar. Der Vorteil bei dieser Methode liegt darin, daß das Einfügen und Löschen von Sätzen sehr einfach und schnell durch Umsetzen der Zeiger ausgeführt werden kann. Ebenso leicht können Datensätze angehängt werden.

5.2.3 Invertierte Listen (inverted files)

Die bisher beschriebenen und auch die im folgenden behandelten Methoden (gestreut, direkt) arbeiten alle nach dem gleichen Prinzip:
Es werden alle Attribute eines Objekttyps in einem Datensatz gespeichert. D.h. Anfragen an die Datenbank, die von der Art „Welche Eigenschaften hat das Objekt xyz?" sind (z.B. „Wo wohnt der Mitarbeiter mit der Nr. HT168284?"), können relativ schnell befriedigt werden.

Ist die Anfrage jedoch umgekehrt — es werden aufgrund vorgegebener Attribute ein oder mehrere Objekte gesucht — sind diese Organisationsformen unvorteilhaft. Um eine Anforderung des Typs „Welche Objekte haben die Eigenschaft xyz?" (z.B. „Gib mir alle Mitarbeiter, die in Hamburg wohnen") beantworten zu können, müssen alle Sätze gelesen und überprüft werden.

Um eine schnelle Beantwortung dieser Art von Anfragen zu gewährleisten, speichert man alle Werte für ein Schlüsselfeld *zusätzlich* zu dem eigentlichen Datenbestand, zusammen mit den Adressen aller Datensätze, in denen diese Werte auftreten, in einer eigenen Datei ab. Diese Datei nennt man **Invertierte Liste** (inverted file). Ein Satz einer Invertierten Liste enthält also einen Schlüsselwert und die Adresse aller Datensätze, in denen dieser Wert vorkommt.

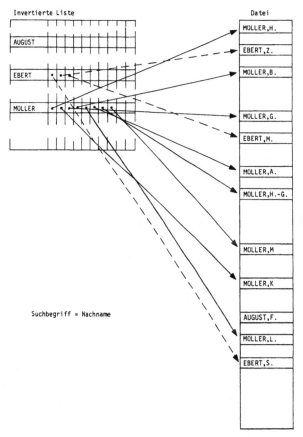

Bild 20: Invertierte Listenorganisation

Bei eindeutigen Suchbegriffen, wie Personal- oder Artikelnummer ist der Aufbau einer Invertierten Liste mit einer Sekundärindexdatei identisch. Analog dazu kann vor eine Invertierte Liste eine Indexstruktur gelegt werden.

Es ist nun möglich, einen Datenbestand nach allen Attributen eines Objekttyps zu **invertieren** (vollständig invertierte Datei), es muß allerdings beachtet werden, daß dadurch mehr als die doppelte Menge Speicherplatz benötigt wird. Im allgemeinen erfolgt die Invertierung nur nach einigen ausgewählten Attributen (Suchbegriffen).

Da die Sortierung aus dem eigentlichen Datenbestand herausgelöst ist, braucht dieser nicht mehr sortiert zu sein, was das Löschen und Anfügen von Sätzen wesentlich erleichtert.

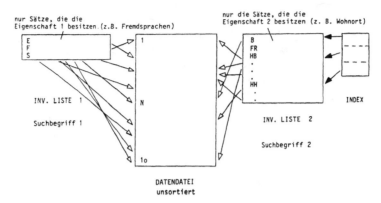

Bei eindeutigen Suchbegriffen enthält die Inv. Liste ebenfalls für jeden
Datensatz einen Satz.

Bild 21: Invertierte Listenorganisation

Eine andere Möglichkeit zur Realisierung einer Invertierungsliste bietet die **Multi-list-Organisation**. Dabei wird in die Invertierte Liste nur die Adresse des *1. Satzes* mit der entsprechenden Eigenschaft aufgenommen. Die Datensätze enthalten dann selbst Zeiger auf den jeweils nächsten Datensatz mit der gleichen Eigenschaft.

Die Invertierten Listen können sowohl als alleinige Zugriffsmethode sowie als Ergänzung zu anderen Methoden verwendet werden.

Diese Methode ist sehr flexibel und komfortabel, da jederzeit Invertierte Listen gelöscht oder neu eingeführt werden können (Schwierigkeiten bei Multi-list). Außerdem können statistische Angaben oft ohne Zugriff auf die Datensätze beantwortet werden. Der Nachteil liegt in der zum Teil erheblichen Datenredundanz. Außerdem müssen bei Löschungen und Änderungen von Datensätzen erst alle Modifikationen in den Invertierten Listen durchgeführt werden. Die Verarbeitungszeit für den Zugriff auf einen Datensatz hängt wesentlich von der Anzahl der Adressverweise für die verschiedenen Schlüsselwerte ab. Bei Schlüsselfeldern mit wenig verschiedenen Werten und mit sehr vielen Verweisen (Attribut=Geschlecht) müssen die entsprechenden Adressen der Reihe nach abgearbeitet werden.

Bei sehr vielen Schlüsselwerten mit dann entsprechend wenig Verweisen (Attribut= Nachname) ist die Bearbeitungszeit im Mittel kürzer. Am schnellsten kann ein Satz gefunden werden, wenn ein eindeutiger Schlüsselbegriff vorliegt, da dann nur ein Adressverweis vorliegt.

Wie bei der index-sequentiellen Organisation sind in den meisten Fällen zur Adressermittlung mehrere Plattenzugriffe erforderlich.

5.2.4 Direkte Organisation

Der Vorteil der direkten Datenorganisation liegt darin, daß die Daten sowohl in wahlweiser als auch in fortlaufender Weise bearbeitet werden können. Dazu kommt, daß die Adressen der Sätze sehr schnell ermittelt werden können und deshalb zum Lesen oder Schreiben eines Satzes nur ein Plattenzugriff notwendig ist. Da alle Datenbanksysteme nur die vom Betriebssystem angebotenen Organisations- und Zugriffsmethoden benutzen können, wird intern fast ausschließlich mit der direkten Adressierung (z.B. BDAM) gearbeitet.

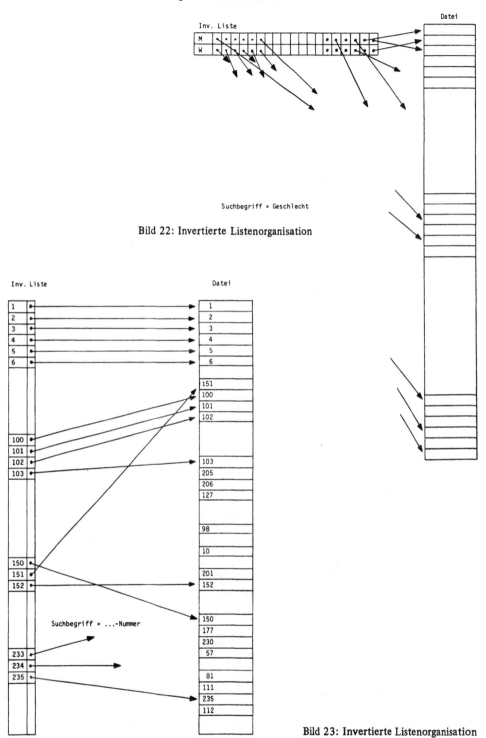

Bild 22: Invertierte Listenorganisation

Bild 23: Invertierte Listenorganisation

5.2.5 Gestreute Organisation

Es muß für alle Zugriffe je nach Verfahren entweder die Satz- oder die Blockadresse einzeln ermittelt werden. Die gestreute Organisation ist deshalb besonders für wahlfreie Verarbeitungen geeignet. Der Nachteil liegt darin, daß die Verarbeitung der Datensätze in physischer und vor allem in logischer Folge sehr aufwendig ist. Außerdem kann durch die Streuung über den Dateibereich die Auffindung der Sätze verlangsamt werden. Trotzdem bieten viele DB-Systeme diese Methode in unterschiedlichen Realisierungen an.

5.2.6 Zusammenfassung von Kapitel 5

Das Kapitel 5 stellt eine Auflistung der bekanntesten möglichen Datenorganisationen und Zugriffsmethoden dar. Das soll jedoch nicht bedeuten, daß alle Datenbanksysteme jede dieser beschriebenen Möglichkeiten besitzen. Z.B. werden Invertierte Listen nur von wenigen Modellen angeboten. Bei den meisten Datenbankmodellen wird versucht, die günstigen Eigenschaften mehrerer Verfahren zusammenzufassen. Dies kann dadurch geschehen, daß dem Anwender eine Auswahl verschiedener Methoden angeboten wird, so daß er die für die jeweilige Anwendung optimale Form auswählen kann. *Die meisten Systeme wenden jedoch Mischformen der beschriebenen Möglichkeiten an.*

6. Datenbankkonzepte

Die Datenbankmodelle, die zur Zeit auf dem Markt zu finden sind, sind in ihren Grundkonzeptionen z.T. völlig unterschiedlich. Man spricht hierbei von den **Datenbankphilosophien.**

Die Grundkonzeption (Philosophie) eines Datenbankmodells legt fest, wie die logischen Beziehungen zwischen den Daten in der Datenbank abgebildet werden.

Es finden im Moment in der Hauptsache drei Methoden Anwendung:

— die hierarchische
— die netzwerkartige
— die Invertierten Listen

Eine vierte Methode, das Relationenmodell, spielte bisher in der Praxis kaum eine Rolle. In der jüngsten Vergangenheit erscheinen auf dem Softwaremarkt einige Modelle, die zumindest für sich in Anspruch nehmen, relationale Eigenschaften zu besitzen.

Alle diese existierenden Konzepte besitzen bei bestimmten Anwendungen ihre Stärken. Es ist deshalb bei der Auswahl eines Datenbanksystems nötig, eine ausführliche Analyse über die gewünschten Anforderungen zu erstellen.

6.1 Das hierarchische Konzept

Bei dieser Methode erfolgt die Übertragung der logischen Zusammenhänge, die in der Wirklichkeit bestehen, in die Datenbank nach einem streng hierarchischen Prinzip. Dies hat zum einen den Vorteil, daß zusammengehörige Entities zusammen abgespeichert werden können. Zum anderen kann durch diese Organisation sehr viel Speicherplatz eingespart werden. Dies wird an einem einfachen Beispiel deutlich:
Die konventionelle Organisation einer Bank enthält eine Datei KONTO mit den Angaben

zum Kontoinhaber, wie Name, Adresse usw. Hat ein Kunde bei dem Institut mehrere Konten, so sind einige dieser Felder mehrfach in der Datei KONTO und evtl. noch in anderen Dateien enthalten. In einer hierarchischen Datenbank könnte dieses Problem gelöst werden, indem die Kundeninformationen aus dem Satz ausgegliedert und in ein eigenes Entity gelegt werden. Diesem Entity untergeordnet sind dann die Kontoinformationen über alle Konten, die der Kunde bei der Bank hat.

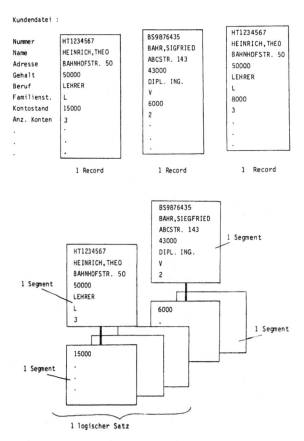

Bild 24: Vergleich konventionelle Abspeicherung – Hierarchie

Diese Organisation hat den Vorteil, daß die Kundendaten nur einmal vorhanden sind und daß alle zu dem Kunden gehörenden Konten untereinander und mit dem Kundenentity verknüpft sind, so daß sie zusammen bearbeitet werden können.

Graphisch stellt diese Form der Verknüpfung einen „Baum" dar. Der Begriff „Baum" stammt aus der Graphentheorie. Es existieren dazu verschiedene Definitionen und Vorschriften, wobei auf die meisten hier jedoch nicht eingegangen werden soll:

Ein Baum besteht aus **Knoten** und **Kanten**. Die Knoten sind auf einer oder mehreren Ebenen angeordnet. Die Kanten stellen die Verbindung zwischen den Knoten der einzelnen Ebenen dar.

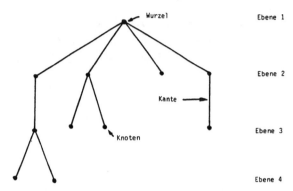

Bild 25: Hierarchische Baumstruktur

Bei den hierarchischen Datenbankmodellen entsprechen die Segmente den Knoten, während die Kanten die logischen Verbindungen zwischen Segmenten darstellen. (Der Begriff „RECORD" wird bei hierarchischen Systemen an dieser Stelle nicht verwendet). Für die Ebenen der Hierarchie ist auch der Ausdruck **Level** gebräuchlich.

Segmente, von denen eine oder mehrere Kanten ausgehen, werden **Parentsegmente** genannt. Die Segmente, in denen eine Kante endet, heißen entsprechend **Childsegmente**. Es ist zulässig, daß Parentsegmente ohne Childsegmente existieren, während der umgekehrte Fall, Childsegmente ohne Parentsegmente, nicht erlaubt ist.

Jeder Baum einer hierarchischen Datenbank wird durch ein Segment auf der 1. Ebene identifiziert. Dieses Segment wird als **Wurzelsegment (Rootsegment)** bezeichnet. Alle anderen heißen **abhängige Segmente**, da sie jeweils von einem Segment der höheren Ebene abhängen. Die streng hierarchische Beziehung wird durch die Vorschrift gewährleistet, daß jedes Segment nur ein Parentsegment besitzen darf. Ein Parentsegment kann jedoch mehrere Childsegmente haben.

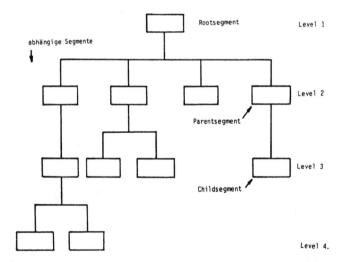

Bild 26

Mit hierarchischen Modellen können demnach nur 1 : N-Beziehungen dargestellt (abgebildet) werden. Das bedeutet, daß bei Bearbeitungswünschen, die sich auf abhängige Segmente beziehen, der Zugriff nur über das Rootsegment erfolgen kann. Das Rootsegment, bzw. ein darin enthaltenes Feld, bildet den Such- und Sortierbegriff. Es müssen alle Ebenen der hierarchischen Struktur durchlaufen werden, um ein Segment der untersten Ebene zu erreichen. Man versucht, diesen Nachteil auf verschiedene Weise auszugleichen, z.B. indem zusätzliche Einsprungsstellen in die Baumstruktur geschaffen werden. (Sekundärindex).

Ein einfaches Beispiel für eine hierarchische Beziehung ist das Verhältnis ABTEILUNG – ANGESTELLTER:

In einer Abteilung arbeiten mehrere Mitarbeiter(innen), aber jeder Mitarbeiter gehört nur zu einer Abteilung.

Das Rootsegment ist ABTEILUNG, das z.B. die Felder ABTEILUNGS-NAME, ANZAHL MITARBEITER, ABTEILUNGSLEITER, ADRESSE usw. enthalten kann. Das Segment ANGESTELLTER mit den Feldern NR, NAME, ADRESSE, GEHALT u.a.m. ist von der Abteilung abhängig und deshalb nur über den Abteilungsnamen zu erreichen.

Zur zeichnerischen Darstellung, die wegen der besseren Übersicht immer benutzt werden sollte, können zwei Formen gewählt werden:

— die **Typenebene**, in der die Hierarchie mit den Segmenttypen und den dazwischen bestehenden Abhängigkeiten exemplarisch dargestellt wird und
— die **Ausprägungsebene**, in der die Struktur einschließlich der Ausprägungen der Segmenttypen beschrieben wird.
Diese Darstellung ist wesentlich komplexer und wird deshalb schnell unübersichtlich.

Sehr viele Verbindungen zwischen Daten sind jedoch komplizierterer Art (M : N) z.B. das Verhältnis ARTIKEL – LIEFERANT oder SCHÜLER – LEHRER (ein Schüler kann mehrere Lehrer haben und jeder Lehrer unterrichtet mehrere Schüler).

Solche Verknüpfungen müssen bei hierarchischen Modellen in zwei 1 : N-Beziehungen umstrukturiert werden (1 : N und 1 : M), Dies geschieht durch zusätzliche logische Verbindungen oder Sekundärindices. Durch die logischen Strukturen können Redundanzen in den Daten auftreten, was durch die Verwendung von **virtuellen Segmenten** verhindert werden kann. Dies sind Segmente, die zwar eine logische Funktion erfüllen, physisch jedoch nicht gespeichert werden. (Bei der Behandlung von IMS werden die virtuellen Segmente ausführlich vorgestellt.) Der wichtigste Vertreter der hierarchischen Datenbankmodelle ist IMS (DL/1) von IBM.

Beispiel LIEFERANT – ARTIKEL in einer hierarchischen Datenbankorganisation.

Fragen, die an die Datenbank gerichtet werden sollen:
„Gib mir die Nummern der Artikel, die von dem Lieferanten L_1 geliefert werden".
„Gib mir die Nummern der Lieferanten, die den Artikel A_3 liefern".

TYPENEBENE

Beim Aufbau der Hierarchie kann sowohl Lieferant als auch Artikel als Rootsegment genommen werden. Wenn wie oben Lieferant als Wurzel gewählt wird. so kann die 1. Abfrage leicht beantwortet werden. Zur Beantwortung der 2. Frage müssen jedoch alle Artikelsätze gelesen und auf die Lieferanten abgeprüft werden.

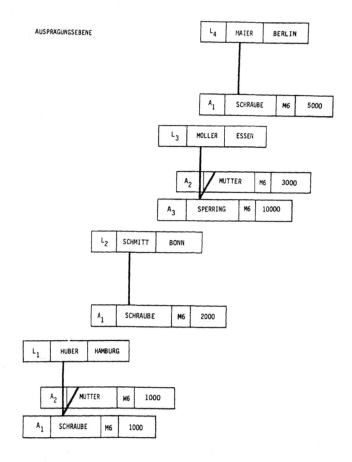

Bild 27

Um diese sequentielle Abarbeitung zu vermeiden, können zwei miteinander verknüpfte Baumstrukturen definiert werden. Das Feld Menge soll hierbei als Verknüpfungssegment dienen. Das Ausgliedern des Feldes ist sinnvoll, da sonst Redundanzen unvermeidlich wären. Eine Verknüpfungslösung könnte die Aufnahme des Mengensegmentes in jeden der beiden Bäume sein. Zusätzliche Zeiger von Menge-Artikel nach Lieferant und Menge-

Lieferant nach Artikel könnten die Verbindung realisieren. Diese Lösung hat jedoch den Nachteil, daß das Segment Menge doppelt auftritt, was bei Veränderungen der Mengenangaben problematisch ist. (Die Menge „liefert" muß selbstverständlich mit der Menge „wird geliefert" übereinstimmen.)

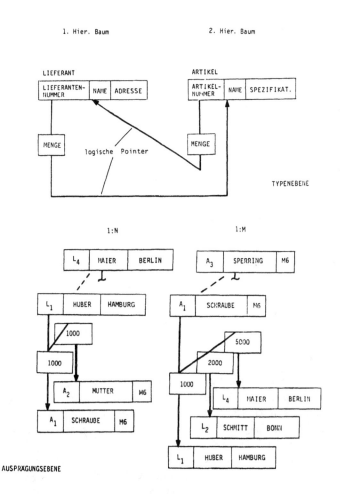

Bild 28

Dieser Nachteil tritt nicht auf, wenn in einem Baum das Mengensegment „virtuell" vereinbart wird. Es tritt dann physisch nur einmal auf. Jeder Baum betrachtet jedoch das Segment als zu sich gehörig.

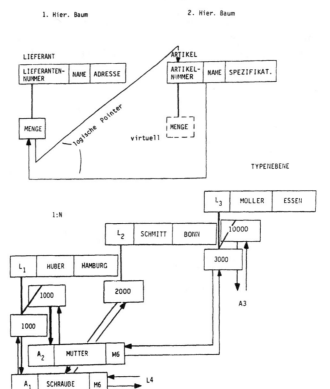

Bild 29   AUSPRÄGUNGSEBENE

6.2 Das netzwerkartige Konzept

Netzwerkartige Datenbankmodelle erlauben die Darstellung der komplexen N : M-Beziehungen relativ einfach. Die Datenstrukturen bestehen wie bei den hierarchischen Modellen aus Knoten und Kanten. Die Netzstruktur wird erreicht, indem die hierarchische Struktur um die Möglichkeit, daß ein Childsegment mehrere Parentsegmente besitzen kann, erweitert wird. Zur Unterscheidung der verschiedenen Verknüpfungen, sind die Kanten gerichtet und benannt. Der Vorschlag zu den netzartigen Datenmodellen geht auf eine Veröffentlichung der **Data Base Task Group** (DBTG), einer Gruppe des Exicutive Committtes der **Conference on Data Systems Languages** (CODASYL) im Jahre 1971 zurück. Zur Zeit gibt es einige Datenbankmodelle, die DBTG-ähnliche Philosophien benutzen. (IDMS, ISOGEN II, TOTAL, UDS u.a.m.)

Die physikalische Realisierung erfolgt wie bei den hierarchischen Modellen mit Zeigern, die in die Segmente eingefügt werden.

Es soll in diesem Buch nicht weiter auf netzartige DB-Systeme eingegangen werden. Ausführliche Informationen sind bei *Date* [1975] zu finden. Außerdem können die Unterlagen der einzelnen DB-Modelle zur Vertiefung benutzt werden.

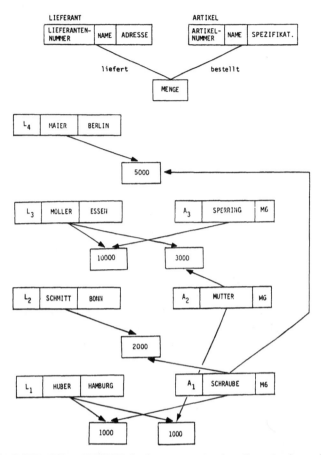

Bild 30: Beispiel LIEFERANT – ARTIKEL in einer netzwerkartigen Datenbankorganisation

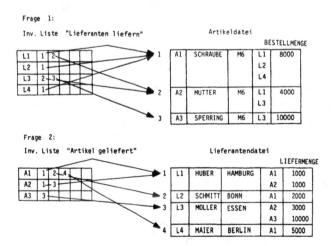

Bild 31: Beispiel LIEFERANT – ARTIKEL in einer Invertierten Listen Datenbankorganisation

6.3 Das Invertierte Listen Konzept

Die Entwicklung von Datenbanksystemen, die Invertierte Listen zur Datenorganisation benutzen, beginnt Ende der 60er – Anfang der 70er Jahre. Zur Zeit befinden sich einige DB-Modelle auf dem Softwaremarkt, die dieses Verfahren anbieten. Die wichtigsten davon sind ADABAS und DATACOM/DB. Die Invertierten Listen werden in den einzelnen Systemen auf unterschiedliche Weise realisiert. Das Grundprinzip entspricht jedoch der in Kapitel 5 vorgestellten Vorgehensweise.

Neben den Invertierten Listen können auch noch andere Organisationsformen wie direkte Adressierung benutzt werden.

6.4 Das relationale Konzept

Das relationale Datenbankkonzept wirde von E.F. Codd definiert. Die Entities werden bei der logischen Datenstrukturierung nicht in Bäume oder Netze strukturiert, sondern zu Relationen zusammengefaßt. Die Relationen sind benannt und bestehen aus den einzelnen Feldern (Attributen), die auch Schlüssel sein können. Über die Schlüssel werden die Relationen identifiziert und verknüpft. Die Relationen werden als zweidimensionale Tabellen dargestellt. Die Spaltenüberschriften sind die Attributnamen. Jede Spalte besteht dann aus den dazugehörigen Attributwerten. Die Zeilen der Tabelle werden als **Tupel** (= ein Element) der Relation bezeichnet. An die Relationen werden nun bestimmte Anforderungen gestellt:

– eine Relation darf keine anderen Relationen enthalten (keine Schachtelung von Relationen)

```
RELATION  ANGESTELLTER   (ANG-NUMMER  NAME ... (ABT)
RELATION  (ABT)          (NAME CHEF   ANZ-MITARB)
RELATION  ANGESTELLTER   (ANG-NUMMER  NAME ... )
RELATION  ABT            (ANG-NUMMER  NAME CHEF ANZ–MIT-
                          ARB ... )
```

Hieraus ergibt sich eine Hierarchie der Relationen, die Verknüpfung erfolgt über den Schlüssel ANG-NUMMER)

– Die Spalten müssen zueinander eindeutig sein (Funktionale Abhängigkeit)

RELATION LIEFERUNG	(LIEFERANT	ARTIKELNR	WOHNORT)	
	A	1	Berlin	←
	A	2	Berlin	←
	B	3	Bonn	
	A	5	Berlin	←
	X	4	Essen	

RELATION LIEFERUNG	(LIEFERANT	ARTIKELNR)
	A	1
	A	2
	B	3
	A	5
	X	4

RELATION LIEFERANT	(NAME	WOHNORT)
	A	Berlin
	B	Bonn
	X	Essen

(Die 1. Form der Struktur enthält eine Redundanz, die sich bei einer Veränderung des Wohnortes von Lieferant A nachteilig auswirkt.)

— Spalten, die nicht Schlüssel sind, dürfen nicht funktional voneinander abhängen.

RELATION ANGESTELLER	(ANG-NUMMER …	ABT	CHEF)
	1	A	MAIER
	2	B	HUBER
	3	C	MUELLER
	4	A	MAIER
	5	C	MUELLER

$$\Downarrow$$

RELATION ANGESTELLTER	(ANG-NUMMER …	ABT)
	1	A
	2	B
	3	C
	4	A
	5	C

RELATION CHEF	(ABT …	CHEF)
	A	MAIER
	B	HUBER
	C	MÜELLER

(in der 1. Relation sind die Spalten ABT und CHEF funktional voneinander abhängig, wenn man voraussetzt, daß jeder Mitarbeiter in einer Abteilung arbeitet und jede Abteilung nur einen Chef hat. Da sie keine Schlüssel sind, könnte beim Wechsel eines Chefs nicht auf Anhieb festgestellt werden, welche Angestellten von der Änderung betroffen sind.

Diese 3 Bedingungen werden als Normalisierungsbedingungen (1 — 3) bezeichnet. Eine Relation, die alle 3 Bedingungen erfüllt, heißt Relation in Normalform. Damit sind allgemein gültige Regeln zum Aufbau der Relationen definiert. Entsprechend der allgemeinen Architektur stellen alle Relationen für alle Anwendungen die logische Sicht, also das Schema dar. Die physische Abspeicherung der Relationen kann beliebiges Aussehen besitzen.

Zur Beschreibung und der Manipulation der Relationen benutzt man die Relationen-Algebra. Es können damit jederzeit neue Tabellen (Relationen) geschaffen, gelöscht und verknüpft werden. Dies ist wichtig, da bei relationalen Datenbanken keine Zugriffspfade vordefiniert sind. Die gewünschten Verknüpfungen werden spontan zur Erfüllung der Anfragen gebildet und in Form von neuen Relationen dargestellt. Dies geschieht jedoch nicht satzweise, sondern komplett für die gesamte Relation. Verknüpfungsoperationen aus der Relationen Algebra sind z.B. Join (entspr. UND-Verknüpfung), Restriktion (entspr. Suchen nach Bedingung), Projektion (streichen aller Zeilen, die eine Bedingung nicht erfüllen).

```
RELATION  LIEFERANT (L-NUMMER  L-NAME   L-ADRESSE)
                        L1       HUBER    HAMBURG
                        L2       SCHMITT  BONN
                        L3       MÖLLER   ESSEN
                        L4       MAIER    BERLIN


RELATION  ARTIKEL (A-NUMMER  A-NAME   A-SPEZIFIKATIONEN)
                      A1      SCHRAUBE      M6
                      A2      MUTTER        M6
                      A3      SPERRING      M6


RELATION  LIEFER-ARTIKEL  (L-NUMMER  A-NUMMER  MENGE)
                             L1        A1       1000
                             L1        A2       1000
                             L2        A1       2000
                             L3        A2       3000
                             L3        A3       10000
                             L4        A1       5000



          _____  = Schlüssel der Relation
```

Bild 32: Beispiel LIEFERANT – ARTIKEL in einer relationalen Datenbankorganisation

Das Relationenmodell ist wohl das am meisten beschriebene System. Vertiefende Informationen sind in fast allen Werken der Datenbankliteratur zu finden (siehe Literaturverzeichnis).

6.5 Zusammenfassung Kapitel 6

Obwohl bei der Analyse eines Datenbanksystems immer nur Aussagen über bestimmte Anwendungen oder Systemumgebungen gemacht werden können, so gibt es doch einige Punkte, die allgemeine Gültigkeit besitzen, da sie aus der Philosophie des DM-Systems resultieren:

Bei komplexen Datenstrukturen werden die hierarchischen und netzartigen Systeme recht schnell unübersichtlich für den Anwender und schwerfällig in der Verwaltung durch das DBMS. Dies kann verhindert werden, indem nur einfache und überschaubare Strukturen in die Datenbank aufgenommen werden, wodurch jedoch u.U. wieder Redundanzen auftreten oder andere Vorteile des Datenbanksystems verloren gehen können.

Ein weiterer Punkt ist die Flexibilität in Bezug auf nachträgliche Strukturveränderungen. Da bei den Invertierten Listen und den Relationen die Beziehungen zwischen den Entities nicht Bestandteil der Daten selbst sind, kann jederzeit — ohne Reorganisation — eine neue Beziehung hergestellt oder eine andere gelöscht werden.

Die Trennung von physischen und logischen Daten ist bei den Modellen mit Invertierten Listen und Relationen sehr viel ausgeprägter, so daß sie auch flexibler sind, was Änderungen in der Entity-Struktur betrifft (z.B. Anfügen von Feldern, Umwandeln in Schlüsselfelder u.ä.).

7. Datensicherung bei Datenbanken (Datenintegrität)

Während der Bearbeitung einer Datenbank durch einen oder mehrere Benutzer, können verschiedene Fehler auftreten, die zur Zerstörung der Daten führen können. Hierbei kann es sich sowohl um Hardware- als auch um Programmfehler handeln. Außerdem kann durch einen Betriebssystemzusammenbruch z.B. durch Stromausfall oder Fehler, die Datenbank in einen **undefinierten Zustand** geraten. Das heißt, man kann nicht mehr erkennen welche Instruktionen gerade ausgeführt und ob sie korrekt beendet wurden. Es kann möglicherweise ein Satz teilweise mit einem neuen Inhalt überschrieben oder halb gelöscht sein. Ein DB-System muß deshalb in der Lage sein, die Datenbank selbsttätig wieder in den Zustand zu versetzen, in dem sie sich unmittelbar vor dem Auftreten des Fehlers befand. Hierzu sind verschiedene Werkzeuge nötig.

7.1 Backup (image copie)

Um für die Wiederherstellung der Daten im Fehlerfalle gerüstet zu sein, werden in periodischen zeitlichen Abständen Kopien der Datenbank angefertigt (**backup**). Dies erfolgt normalerweise auf Magnetbändern, es können jedoch auch Platten dazu benutzt werden.

7.2 Logging (journaling)

Das Erzeugen der Magnetbandkopie der Datenbank geschieht in regelmäßigen zeitlichen Perioden. Da bei großen Datenbanken das Kopieren des gesamten Datenbestandes recht aufwendig ist, können diese Perioden groß sein (ca. 1 Woche). In der Zeit zwischen der letzten Kopie und dem Zusammenbruch wurde die Datenbank jedoch durch die verschiedenen Benutzer verändert. Die Anwender müßten deshalb alle Aktionen wiederholen, was besonders bei Online-Anwendungen nahezu unmöglich ist. Um dies zu vermeiden, werden alle Veränderungen, die mit der Datenbank durchgeführt werden ebenfalls auf einer Magnetbanddatei mitgeschrieben (**logging**). Dies geschieht in der Form, daß das Aussehen der betroffenen Datensätze vor und nach der Veränderung in der Logdatei gespeichert werden (**before/after image**).

Es ist ebenfalls möglich, die Logdateien als sequentielle Dateien auf Speichergeräte mit direktem Zugriff (Platten) zu legen. Es muß dabei jedoch beachtet werden, daß dies sehr viel Speicherplatz in Anspruch nehmen kann, der dann für die normale Bearbeitung nicht mehr zur Verfügung steht. Die Herstellung dieser Kopien hat zusätzlich Vorteile für den Datenschutz, da bei Revisionen alle Modifikationen, die mit den Daten der Datenbank durchgeführt wurden, überprüft werden können.

7.3 Wiederherstellung der Daten (recovery)

Zum Herstellen des aktuellen Standes, vor dem Fehler, wird die letzte Backup-Kopie benutzt. Damit wird die Datenbank wieder in einen **definierten Zustand** versetzt, d.h. sie enthält die Werte der letzten Kopie. In diesen Stand der Daten werden aus dem Logband die Veränderungen, die in der Zwischenzeit durchgeführt wurden, (bis zum jeweiligen Programmanfang) automatisch eingefügt.

7.4 Löschung von Datenbankmodifikationen (backout)

Bei einem Abbruch eines Anwendungsprogrammes, z.B. auf Grund eines Programmfehlers, können die Veränderungen die von diesem Programm in der Datenbank gemacht wurden, ebenfalls mit Hilfe der Logdatei wieder rückgängig gemacht werden. Das Logband wird rückwärts gelesen und dabei bis zum Anfang des Programmes alle Kommandos mit „umgekehrten Vorzeichen" ausgeführt. Zugleich wird ein neues Logband erzeugt, das dann die Grundlagen für weitere Datenbankrekonstruktionen ist.

7.5 Wiederherstellen von Daten bei Programmabbrüchen (restart)

Bei langlaufenden Batchprogrammen, die eine große Menge Datenbankmanipulationen durchführen, ist es sehr ärgerlich, wenn im Falle eines Programmabbruches, der evtl. kurz vor dem normalen Ende erfolgt, der gesamte Lauf mit allen Aktionen wiederholt werden muß. Dieser Aufwand kann vermieden werden, wenn das DB-System über eine Restart-Mechanik verfügt.

Hierzu werden von dem Programm in bestimmten Abständen definierte Punkte, sogenannte **checkpoints** abgesetzt. Die Punkte dienen als Anwesenheitsmeldungen an das DBMS. Jeder Checkpunkt, der an das Datenbanksystem übergeben wird, wird in der Logdatei vermerkt und somit der Ablauf des Programmes festgehalten.

Bei einem Programmfehler können dann alle Datenbankveränderungen, die zwischen dem Zusammenbruch des Programmabbruches und dem letzten definierten Punkt durchgeführt wurden, automatisch wieder rückgängig gemacht werden (backout). Das Programm wird anschließend an diesem Punkt wieder neu gestartet (**restart**). Außerdem können Datenbankveränderungen mit Hilfe der Backup-Kopie und des Logbandes bis zu einem (dem letzten) Checkpunkt wieder hergestellt werden (recovery), so daß Programmwiederholungen gespart werden. Bei Datenbankanwendungen, bei denen mehrere Anwenderprogramme gleichzeitig die selben Datenbankdateien verändern, wird die Checkpoint- und Restart-Ausführung wesentlich komplizierter. Es werden für alle Programme einheitliche gemeinsame Checkpunkte (Synchronisation) definiert, an denen im Fehlerfalle *alle* Programme neu gestartet werden können. Es müssen in jedem Falle, egal, ob alle beteiligten Anwenderprogramme abgebrochen wurden (z.B. Systemzusammenbruch) oder ob nur eines fehlerhaft beendet wurde, alle Programme an dem letzten gemeinsamen Punkt neu gestartet werden. Diese Methodik ist notwendig, da z.B. nicht auszuschließen ist, daß Sätze, die von den anderen bearbeitet wurden, vor dem fehlerhaften Programm nachträglich zerstört wurden.

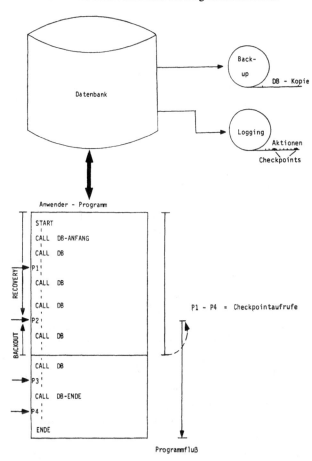

Bild 33: Datensicherungsmethoden

8. Datenschutzkonzepte bei Datenbanken

Um sich vor unerlaubten Zugriffen auf die Daten der Datenbank zu schützen, verwenden alle DB-Modelle ein **Passwort** (password). Das Passwort kann sich sowohl auf eine globale Bearbeitungserlaubnis mit dem DB-System, als auch auf eine Berechtigung zum Zugang zu einzelnen Daten beziehen. Bei verschiedenen DB/DC-Systemen besteht dazu noch die Möglichkeit den Zugang zu Terminals von einem Passwort abhängig zu machen. Die Passwortkontrolle stellt also einerseits eine **Zugangskontrolle** und andererseits eine **Benutzungskontrolle** dar. Als alleinige Grundlage zum Zutritt zur Datenbank bietet ein Passwort jedoch keinen sicheren Schutz. Es dient zwar zur **Benutzer-Identifizierung**, kann jedoch nicht verhindern, daß ein anderer Anwender das Wort auf irgendeine Weise in Erfahrung bringt und damit Zugang zu allen entsprechenden Daten hat. Es muß also außerdem die „Echtheit" des Benutzers sichergestellt sein **(Benutzer Authentifikation)**. Dies kann durch verschiedene Verfahren geschehen. Eine Möglichkeit ist die zusätzliche

Verwendung von Magnetkarten mit einem unsichtbaren Code, die sich im Besitz des Anwenders befindet, oder Erkennung der Person durch Stimme oder Fingerabdrücke. Das DBMS muß dann die Verbindung zwischen der Person und dem dazugehörigen Password herstellen. Eine weitere Möglichkeit, die jedoch ebenfalls nicht absolut sicher ist, wird von einigen DB-Herstellern angewendet. Bei der Entgegennahme des Passwords wird ein Zusammenhang zu der internen **Useridentifikation** (USER-ID), dies ist ein Kürzel, unter dem ein Anwender der Maschine bekannt ist, hergestellt: Es erfolgt eine Überprüfung, ob der Benutzer das Password überhaupt angeben darf. Eine Verbesserung des Passwortschutzes kann erreicht werden, wenn mehrere Kontrollstufen eingeführt werden, für die verschiedene Passwörter erforderlich sind. Die erste Stufe wäre dabei der Zutritt zu dem Rechnersystem überhaupt, die nächste Stufe entspräche dem Zugang zu dem DB/DC-System. Eine zusätzliche Stufe kann dann noch innerhalb des Datenbanksystems liegen. Eine weitere gebräuchliche Methode zur Sicherung vor Mißbrauch der Daten ist der **Transaktionsschutz**. Das heißt, daß bestimmte Anforderungen an die Datenbank nur für bestimmte Benutzer und Passwörter ausgeführt werden.

Moderne DB-Systeme sollten zusätzlich noch einen **Zugriffsschutz auf Feldebene** besitzen. Das bedeutet z.B., daß ein Programm zwar auf ein Segment/Record zugreifen kann, jedoch nur einzelne Felder davon verändern darf oder auch nur einen Teil der Felder lesen kann. Dies ist besonders wichtig, bei Anforderungen an die Datenbank, die von Online-Anwendern stammen. Ein zusätzlicher Vorteil, den eine Schutzmöglichkeit auf Feldebene besitzt, liegt in der Flexibilität und der Vermeidung von Redundanzen.

Beschränkt sich die Sperrmöglichkeit auf Dateien oder Segmente/Records müssen u.U. redundante Datenbestände angelegt, oder Datensätze aus ihrem logischen Zusammenhang gerissen werden, da z.B. ein Anwender in der Mitarbeiterdatei auf den Namen, die Adresse oder die Abteilung zugreifen darf, auf das Gehalt jedoch nicht.

Die strengste Form der Kontrolle, wäre eine Prüfung die dynamisch aktuelle zusätzliche Bedingungen abprüft. Solche Bedingungen können momentane Feldinhalte, Termine, Datum, Uhrzeit usw. sein. Der Vorteil solcher dynamischer Prüfungen liegt darin, daß nicht nur einmal vor der Benutzung, sondern ständig während der Bearbeitung kontrolliert wird.

Einen grundsätzlichen Schutz, der eigentlich das Konzept jedes DB-Systems sein sollte, stellt die Trennung der physischen und logischen Daten dar. Bei hierarchischen und netzartigen Modellen ist dies oft nicht gegeben, da jeder Programmierer Kenntnisse von der Struktur der Daten haben muß. Außerdem hängt die physische Abspeicherung eng mit den logischen Strukturen zusammen. Eine wichtige Rolle spielt in diesem Zusammenhang der Datenbankadministrator. Es sollte nur ihm überlassen sein, Benutzersichten zu vergeben und Datenbanken oder Teile von Datenbanken einzurichten.

Eine weitere wichtige Funktion des Datenbankadministrators ist die zentrale Kontrolle der Verknüpfungen, die zwischen den Datenbeständen z.B. zur Bildung von Statistiken und gezielter Auswertungen, hergestellt werden können.

Verschiedene Modelle erlauben weiterhin noch eine **Verschlüsselung** der Daten. Damit können besonders zu schützende Daten zusätzlich vor Mißbrauch bewahrt werden.

Ergänzend zu allen Kontrollmechanismen ist als ein wesentlicher Bestandteil eines Datenschutzkonzeptes, eine Protokollierung aller Aktivitäten, die mit den Daten oder der Datenbank durchgeführt wurden, erforderlich. Hierzu gehört z.B. auch eine Erfassung der abgewiesenen Zutrittswünsche mit dazugehörigen USER-ID.

Ein gutes Datenschutzkonzept sollte außerdem ein leichtes Ändern der Passwörter sowie ein einfaches Hinzufügen oder Verändern von Benutzern und Benutzerzugriffsrechten gestatten.

9. Beispiele für die Datenbankkonzepte

9.1 Information Management System (IMS)

Das IMS-Datenbankmodell ist der wichtigste Vertreter der hierarchischen DB-Philosophie.

Die Anfänge der Entwicklung gehen bis auf die Jahre 1964/65 zurück. IMS kann sowohl als reines Datenbankverwaltungssystem (DB) im Batchbetrieb, als auch als kombiniertes Datenbank-Datenkommunikationssystem (DATA COMMUNICATION, DB/DC), für Batch- und Dialog-Verarbeitung benutzt werden. Der DC-Teil enthält zusätzliche Mechanismen zum Verwalten von konkurrierenden Zugriffen auf Datenfelder und die Möglichkeit der Datenfernverarbeitung. Das komplette System besteht aus 3 Teilen:

— dem Systemdefinitionsteil,
— dem Datenorganisations-, Zugriffs- und Datenmanipulationsteil (DL/1) und
— den Hilfsprogrammen (UTILITIES)

Vor der ausführlichen Beschreibung ist es, um Mißverständnissen vorzubeugen, notwendig, zwei spezielle IMS-Begriffe vorzustellen und zu definieren:
Der deutsche Ausdruck „Datenbank" wird im allgemeinen als Übersetzung des englischen Begriffes „DATA BASE" benutzt (DATA BASE MANAGEMENT SYSTEM, DBMS, usw.) Bei IMS wird eine Datenbank jedoch als **DATA BANK** bezeichnet. Der Grund für diese Benennung liegt darin, daß der Begriff **DATA BASE** eine veränderte Bedeutung besitzt. Unter DATA BASE wird bei IMS die Gesamtheit aller Ausprägungen eines hierarchischen Baumes verstanden. So ergeben z.B. alle Artikel, Bestellungen und Verkäufe eines Lagers die IMS-DATA BASE „Lager". Dies entspricht auf den ersten Blick einer konventionellen Datei bzw. File. Die Besonderheit einer DATA BASE liegt jedoch darin, daß die physische Abspeicherung eines solchen Baumes bei einigen IMS-Datenorganisationsformen nicht auf eine Datei beschränkt ist. Daten- und Indexsegmente können sowohl in Index- als auch in Datendateien abgelegt sein. (Die ausführliche Beschreibung der Datenorganisation und der Zugriffsmethoden erfolgt im Kapitel 9.1.5.)

Bei der weiteren Beschreibung soll für diese IMS-spezifische Konstruktion „**IMS-Database**" benutzt werden. Für DATA BANK, die durch die Menge aller IMS-Databases entsteht, wird weiterhin der deutsche Begriff „Datenbank" verwendet.

9.1.1 Verknüpfungsmöglichkeiten zwischen den Datensegmenten

Es wird bei IMS prinzipiell zwischen physischen und logischen Beziehungen unterschieden.

Physisch und logisch beziehen sich hier nur auf IMS-Strukturen (IMS-Databases). Als erstes wird eine physische IMS-Database, mit physischen Segmenten und Zeigern aufgebaut. Über diese kann dann eine zusätzliche Struktur, eine logische IMS-Database, gelegt werden. Die physische Struktur bleibt jedoch unverändert.

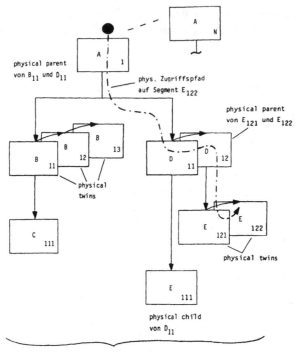

Bild 34: Physische Beziehungen bei IMS

Innerhalb der physischen hierarchischen Baumstruktur (1:N) unterscheidet man je nach Funktion mehrere Segmentarten, **physical parent** (PP) und **physical child** (PC). Alle Segmente, außer dem Rootsegment, sind physical children, da alle mindestens der Wurzel untergeordnet sind. Als physical parent wird ein Segment nur dann bezeichnet, wenn auf der nächstunteren Hierarchieebene mindestens ein abhängiges Segment definiert ist. Weiterhin werden bei den Ausprägungen **physical twins** (PT) unterschieden. Physical twins sind alle Ausprägungen eines Segmenttyps, die von der gleichen Ausprägung des zugehörigen physischen Parentsegmentes abhängen.

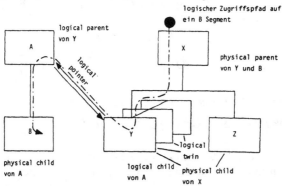

Bild 35: Logische Beziehungen bei IMS

Wenn diese Verbindungsmöglichkeiten nicht ausreichen (siehe Beispiel LIEFERANT –
ARTIKEL Kap. 6), werden zusätzliche logische Verknüpfungen erforderlich. Diese erlauben außerdem Redundanzen zu vermeiden, da damit Segmente verschiedenen hierarchischen Strukturen logisch zugeordnet werden können. Die Segmente einer *logischen* IMS-
Database können also 2 Parentsegmente (1 physisches und 1 logisches) besitzen, wodurch
eine Netzstruktur (M:N) möglich wird. Analog zu den physischen Begriffen unterscheidet man dann **logical parent (LP)**, **logical child (LC)** und **logical twin (LT)** Segmente.

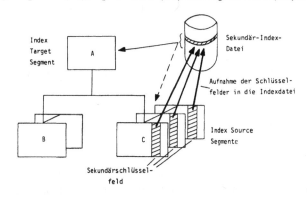

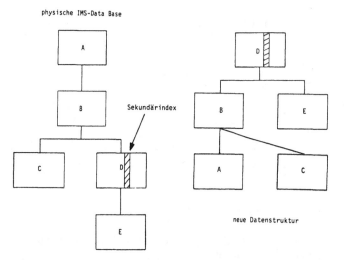

Bild 36: Sekundärindex-Segmente bei IMS

Außerdem bietet IMS noch die Möglichkeit, die hierarchischen Beziehungen mit Sekundärindices zu erweitern. Zum Aufbau eines Sekundärindexes wird eine neue Indexdatei (**secondary index data base**) benötigt, in die alle Ausprägungen des zusätzlichen
Schlüsselfeldes mit den Adressen der Segmente, in denen diese Werte gespeichert sind,
aufgenommen werden. Diese Segmente bezeichnet man als Quellensegmente (**index source
segment**), die dazugehörigen Rootsegmente heißen Ziel- (**target-)Segmente**.

Das Quellen und das Zielsegment können identisch sein, d.h. das zusätzliche Schlüsselfeld kann sowohl in einem Root- als auch in einem abhängigen Segment liegen, d.h. außerdem, daß ein abhängiges Segment entweder direkt aus der Sekundärindexdatei angesprungen
werden kann oder daß erst über das Rootsegment verzweigt werden muß. Bei einem Ein-
sprung in eine Ebene unterhalb des Rootsegmentes wird das Ziel/Quellensegment zu dem
Rootsegment eines neuen logischen Baumes. In diesem neuen Baum werden alle Segmente,
die dem Zielsegment übergeordnet sind, in umgekehrter hierarchischen Folge mit dem
neuen Rootsegment verbunden. Die dem Zielsegment untergeordneten Segmente werden
in derselben Reihenfolge übernommen.

9.1.2 Pointerarten und Segmentaufbau

Die Segmente eines Baumes werden zu einer **hierarchischen Folge** zusammengefaßt. Dies
dient einerseits zur Identifizierung und legt andererseits die Reihenfolge der Abspeicherung
fest. Die Zusammenfassung geschieht in der Weise, daß beginnend bei dem Rootsegment
zuerst von oben nach unten und dann jeweils auf jeder Ebene von links nach rechts durchnummeriert wird.

Die Segmente der hierarchischen Folge werden miteinander verknüpft abgespeichert.
Dies kann entweder durch physisches Zusammenlegen (**sequentielle Speicherung**) oder
durch Verknüpfung mit Zeigern (**direkte Speicherung**) geschehen.

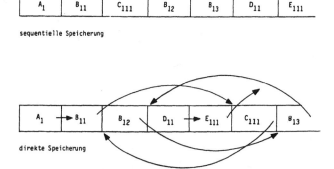

Bild 37: Abspeicherung einer hierarchischen Folge

Die Zeiger, die die Verbindungen bei der *direkten* Speicherung realisieren, werden entsprechend ihrer Bedeutung benannt:

- hierarchical pointer, sie dienen der Verknüpfung der Segmente in der hierarchischen
  Folge.
  Diese Verbindungen können von Vorteil sein, wenn z.B. direkt-organisierte Datenbestände hauptsächlich sequentiell verarbeitet werden sollen. Die Verkettung kann vorwärts (hierarchical forward, HF) und rückwärts (hierarchical backward, HB) benutzt
  werden. Die h.p. können mit den physischen Zeigern zusammen verwendet werden.

Neben diesen Zeigern gibt es eine 2. Gruppe, mit denen die einzelnen hierarchischen Strukturen abgebildet werden:

– physical parent pointer (PPP), zeigt von einem Childsegment auf das zugehörige Parentsegment.
– physical child pointer (PCP), zeigt von Parent- auf Childsegmente.
  Es gibt 2 Arten von physical child pointer. Einen, der auf die erste Ausprägung eines
  abhängigen Childsegmenttyps weist (physical child first, PCF), und einen, der die letzte
  Ausprägung mit dem Parentsegment verknüpft (physical child last, PCL). Der PCF ist
  bei den direkten Organisationsformen immer nötig, während der PCL nur sinnvoll ist,
  wenn Segmentausprägungen immer hinten angehängt werden sollen oder wenn oft
  explizit die letzte Ausprägung angesprochen werden soll. Es wird dann der Weg durch
  die davorliegenden Ausprägungen gespart.
– physical twin pointer (PTP), zeigt jeweils auf das nächste physical twin segment (vorwärts, PTF oder rückwärts, PTB)

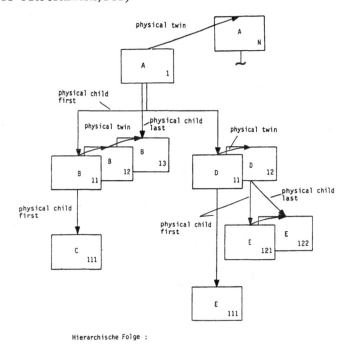

Hierarchische Folge :

A_1, B_{11}, C_{111}, B_{12}, B_{13}, D_{11}, E_{111}, D_{12}, E_{121}, E_{122}

Bild 38: Physische Pointer bei IMS

Analog zu den physischen werden die logischen Zeiger bezeichnet:

– logical parent pointer (LPP), zeigt von einem logical child auf das dazugehörige Parentsegment. Er muß in jeder logischen Verbindung enthalten sein.
– logical child pointer (LCP), zeigt entsprechend auf ein logical child. Es gibt wie bei den
  physischen Zeigern sowohl einen logical childpointer auf die erste (LCF) und letzte
  Ausprägung des logischen Childsegmenttypes (LCL).
– logical twin pointer (LTP), bildet die Verknüpfung zwischen logical twins. LTS's können
  sowohl vorwärts (LTF) als auch rückwärts (LTB) zeigend benutzt werden.

Mit den drei logischen Zeigergruppen lassen sich verschiedene Verbindungen darstellen:

- Die einseitig gerichtete logische Verbindung, die durch einen logical parent pointer dargestellt wird, wobei der Zugriff nur in Richtung des verwendeten Zeigers, also von „unten nach oben" erfolgen kann.
- Die symmetrische, einseitig gerichtete logische Verbindung ohne PHYSICAL PAIRING. Diese hat den Vorteil, daß man zusätzlich zu dem Weg vom logical child zum logical parent auch in umgekehrter Richtung zugreifen kann. Das macht jedoch den Umweg über das „gegenüberliegende" logical child erforderlich.
  (LP1 $\Rightarrow$ LC2 $\Rightarrow$ LP2 $\Rightarrow$ LC1 oder LP2 $\Rightarrow$ LC$_1$ $\Rightarrow$ LP$_1$ $\Rightarrow$ LC$_2$).

  Bei dieser Verknüpfung bilden die beiden Childsegmente die Bindeglieder zwischen den IMS-Databases. Sie sollten deshalb den gleichen Inhalt besitzen, z.B. Informationen über die Verbindung. Der Benutzer muß jedoch selbst dafür sorgen, daß die Identität existiert und erhalten bleibt.
- Die symmetrische, einseitig gerichtete logische Verbindung mit PHYSICAL PAIRING. Hierbei sorgt IMS selbst dafür, daß LC1 und LC2 immer dieselben Informationen enthalten.

  Beide Verbindungen besitzen jedoch den Nachteil, daß die Childsegmente doppelt auftreten, wodurch bei Änderungen zusätzliche Zugriffe erforderlich werden.
- Die zweiseitig gerichtete logische Verbindung mit einem virtuellen Segment besitzt diesen Nachteil nicht (siehe Beispiel Kap. 6). Außerdem hat sie den Vorteil, daß ohne Umwege sowohl von unten nach oben, als auch von oben nach unten zugegriffen werden kann. Der Nachteil liegt darin, daß die logischen Childsegmente verstreut liegen, was die Verarbeitung verlangsamt. Außerdem kann die Verknüpfung nicht bei allen IMS-Datenorganisationsformen benutzt werden.

Grundsätzlich läßt sich sagen, daß die Handhabung der logischen Verknüpfungen und den daraus entstehenden logischen IMS-Databases sehr schwierig ist:

Bei häufigen Löschungen und Anfügungen ist das Verhalten und Aussehen für den Benutzer meist nicht mehr durchschaubar. Vor allem bei Löschungen von Segmenten ist Vorsicht angebracht, da geprüft werden muß, ob und an welchen logischen Verbindungen die Segmente beteiligt sind. Dazu kommt die Tatsache, daß die logischen Twinketten, die ja unabhängig von der physischen Abspeicherung sind, im allgemeinen über den Speicher verstreut liegen, was eine langsamere Verarbeitung verursacht. Da die komplexen Verbindungen in vielen Fällen durch Sekundärindices realisiert werden können, wird in der Praxis häufig auf diese Möglichkeit zurückgegriffen. Der Vorteil liegt hierbei hauptsächlich in der Übersichtlichkeit und Nachvollziehbarkeit der Organisation. Der Aufwand im Hinblick auf Speicherplatz ist eher größer, da die Sekundärindexdateien angelegt und verwaltet werden müssen.

Es sollte bei der Datenbankdefinition abgewägt werden, ob bei Anwendungen, die nicht sehr häufig auftreten, eine sequentielle Verarbeitung evtl. mit anschließendem Sortieren der logischen IMS-Database bzw. dem Sekundärindex vorzuziehen ist.

Die Art und Auswahl der gewünschten Zeiger muß in der Datenbeschreibung definiert werden, da in den Segmenten entsprechend Platz bereitgestellt werden muß. Jeder Pointer ist 4 Byte lang und enthält die direkte Adresse des entsprechenden Segmentes bzw. des Bereiches (Block), in dem das Segment liegt. Sie wird immer relativ zum Anfang der Datei in

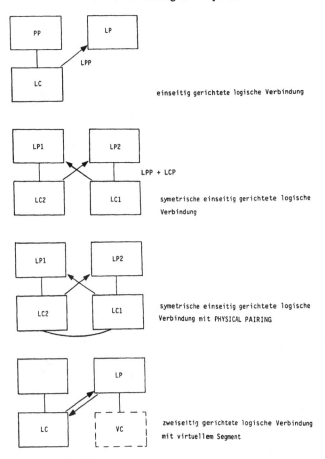

Bild 39: Logische Verknüpfungen bei IMS

Bytes angegeben und heißt deshalb **relative Byte Adresse (RBA)**. Die allgemeine Form zur Adressierung eines Segmentes hat folgendes Aussehen:

Adresse = Blocknummer x Blocklänge + Stellung im Block.

Neben diesen **direkten Zeigern**, die für die direkte Speicherung benutzt werden, gibt es noch die **symbolischen Pointer**. Dies sind Datenfelder am Anfang der Segmente, die die verketteten Schlüsselwerte des hierarchischen Zugriffspfades vom Wurzelsegment bis zu dem adressierten Segment enthalten (**concatenated key**). Beide Arten können zur Verknüpfung mit Sekundärindices und zur Bildung von logischen Strukturen verwendet werden.

Die Tatsache, daß die Pointer in die Datensegmente eingefügt werden, besitzt den Nachteil, daß eine Veränderung der Verknüpfung eine Veränderung des Segmentaufbaus und somit der Datenbankstruktur nach sich zieht. Auch eine ausführliche Analyse der Anwendungswünsche kann nicht ausschließen, daß nach dem Einrichten der Datenbank noch Modifikationen durchgeführt werden müssen. Dies hat dann durch eine Reorganisation der Datenbank zu geschehen.

Einschließlich des Zeigerbereiches besteht ein IMS-Datensegment aus 3 Teilen:

— dem Kopfteil, in dem System- und Strukturinformationen liegen,
— dem Zeigerteil, der die definierten physischen und logischen *direkten* Pointer enthält,
  (dieser Teil entfällt bei der sequentiellen Speicherung) und
— dem Datenteil, der die Datenfelder beinhaltet. (Zur Bildung von logischen Verbindungen
  kann hier auch ein symbolischer Zeiger enthalten sein.)

Es können auch Segmenttypen, bei denen die Ausprägungen unterschiedliche Längen besitzen, verwendet werden. In jedes Segment wird dann zusätzlich noch ein Feld eingefügt, das die Länge angibt.

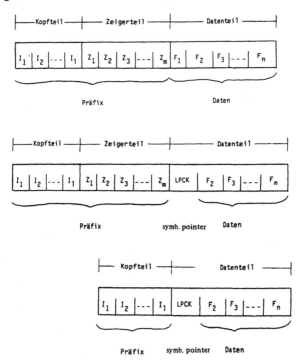

Bild 40: Datensegmente bei IMS

Die Verwaltung dieser Segmente ist jedoch aufwendiger. Z.B. ist es möglich, daß nach dem Verlängern eines Feldes das Segment nicht mehr an seinen alten Platz gespeichert werden kann, so daß entweder die Streuung über den Speicher (Spaltung der Segmente) und damit die Verarbeitungszeit zunimmt, oder daß nachfolgende Segmente verschoben werden müssen. Der Vorteil liegt jedoch in dem geringeren Speicherplatzbedarf.

Durch Komprimieren der Daten (**data compaction**) kann die Platzersparnis noch vergrößert werden. Der Benutzer kann dabei u.a. durch Entfernen von Leerstellen und/oder Nullen die Segmente, vor allem bei Texten, verkürzen. Die Verdichtung muß beim Lesen wieder rückgängig gemacht werden, so daß insgesamt eine Erhöhung der CPU-Zeit entsteht. Zu beachten ist, daß Schlüsselfelder nicht komprimiert werden sollten.

Die Sekundärindex-Segmente (index pointer segment) setzen sich aus 4 Teilen zusammen:

— dem Delete Flag, das anzeigt, ob das entsprechende Datensegment gelöscht wurde,
— dem Zeiger auf das Datensegment,
— dem Sekundärschlüsselfeld, welches das oder die Felder enthält, die als Sekundärschlüssel dienen und
— dem internen Sequenz-Feld, (subsequence field), das benutzt wird, wenn das Schlüsselfeld nicht eindeutig ist.

Wie bei den Datensegmenten können zur Addressierung der Index Source Segmente sowohl direkte als auch symbolische Zeiger verwendet werden.

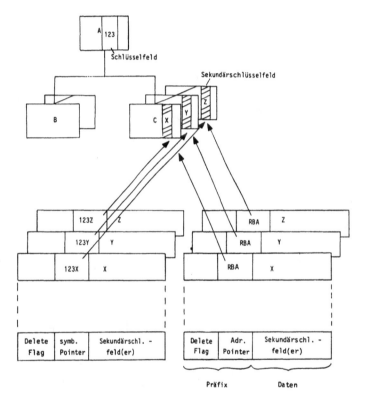

Bild 41: Sekundärindex-Segmente bei IMS

9.1.3 Aufbau der logischen Verbindungen

Die Grundlage der logischen Verknüpfungen ist der logical parent pointer, der in jedem logischen Childsegment enthalten sein muß. Der Verweis kann als direkter oder symbolischer Zeiger realisiert werden. Bei Verwendung eines symbolischen Verweises enthält das Feld die zusammengesetzten Schlüsselwerte des Zugriffspfades bis zum logischen Parentsegment (**logical parent concatenated key, LPCK**). Ein logical child pointer ist nicht

erforderlich. Wenn er trotzdem eingerichtet wird, muß ein direkter Zeiger verwendet werden. Die beiden logisch verknüpften Segmente werden von IMS als ein zusammengehöriges
Segment (**concatenated segment**) betrachtet und in dieser Form an das Programm übergeben.

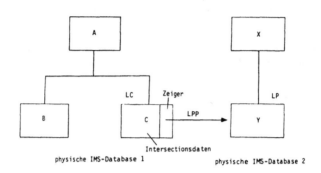

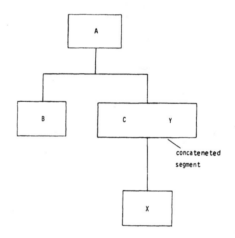

Bild 42: Aufbau von logischen Verbindungen bei IMS

   Die logischen Childsegmente dienen, wie bereits angedeutet, als Bindeglieder zwischen
den zu verknüpfenden physischen IMS-Databases. Sie enthalten daher meist nur ein Zeiger-
feld und evtl. kurze Informationen, die die Verknüpfung beschreiben. Die Daten, die in
einem solchen Zeigersegment liegen, heißen **Intersektionsdaten** (intersection data). Dazu
gehören auch Datensegmente, die von dem Zeigersegment abhängig sind.

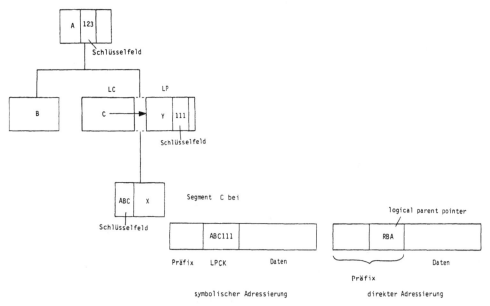

Bild 43: Adressierung bei der logischen Verknüpfung

9.1.4 Datenbankdefinition

Bei IMS ist die Drei-Teilung, wie sie im Kapitel 4.3 beschrieben wurde, nicht vorhanden. Die logische und physische Sicht sind zu einer Datenbankbeschreibungsebene zusammenge-faßt.

Dies stellt eine Abkehr von der geforderten Trennung zwischen Anwendersicht und physischer Speicherung dar. Die Definition der Daten und Beziehungen in der Datenbank hat bei IMS in mehreren Schritten zu erfolgen:
In einer physischen IMS-Databasebeschreibung (data base definition, DBD) gibt der Be-nutzer den Segmentaufbau, das Aussehen der darin enthaltenen Felder und die hierarchi-schen Beziehungen zwischen den Segmenten einer IMS-Database an, legt die Organisations-formen und die Zugriffsmöglichkeiten fest und macht Angaben zu den Betriebssystem-dateien. In der physischen IMS-Databasedefinition müssen außerdem auch bereits die lo-gischen Beziehungen definiert werden! Die danach folgende logische Definition umfaßt die Angaben zu den logischen IMS-Databases, die aus diesen Beziehungen resultieren. Für den Aufbau von Indices ist eine eigene Beschreibung (DBD) notwendig.

Neben der Definition der IMS-Databases und der Indices existiert noch die Beschrei-bung der Anwendersicht. Hier wird der Ausschnitt aus der physischen und logischen IMS-Database, der für ein Anwenderprogramm von Interesse ist, definiert. Segmente, die dem Benutzerprogramm zur Verfügung gestellt werden, heißen sensitive Segmente. Diese bil-den also den hierarchischen Baum, den das Programm sieht. Die Angabe, welche Segmente eines Baumes sensitiv sind, und in welcher Form das Programm damit arbeiten darf, er-folgt in den Programmkommunikationsblock (program communication block, PCB). Wenn ein Programm Segmente aus verschiedenen IMS-Databases benutzen will, muß für jede ein eigener PCB definiert werden. Die Menge aller PCB's für ein Anwenderprogramm bildet den Programmspezifikationsblock (**program specification block, PSB**). Der PSB stellt also das Subschema, das heißt die logische Beschreibung einer Anwendung, wie sie in Kapitel 4.3 aufgeführt wurde, dar.

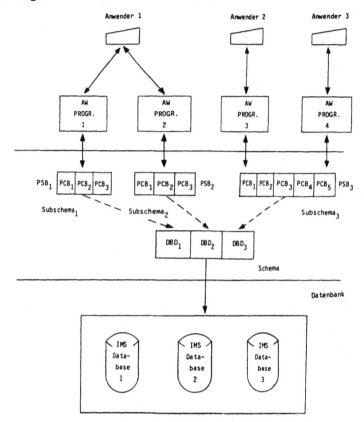

Bild 44: Struktur von IMS

Zur Ausführung der Datenbankdefinition wird von IMS eine Datendefinitionssprache (DDL) bereitgestellt.

Die Eingabe der PCB's und PSB's sollte dem Datenbankadministrator vorbehalten sein, um die gewünschte Trennung von Anwender und physischen Daten herzustellen.

9.1.5 Beispiel für eine IMS-Database Definition

In dem Beispiel werden IMS-Databases eingerichtet, die die Segmente, Artikel, Lager Bestellung, Beschreibung (des Artikels), Verkauf, Versand und Position enthalten. Die 1. physische IMS-Database besteht aus Artikel, Lager, Bestellung und Beschreibung, wobei Artikel das Rootsegment ist. Die anderen 3 Segmente bilden die 2. physische IMS-Database. In dieser hierarchischen Struktur ist Verkauf das Rootsegment.

Über diese physischen IMS-Databases soll eine zweiseitig gerichtet logische Verknüpfung mit einem virtuellen Segment von Artikel nach Position eingerichtet werden.

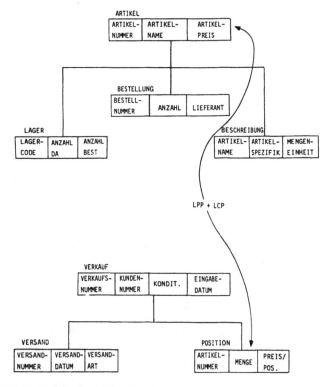

Bild 45: Beispieldefinition; Physische IMS-Databases

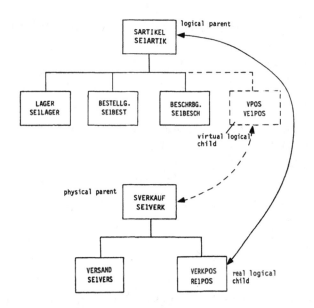

Bild 46: Beispieldefinition IMS; Logische Verknüpfung

9.1.5.1 Beispieldefinition IMS: Instruktionsbeschreibung der Data-Definition Language (DDL)

Statements	Bedeutung
DBD	Benennung der IMS-Databases, Festlegung der Organisationsform und der Zugriffsmethode sowohl IMS als auch Betriebssystem
DATASET	Benennung der physischen Dateien (DD-Name) mit Spezifikation des Speichermediums und anderer physischer Werte, wie Blockung usw. Dazu Angaben über Freiplätze und deren Verwaltung.
SEGM	Benennung und Spezifikation der Segmente (Länge, Pointer usw.)
FIELD	Benennung und Spezifikation der Felder des Segmentes (Beginn, Länge, Typ usw.)
LCHILD	Definition der logischen Verbindungen von logical parent und logical child und der Verknüpfungen mit Indices
DBDGEN	Beenden der Definitionsstatements
FINISH	Endstatement für das Linkedit-Programm
END	Beenden der Definitionseingabe

Zu den Kommandos existieren verschiedene Spezifikationen, die nach der Beispieldefinition anhand der dort verwendeten Werte erläutert werden.

9.1.5.2 Beispieldefinition IMS: physische IMS-Databases ARTIKEL + VERKAUF

```
DBD       NAME = ARTIKEL, ACCESS = (HDAM, OSAM)
          RMNAME = (LMHASHF, 4,80,500)

DATASET DD1 = ARTIK, DEVICE = 3330, MODELL = 1  SIZE = 2048

SEGM  NAME = SARTIKEL, BYTES = 50, PTR = T, PARENT = 0

LCHILD  NAME = (VERKPOS, VERKAUF), PAIR = VPOS, PTR = DBLE
FIELD  START = 01, BYTES = 08, TYPE = C, NAME = (ARTNR, SEQ)
FIELD  START = 09, BYTES = 20, TYPE = C, NAME = (ARTNAME)
FIELD  START = 29, BYTES = 08, TYPE = P, NAME = (ARTPREIS)

SEGM  NAME = LAGER, BYTES = 40, PARENT = ((SARTIKEL, SNGL)),
                                                    PTR = T
FIELD  START = 01, BYTES = 08, TYPE = C, NAME = (LCODE, SEQ)
FIELD  START = 09, BYTES = 10, TYPE = P, NAME = (VORH)
FIELD  START = 19, BYTES = 10, TYPE = P, NAME = (BEST)

SEGM  NAME = BESTELLG, BYTES = 60, PARENT = ((SARTIKEL, SNGL))
                                                    PTR = T
```

FIELD START = 01, BYTES 08, TYPE = C, NAME = (BESTNR, SEQ)

FIELD START = 09, BYTES 10, TYPE = P, NAME = (BESTANZ)

FIELD START = 19, BYTES 30, TYPE = C NAME = (BESTLIEF)

SEGM NAME = BESCHRBG, BYTES = 40, PARENT =
                                        ((SARTIKEL, SMGL)), PTR = T

FIELD START = 01, BYTES = 20, TYPE = C, NAME = (ARTNAME)

FIELD START = 21, BYTES = 08, TYPE = C, NAME = (SPEZIF)

FIELD START = 29, BYTES = 04, TYPE = C, NAME = (EINHEIT)

> **V L C**
>
> SEGM NAME = VPOS, PARENT = SARTIKEL, PTR = PAIRED, SOURCE =
>   (VERKOS; D, VERKAUF)
>
> FIELD START = 01, BYTES = 08, TYPE = C, NAME = (VNR, SEQ)
>
> FIELD START = 09, BYTES = 06, TYPE = P, NAME = (VMENGE)
>
> FIELD START = 15, BYTES = 08, TYPE = P, NAME = (VPOSPR)

DBDGEN

FINISH

END   VCL = virtual logical child

DBD NAME = VERKAUF, ACCESS = HIDAM

DATASET DD1 = VERKA, DEVICE = 3330, MODELL = 1, SIZE = 2048

SEGM NAME = SVERKAUF, BYTES = 60, PTR = TB

LCHILD NAME = (VERKINDX, INDEXDAT), PTR = INDX

FIELD START = 01, BYTES = 08, TYPE = C, NAME = (VERKNR, SEQ)

FIELD START = 09, BYTES = 20, TYPE = C, NAME = (KDRNR)

FIELD START = 29, BYTES = 08, TYPE = P, NAME = (KONDIT)

FIELD START = 37, BYTES = 08, TYPE = C, NAME = (EINGDAT)

SEGM NAME VERSAND BYTES = 40, PARENT =
                                        ((VERKAUF, SNGL)), PTR = T

FIELD START = 01, BYTES = 08, TYPE = P, NAME = (VERSNR, SEQ)

FIELD START = 09, BYTES = 08, TYPE = C, NAME = (VERSDAT)

FIELD START = 17, BYTES = 10, TYPE = C, NAME = (VERSART)

> **R L C**
>
> SEGM NAME = VERKPOS, BYTES = 35, PARENT = ((SVERKAUF, DBLE),
>   (SARTIKEL, P, ARTIKEL)), PTR = (TB, LTB, LP)
>
> FIELD START = 09, BYTES = 08, TYPE = C, NAME = (VARTNR, SEQ)
>
> FIELD START = 17, BYTES = 06, TYPE = P, NAME = (VARTMGE)
>
> FIELD START = 23, BYTES = 08, TYPE = P, NAME = (VPOSPRS)

DBDGEN

FINISH

END   RLC = real logical child

Indexdatei für VERKAUF

```
DBD NAME = INDEXDAT, ACCESS = (INDEX, ISAM)
DATASET DD1 = INDX, DEVICE = 3330, MODEL = 1, SIZE = 2048
SEGM NAME = VERKINDX, BYTES = 08
LCHILD NAME = (SVERKAUF, VERKAUF), INDEX = (VERKNR)
FIELD START = 01, BYTES = 08, NAME = (INDXFELD, SEQ)
```

```
DBDGEN
FINISH
END
```

Erläuterungen zu den physischen Definitionen:

DBD   Eine Beschreibung der Datenorganisationsformen HIDAM und HDAM mit OSAM-Dateien erfolgt in dem Kapitel 9.1.5. Die Spezifikation RMNAME wird nur bei HDAM benötigt und gibt Größen an, die zum Auffinden und Bereitstellen der Segmente benötigt werden (Pufferlängen, relative Blocknr. usw.).

SEGM   Mit PTR wird die Anzahl der Pointer zwischen den Segmentausprägungen festgelegt.

T =	nur eine Vorwärtsknüpfung
NT=	keine Twinverknüpfung
TB =	sowohl Vorwärts- als auch Rückwärtszeiger
LT =	logical twin pointer vorwärts
LTB =	logical twin pointer vorwärts und rückwärts
LP =	logical parent pointer
PAIRED =	definiert das Segment als virtual logical child

Bei PARENT muß das physische Parentsegment angegeben werden. „SNGL" bedeutet, daß nur ein Zeiger vom Parentsegment auf die 1. Ausprägung der physical children erzeugt wird. Daneben besteht noch die Möglichkeit, zusätzlich auch die letzte Ausprägung zu verbinden („DBLE")

Das „P" (physical) bei der Angabe des logischen Parentsegmentes in der Beschreibung des real logical childs (RLC) im Segment VERKPOS gibt an, daß der logical parent concanated key (LPCK) physisch abgespeichert wird. Ein „V" (virtual) an dieser Stelle würde bedeuten, daß nur die intersection data ohne LPCK auf der Platte gespeichert würden. „D" (data) in der Spezifikation SOURCE gibt an, daß LPCK und die Daten des Segmentes von dem PSB (Anwenderprogramm) benutzt werden können. „K" (key) heißt, daß ein Programm nur den Schlüssel übergeben bekommt.

Zusätzlich können hier noch Angaben über die Häufigkeit des Auftretens der Segmente gemacht werden (FREQ =). Diese Werte werden für die Platzreservierung bei HISAM benutzt.

LCHILD   In der IMS-Database ARTIKEL gibt das Kommando LCHILD an, daß SARTI– KEL ein logisches Childsegment besitzt. Als Segmentname wird derjenige angegeben, den das Segment in der physischen IMS-Database (hier VERKAUF) hat.

Unter der Spezifikation PAIR, wird der Name des virtuellen logischen Childseg-
mentes in dieser IMS-Database angegeben.
In der hierarchischen Struktur VERKAUF stellt LCHILD die Verbindung zwischen der Daten- und der Indexdatei her.

FIELD   Die Angabe „C" bei Typ zeigt an, daß das Feld alphanumerisch oder eine
        Kombination der zulässigen Typen sein kann. Zulässige Feldtypen sind außer
        „C" noch „P" für gepackte Dezimal- und „X" für Hexadezimalzahlen. Bei der
        Namensdefinition steht bei den abhängigen Segmenten die Spezifikation
        „SEQ". Sie gibt an, daß die Segmentausprägungen nach diesem Feld sortiert ge-
        speichert werden sollen. Fehlt diese Angabe, werden die Ausprägungen in der
        Reihenfolge ihres Auftretens hinten an die physical twin Kette angehängt.

Die Längenangaben in den SEGM-Statements sind jeweils größer als die Summe der Einzelfelder. Die dadurch entstehenden freien Plätze in den Segmenten stellen einen Reservebereich dar, der benutzt werden kann, um neue Felder einzufügen.

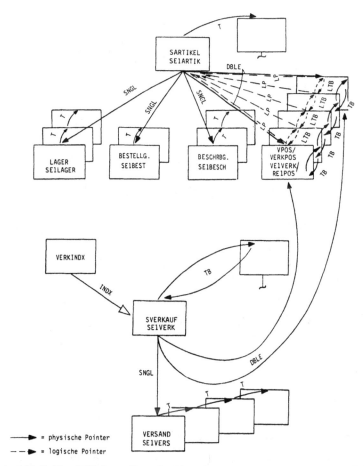

Bild 47: Beispieldefinition IMS; Darstellung der Verpointerung nach der physischen Definition

In vielen Fällen brauchen nicht alle Angaben gemacht werden, da manche Spezifikationen intern automatisch mit Größen vorbelegt sind (**Defaultwerte**).

Abschließend ein Nachtrag zu der Benennung der Dateien, Segmente und Felder. Bei dem vorangegangenen Beispiel wurden zum besseren Verständnis mnemonische Abkürzungen verwendet. Bei IMS wird vorgeschlagen, die Namen nach der Regel „TSVMMMMM" aufzubauen, wobei die Buchstaben folgende Bedeutung haben:

T   identifiziert den Typ z.B. „B" für DBD, „P" für PSB, „S" für Segment usw.
S   gibt an, ob ein Beispiel oder ein Test („E") vorliegt; „O" soll für allgemein gültige Fälle benutzt werden.
V   zeigt die Version an
MMMMM   ist ein Name, den der Benutzer wählen kann.

Nach diesen 4 Regeln müßten die Namen wie folgt ausgetauscht werden:

ARTIKEL	= BE1ARTIK	VERKAUF	= BE1VERK
ARTIK	= DE1ARTIK	VERKA	= DE1VERK
SARTIKEL	= SE1ARTIK	SVERKAUF	= SE1VERK
LAGER	= SE1LAGER	VERSAND	= SE1VERS
BESTELLG	= SE1BEST	VERKPOS	= RE1POS
BESCHRBG	= SE1BESCH		
VPOS	= VE1POS		

9.1.5.3 Beispieldefinition IMS: Logische IMS-Database ARTIKEL

DBD NAME = BE1LART, ACCESS = LOGICAL
DATASET LOGICAL
SEGM NAME = SE1ARTIK, SOURCE = ((SE1ARTIK, D, BE1ARTIK)),
SEGM NAME = SE1LAGER, SOURCE = ((SE1LAGER, D, BE1ARTIK)),
PARENT = SE1ARTIK
SEGM NAME = SE1BEST, SOURCE = ((SE1BEST, D, BE1ARTIK)),
PARENT = SE1ARTIK
SEGM NAME = SE1BESCH, SOURCE = ((SE1BESCH, D, BE1ARTIK)),
PARENT = SE1ARTIK
SEGM NAME = SE2VERPO, SOURCE = ((VE1POS, D, BE1ARTIK),
(SE1VERK, D, BE1VERK)), PARENT = SE1ARTIK
SEGM NAME = SE1VERS, SOURCE = ((SE1VERS, D, BE1VERK)),
PARENT = SE2VERPOS

DBDGEN
FINISH
END

Erläuterungen zu der logischen Definition:

DBD   Die Spezifikation LOGICAL gibt an, daß es sich um eine logische IMS-Database handelt.

DATASET   „LOGICAL" muß angegeben werden, damit keine physische Datei angelegt wird.

SEGM   Hier wird die Herkunft (SOURCE) des Segmentes angegeben. Das logische Segment SE1LAGER z.B. stammt aus dem physischen Segment
SE1LAGER in der physischen IMS-Database BE1ARTIK. Bei Segmenten
die zu einem Segment verbunden werden sollen, (LP ⇔ LC) müssen verschiedene Angaben gemacht werden (SE2VERPO). Es muß dabei beachtet werden, ob über das physische (VERKAUF) oder logische (ARTIKEL)
Parentsegment zugegriffen werden soll. Im 1. Fall muß als Quellensegment
das logical child angegeben werden. Im anderen Fall (das Beispiel in Abb.
48) wird das virtuelle logische Childsegment an dieser Stelle erwartet. In
der 2. Klammer der Source-Spezifikation muß das Zielparentsegment
(destination parentsegment) eingetragen werden. Die Spezifikation PA-
RENT erhält den Namen des entsprechenden Parentsegmentes in der
logischen Struktur.

Die Definition der 2. logischen IMS-Database wird entsprechend durchgeführt.

Bei Verwendung eines Sekundärindexes muß eine weitere Definition für die Indexdatei durchgeführt, die LCHILD-Statements eingefügt und die zusätzlichen Schlüsselfelder angegeben werden.

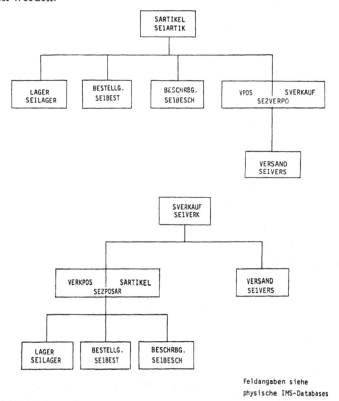

Bild 48: Beispieldefinition IMS; Logische IMS-Databases

9.1.5.4 Beispieldefinition IMS: Instruktionsbeschreibung der DDL zur Definition von PSB/PCB

Aus den physischen und logischen IMS-Databases werden durch den Programmspezifikationsblock die verschiedenen Anwendersichten ausgeblendet.

Statements	Bedeutung
PCB	Herstellen der namentlichen Verbindung zu der entsprechenden IMS-Database, sowie Angabe des Bearbeitungswunsches und des IMS-Database-Typs.
SENSEG	Festlegen der Segmente, die benutzt werden sollen, mit Angabe des Bearbeitungswunsches (z.B. Einfügen, Lesen u.s.w.). Hiermit wird der bei PCB eingegebene Wunsch überlagert.
PSBGEN	Beenden der PSB-Statements mit Definition der Sprache, in der das Anwenderprogramm geschrieben ist und des Namens unter dem der PSB gespeichert wird.

9.1.5.5 Beispieldefinition IMS: Programm Spezifikation für das Laden der physischen IMS Database ARTIKEL.

PCB TYPE = DB, PROCOPT = L

DBDNAME = BE1ARTIK, KEYLEN = 16

SENSEG NAME = SE1ARTIK
SENSEG NAME = SE1LAGER, PARENT = SE1ARTIK
SENSEG NAME = SE1BEST, PARENT = SE1ARTIK
SENSEG NAME = SE1BESCH, PARENT = SE1ARTIK

PSBGEN LANG = COBOL, PSBNAME = PE1ARTIK

END

Programm Spezifikation für das Modifizieren der physischen IMS-Databases ARTIKEL (Segment ARTIKEL und BESTELLUNG)

PCB TYPE = DB, PROCOPT = AP

DBDNAME = BE1ARTIK, KEYLEN = 16

SENSEG NAME = SE1ARTIK, PROCOPT = GP

SENSEG NAME = SE1BEST, PROCOPT = AP, PARENT = SE1ARTIK

PSBGEN LANG = COBOL, PSBNAME = PE1 . . .

END

Erläuterungen zu der PCB-Definition:

PCB   Mit der Eingabe „DB" bei der Spezifikation TYPE wird festgelegt, daß es sich um einen Datenbankkontrollblock handelt. PCB's für Terminals würden demgegenüber „TP" als Typenkennung erhalten.

Das „L" bei PROCOPT gibt an, daß die HDAM-IMS-Database geladen, d.h. zum ersten Male mit Segmentausprägungen gefüllt werden soll. Die dazu notwendigen Datensätze müssen in einer Datei gespeichert sein. Als weitere Prozeßoptions sind zugelassen (verschiedene Options können auch kombiniert werden):

G = GET – Funktion (Lesen)

I = INSERT-Funktion (Einfügen)

R = REPLACE-Funktion (Ersetzen)

D = DELETE-Funktion (Löschen)

A = ALL (alle Funktionen zusammen)

E = EXCLUSIVE-Funktionen, das Programm hat die alleinige Kontrolle über IMS-Database oder ein Segment

LS = LOAD-SEQUENCED (Laden in Reihenfolge, bei HIDAM erforderlich, bei HDAM wahlweise)

P = PATH-CALL (legt die maximale Länge der I/O Area fest; im Zusammenhang mit den Commandcodes erforderlich, s. Kap. 9.1.6.1)

S = LARGE SCALE SEQUENTIAL ACTIVITY (gibt an, daß eine große Menge sequentieller Verarbeitungen kommt) z.B. GS, LS

K = Das Anwenderprogramm erhält nur den Schlüssel übertragen

Die Zugriffsanforderungen können pro IMS-Database und pro Segment angegeben werden.

Unter KEYLEN wird die Länge des längsten concatenated key, d.h. die Summe aller Schlüsselfelder, die in dem hierarchischen Zugriffspfad auftreten, angegeben. (Die Zahl „16" entsteht aus der Addition der Schlüsselfelder FE1ANR (ARTNR in ARTIKEL = 8) und FE1CODE (LCODE in LAGER = 8). Da in dem Beispiel alle Schlüsselfelder gleich lang sind, ist die Wahl gleichgültig. Wäre ein Schlüsselfeld eines anderen Segmentes länger, z.B. 12 Bytes, müßte KEYLEN = 20 (08 + 12) sein. (Das Segment SE1BESCH wird nicht berücksichtigt, da es kein Schlüsselfeld besitzt.)

Mit der Spezifikation DBD-NAME wird die Verbindung zu der IMS Database Definition, die über den PCB bearbeitet werden soll, hergestellt.

Zur Bearbeitung der logischen IMS-Databases wird ein eigener PCB benötigt. Die PCB's unterscheiden sich von den beschriebenen nur dadurch, daß auf die logischen DBD- und Segmentnamen Bezug genommen wird.

Wenn Sekundärindices verwendet werden, so ist dafür ebenfalls ein PCB notwendig. Es wird in dem PCB-Statement eine zusätzliche Spezifikation eingeführt (PROSEQ =). Hier muß der Name der Definition angegeben werden, mit der der Sekundärindex vereinbart wurde (BE1 . . .).

Die Definitionen werden als selbständig laufende Batch-Jobs durchgeführt.

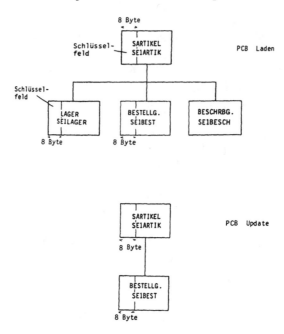

Bild 49: Beispieldefinition IMS; Anwendersichten

9.1.6 Datenorganisation und Zugriffskonzepte bei IMS

Bei IMS werden zur Abspeicherung alle Segmente eines hierarchischen Baumes zu einem **logischen Satz (record)** zusammengefaßt. Es sind dabei pro Satz höchstens 255 Segmenttypen und 15 Ebenen zugelassen. Die logischen Records können in einem oder mehreren **physischen Sätzen** abgespeichert sein. Die physischen Sätze wiederum werden zu Blöcken verbunden, wobei die Blocklängen fest sind. Die Verteilung der Segmente auf die physischen Sätze und Blöcke hängt von der verwendeten IMS-Datenorganisation ab.

Das IMS-Datenbanksystem kann selbstverständlich nur die vom Betriebssystem zu Verfügung gestellten Organisations- und Zugriffsmethoden benutzen. Bei dem IBM-Betriebssystem OS werden 3 Datenorganisationsformen angeboten:

— Sequentiell
— Indexsequentiell
— Direkt.

Die dazugehörigen Zugriffsmethoden heißen:

— Basis sequentielle Zugriffsmethode (access method)   BSAM
— Queued sequentielle Zugriffsmethode   QSAM
— Basis indexsequentielle Zugriffsmethode   BISAM
— Queued Indexsequentielle Zugriffsmethode   QISAM
— Basis direkte Zugriffsmethode   BDAM.

Die Basis- und die Queued-Technik unterscheiden sich im Komfort, der dem Anwender zur Verfügung gestellt wird:

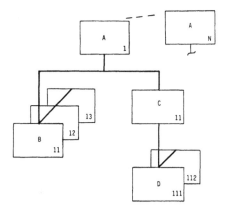

logischer Record = 1 Rootsegment mit allen davon abhängigen Segmenten, die beliebig viele Ausprägungen besitzen können.

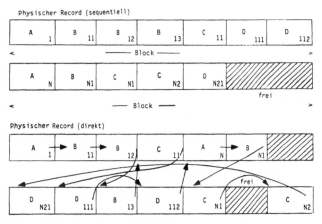

Bild 50: Logische und physische Records bei IMS

Die Queued-Methode übernimmt zusätzlich zu dem Transport der Blöcke die Pufferung, das Blocken und Entblocken sowie die Synchronisation der Übertragung.

IMS benutzt zum Speichern und Lesen der Daten außerdem die „virtuelle Speicherzugriffsmethode" (virtual storage access method, VSAM) oder die „Überlaufsequentielle Zugriffsmethode" (overflow sequentiell access method, OSAM).

9.1.6.1 Virtual Storage Access Method (VSAM)

VSAM ist eine jüngere Organisationsmethode für die Betriebssysteme DOS, OS/VS, und MVS,die sowohl indexsequentielle, physischsequentielle, als auch direkte Zugriffe auf Daten erlaubt. Sie besitzt jedoch gegenüber den herkömmlichen Methoden wie ISAM, QSAM usw. verschiedene Vorteile. Es werden z.B. automatisch mehrstufige Indexlisten aufgebaut, in denen zur besseren Platzausnutzung mit einer Schlüsselkomprimierung gearbeitet wird.

Außerdem erfolgt eine bessere Freiplatzverwaltung mit dynamischer Dateivergrößerung. Es werden 3 Organisationsformen unterschieden:

1. Key sequenced data set (KSDS)
2. Entry sequenced data set (ESDS)
3. Relative record data set (RRDS)

9.1.6.1.1 KSDS – Datenorganisationsmethode

Diese Form entspricht der bereits behandelten indexsequentiellen Methode. Im Unterschied zu ISAM, das sich an dem Aufbau der physischen Speichereinheiten in Spuren und Zylinder orientiert, baut VSAM auf logischen Einheiten auf, die nicht durch diese physischen Größen begrenzt sind. Die logischen Datensätze werden nach dem Schlüsselfeld sortiert in Blöcken fester Länge, den **Kontrollintervallen**, gespeichert. Diese Einheiten können Spur- und Zylindergrenzen überschreiten. Außer den Daten enthält jedes Kontrollintervall am Ende die sogenannte **control information**, die die Datenrecords beschreibt. Es können daher sowohl Sätze mit festen als auch mit variablen Längen benutzt werden. Zwischen den Datensätzen und der Kontrollinformation kann Platz zum späteren Einfügen von Segmenten freigehalten werden. Die Kontrollintervalle werden zu **control areas** (CA) zusammengefaßt, die dann wiederum eine Datei bilden.

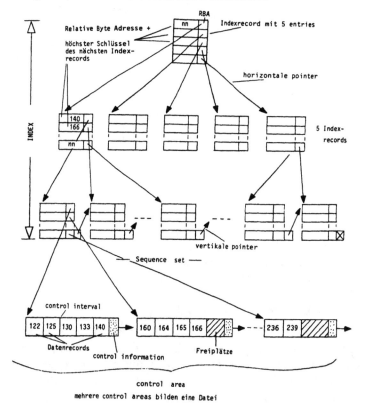

Bild 51: VSAM (KSDS)

Wie in den Kontrollintervallen kann auf jeder dieser Ebenen Platz für zukünftige Segmente reserviert werden.

Die VSAM-KSDS-Organisation erlaubt mehrstufige Indices. Die unterste Stufe, die direkt auf die Kontrollintervalle zeigt, heißt **Sequence Set**. Für jedes Kontrollintervall wird ein Satz im Sequence Set eingerichtet Die Sätze des Sequence Sets sind untereinander zweifach verkettet. Neben dem **Vertikalpointer** auf die Kontrollintervalle existiert noch ein **Horizontalpointer**, der zur sequentiellen Verarbeitung verwendet wird. (Die anderen Indexstufen werden dabei nicht benutzt.) Alle vor dem Sequence Set liegenden Indexdateien werden als **Index Set** bezeichnet. Der höchste Level besteht nur aus einem Indexsatz.

Jeder Indexsatz enthält den höchsten Schlüsselbegriff und die Anfangsadresse (RBA) des entsprechenden Records auf dem nächst niedrigeren Level.

Innerhalb der Indexsätze aller Stufen werden die Zeichen, die zur Unterscheidung nicht unbedingt nötig sind, aus den Schlüsselfeldern entfernt, so daß dadurch weniger Indexstufen entstehen. Das Einfügen von Segmenten und neuen logischen Datensätzen an den der Sortierfolge entsprechenden Stellen macht oft ein Verschieben von vorhandenen Sätzen nötig. Die RBA eines Satzes kann sich dadurch verändern. Freiplätze, die durch Löschen von Sätzen entstanden sind, werden stets am Ende des Kontrollintervalls zusammengefaßt und dort zum Einfügen neuer und Verlängern bereits vorhandener Sätze benutzt. Bei Vergrößerung der Dateien durch Anhängen und Einfügen wird dynamisch ohne Benutzereingriffe Speicherplatz zugeordnet. Ist in einem Kontrollintervall nicht genügend Platz zur Speicherung eines Satzes, wird ein neues Intervall angelegt. Die Sätze werden dann über beide Intervalle verteilt, so daß wieder genügend Platzreserven vorhanden sind **(splitting)**.

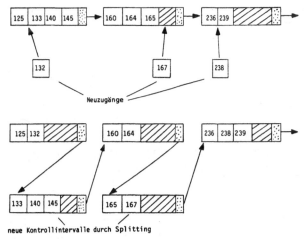

Bild 52: Einfügen von logischen Datensätzen bei VSAM

Der Zugriff auf die Datensätze kann sowohl über den Index (mit Schlüssel) als auch ohne Schlüssel über die relativen Byteadressen (physisch, sequentiell) erfolgen. Bei der 2. Möglichkeit wird die Datei unabhängig von den Kontrollintervallen und den Freiplätzen als ein zusammenhängender Datenbestand betrachtet. Dazu sind die Intervalle untereinander verknüpft. Der 1. Satz in der Datei hat dann die Adresse 0 und entsprechend der 2. die Adresse Länge des 1. Satzes + 1 usw. Außerdem ist es möglich, mehrere Indices zu definieren (**prime index, alternate indices**), so daß mehrere Schlüssel verwendet werden können.

9.1.6.1.2 ESDS – Datenorganisationsmethode

Hier erfolgt die Speicherung der logischen Sätze, die feste und variable Längen besitzen können, in die Kontrollintervalle in der Reihenfolge ihres Auftretens. Neue, einzufügende Sätze werden immer hinten angehängt.

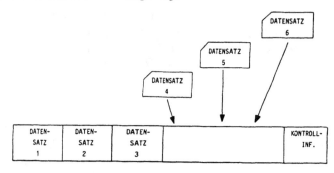

Bild 53: VSAM   (ESDS)

Das Löschen von Sätzen aus dem Datenbestand ist nicht durchführbar, es können jedoch nicht mehr benötigte Sätze durch neue mit der gleichen Länge überschrieben werden. Innerhalb der Kontrollintervalle können nicht wie bei den KSDS Freiplätze freigehalten werden.

Beim Verändern ist es aufgrund der Struktur der ESDS nicht möglich, Felder zu verlängern.

Am Ende der Datei muß genügend Platz zum Anhängen der neuen Sätze reserviert sein. Auf die Daten kann sequentiell und direkt zugegriffen werden, da beim Einfügen von Sätzen in die Datei die relative Byte Adresse dem Programm mitgeteilt wird. Es ist möglich, daß der Benutzer einer ESDS eine eigene Indexstruktur aufbaut. Allerdings müssen alle Verwaltungsaufgaben dann ebenfalls selbst ausgeführt werden.

9.1.6.1.3 RRDS – Datenorganisationsmethode

Die Organisation entspricht im wesentlichen der direkten Methode aus Kapitel 2.

Die Datensätze werden in sogenannte **Slots** gespeichert. Jeder Slot enthält einen Datensatz mit fester Länge. Die Slots, die ebenfalls feste Längen besitzen, werden von 1 bis N durchnummeriert. Wie bei der direkten Speicherorganisation muß die Anzahl der Sätze beim Einrichten der Datei definiert werden. Es kann also während der Bearbeitung gefüllte und leere Slots in einer Datei geben.

Eine definierte Anzahl von Slots wird zu Kontrollintervallen zusammengefaßt, die außerdem wie bei den anderen VSAM-Organisationen die Kontrollinformationen enthalten.

Da die Slotlänge fest ist, enthält jedes Kontrollintervall die gleiche Anzahl. Außerdem sind die Intervalle gleich lang.

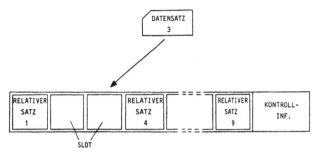

Bild 54: VSAM (RRDS)

Der Zugriff auf die Datensätze kann sowohl sequentiell als auch direkt erfolgen. Bei direktem Zugriff kann entweder ein Schlüssel (Voraussetzung eindeutige Zuordnung Schlüssel – Satzadresse) oder nur die relative Satzadresse verwendet werden.

Gelöschte Sätze werden nur mit einem Kennzeichen versehen, können jedoch nicht physisch gelöscht werden. Der Platz kann also nur wieder benutzt werden, wenn explizit die Adresse angesprochen wird oder wenn der passende Schlüssel erneut eingegeben wird.

9.1.6.2 Overflow Sequentiell Access Method (OSAM)

Dieses Zugriffskonzept wurde vor VSAM eigens für IMS entwickelt. Es arbeitet im Zusammenhang mit den Standardzugriffsmethoden des IBM-Betriebssystem OS, muß jedoch neu hinzugefügt werden.

Eine OSAM-Datei kann geblockt oder ungeblockt sein. Sie wird als Überlaufbereich für die sequentiellen Datenorganisationsmethoden, insbesondere für ISAM, benutzt. Die Updatemöglichkeiten von ISAM werden aus Gründen des Aufwandes und der Schnelligkeit nicht verwendet.

Die Art der Verarbeitung und der Aufbau der OSAM-Dateien hängt von der Datenorganisation ab und wird deshalb im Zusammenhang mit der Vorstellung der verschiedenen Methoden erläutert.

Aufbauend auf diesen Betriebssystemvoraussetzungen stellt IMS eigene Zugriffs- und Organisationsmöglichkeiten zur Verfügung.

Die Bereitstellung dieser Organisationsmethoden sowie die Durchführung der gesamten Kommunikation zwischen Anwender und Datenbestand werden von der Datenmanipulationssprache **DATA LANGUAGE/1 (DL/1)** durchgeführt.

Die Speicherung der Daten kann in 2 Formen erfolgen, **hierarchisch sequentiell** und **hierarchisch direkt.**

Bei der 1. Methode werden die Ausprägungen der Segmente in physisch hintereinanderliegenden Speicherplätzen abgelegt. Im Unterschied dazu werden bei der hierarchisch direkten Form die Datensätze *gestreut* gespeichert. Die Verbindungen zwischen den Segmentausprägungen werden durch Pointer hergestellt.

Jede dieser beiden Methoden kann mit oder ohne Index benutzt werden, so daß insgesamt 4 Organisations- und Zugriffsmöglichkeiten existieren:

1. hierarchisch sequentiell (HSAM)
2. hierarchisch index-sequentiell (HISAM)
3. hierarchisch direkt (HDAM)
4. hierarchisch index-direkt (HIDAM)

9.1.6.3 Hierarchisch sequentiell (HSAM)

Diese Methode entspricht der in 5.2.1.1 beschriebenen Form. Die Segmente werden beim Laden in ihrer hierarchischen Reihenfolge (vom Wurzelsegment an und von links nach rechts auf den einzelnen Ebenen) eingegeben und physisch sequentiell hintereinander gespeichert. Es wird dabei zur Identifizierung ein Segmentcode (Zahlen 1-255) vorangestellt.

Wie bei konventionellen sequentiell organisierten Dateien liegen die Segmente in Blöcken mit fester Länge. Die HSAM-Dateien haben **ungeblocktes Format**, d.h. die Satzlänge entspricht der Blocklänge. Jede Segmentausprägung muß in einem Block vollständig ge-

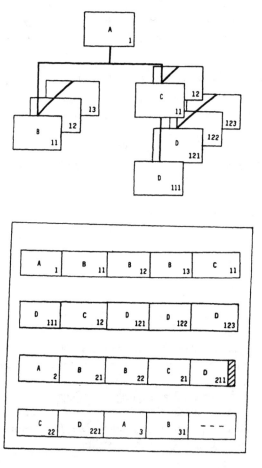

Bild 55: HSAM

speichert werden können, anderenfalls wird ein neuer Block (Satz) eröffnet. Aufgrund der unterschiedlichen Längen der verschiedenen Segmenttypen entstehen deshalb innerhalb der Blöcke Lücken, so daß Speicherplatz ungenutzt bleibt.

Es besteht keine Möglichkeit, Sätze aus einem HSAM-Datenbestand zu löschen, da eine Freiplatzverwaltung nicht existiert. Ebenso ist es nicht möglich, Veränderungen oder Einfügungen durchzuführen. Der Bestand kann jedoch durch Anhängen von Segmenten beliebig erweitert werden. Für alle anderen Modifikationen ist eine Reorganisation des Datenbestandes nötig.

9.1.6.4 Hierarchisch index-sequentiell (HISAM)

Bei dieser Methode werden die Segmentausprägungen wie bei HSAM in der hierarchischen Folge zusammengefaßt.

Das Einrichten der Indexdateien wird von DL/1 selbständig durchgeführt. Im Rootsegment muß lediglich ein eindeutiges Schlüsselfeld enthalten sein.

Zur Abspeicherung können entweder ISAM/OSAM-Dateien oder die VSAM Datasets benutzt werden. Bei der Verwendung von ISAM/OSAM wird beim Laden pro Satz der indexsequentiell organisierten Datei ein Rootsegment mit allen abhängigen Segmenten, die zusätzlich noch darin Platz finden, gespeichert. Alle abhängigen Segmente, die in dem Satz nicht mehr vollständig untergebracht werden können (Überlauf) werden in der OSAM-Datei abgelegt und entsprechend verknüpft (die Zeiger gehören nicht zu den Datensegmenten).

Müssen später weitere Rootsegmente eingefügt werden, so kann das ebenfalls nur im OSAM-Bereich geschehen. Die Verbindung zwischen den Rootsegmenten der ISAM- und OSAM-Datei wird durch Vorwärtszeiger hergestellt, die ebenfalls nicht Bestandteile der Segmente sind. Das Einfügen von abhängigen Segmenten geschieht immer an der entsprechenden logischen Stelle. Dies kann sehr aufwendig werden, denn es muß zuerst der Datensatz, der den Vorgänger des neuen Segmentes enthält, gesucht und danach eine Verschiebung der bereits vorhandenen Nachfolger vorgenommen werden. Dazu muß geprüft werden, ob in dem Block genügend freier Platz vorhanden ist. Wenn nicht, muß ein neuer OSAM-Bereich angelegt werden. (Es wird also nicht über Blockgrenzen hinausgeschoben!)

Werden Segmente nicht mehr benötigt, erfolgt keine physische Löschung aus der Datei, sondern es wird in dem Segment ein Löschvermerk (delete flag) gesetzt. Damit ist es einschließlich aller abhängigen Segmente für den Benutzer nicht mehr erreichbar, obwohl der Speicherplatz noch in Anspruch genommen wird. Um diese Bereiche wieder verwenden zu können, muß eine Reorganisation durchgeführt werden.

Die Benutzung von VSAM-Dateien bietet einige Vorteile. Es werden alle Rootsegmente, auch die nach dem Laden einzufügenden, in dem KSDS gespeichert. Außerdem wird in dem KSDS eine Freiplatzverwaltung mit Löschen der nicht mehr benötigten Sätze durchgeführt. Durch die Schlüsselverdichtung benötigen die Indices weniger Platz. Diese Vorteile bewirken eine schnellere Verarbeitung, eine Senkung des Verwaltungsaufwandes und eine Speicherplatzersparnis.

Der Zugriff auf die Datensegmente erfolgt über die Indices der ISAM-Datei bzw. des KSDS's auf die Rootsegmente und über die Zeiger weiter in die OSAM-Datei bzw. dem ESDS. Innerhalb dieser Dateien muß durch sequentielles Lesen das gewünschte Segment gesucht werden.

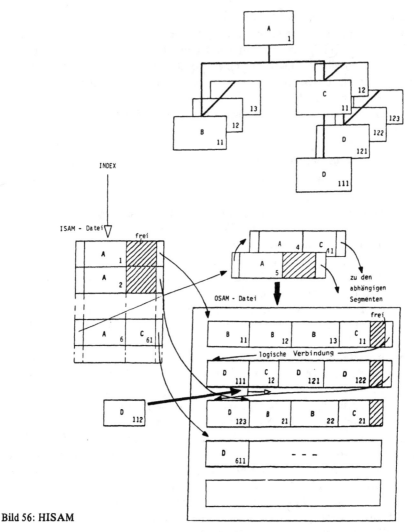

Bild 56: HISAM

Beim Einrichten von HISAM-organisierten IMS-Databases sollte beachtet werden, daß möglichst viele abhängige Segmente in einem ISAM/KSDS-Satz untergebracht werden können. Dadurch vermindern sich die Zugriffe auf die OSAM-Datei und es werden weniger OSAM-Sätze und Zeiger benötigt. Allerdings entsteht eine Speicherplatzverschwendung, wenn die logischen Datensätze in der Anzahl der Segmentausprägungen sehr unterschiedlich sind, da dann die ISAM/KSDS-Sätze in vielen Fällen nicht voll gefüllt sind. Segmente, die oft angesprochen werden, sollten direkt an das Rootsegment gelegt werden, um den Suchvorgang zu verkürzen.

9.1.6.5 Hierarchisch direkt (HDAM)

Zur Speicherung der Datensätze wird bei HDAM nur eine Datei benötigt. Dies kann entweder eine OSAM-Datei oder ein VSAM-ESDS sein.

Bei der Benutzung von OSAM wird die Datei in 2 Bereiche geteilt, der **root adressable area (RAA)** und dem Überlaufbereich. In die RAA werden die Rootsegmente mit Hilfe einer Hashfunktion, die aus dem Schlüsselfeld eine Plattenadresse errechnet, gespeichert. Zu jedem Rootsegment werden möglichst viele abhängige Segmente gelegt. Das erste Segment, das nicht mehr vollständig in einen Block paßt und alle folgenden werden in dem Überlaufbereich untergebracht. Die Verbindung wird durch Pointer hergestellt.

DL/1 stellt eine Umrechnungsfunktion zur Verfügung. Es können jedoch auch von den Benutzern eigene Routinen geschrieben werden.

Wenn nach dem Laden der IMS-Database neue Rootsegmente eingefügt werden sollen, werden sie, wenn die RAA voll ist, ebenfalls in den Überlaufbereich gespeichert.

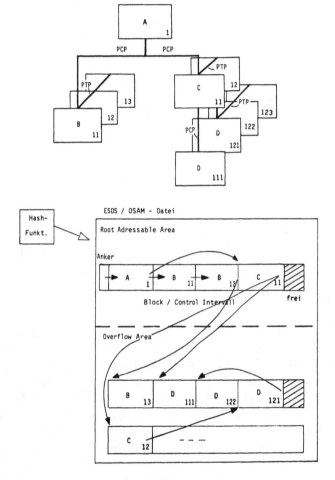

Bild 57: HDAM

Die Angabe der RAA- und der Blockgröße der OSAM-Datei erfolgt in dem DBD-Kommando mit der Spezifikation RMNAME (im Beispiel in Kap. 9.1.5.2 ist die Länge eines Blockes = 2048, die Anzahl Blöcke = 80 und daraus resultierend die Länge der Root Addressable Area = 80 x 2048 = 163.840 Byte).

Zur Bearbeitung der Rootsegmente, die durch die Hashfunktion gleiche Adressen erhalten, werden sogenannte **Ankerpunkte** in die OSAM-Blöcke eingesetzt (Beispiel 9.1.4.2 = 4 pro Block). Sie bilden eine zusätzliche Adressierungsmöglichkeit innerhalb der Blökke. Durch die Umrechnungsfunktion wird eine zweiteilige Adresse, bestehend aus Block- und Ankernummer, ermittelt. Bei gleichen Blocknummern wird dann die Ankernummer als weitere Adresse hinzugezogen. Jeder Ankerpunkt weist auf das Rootsegment mit dem niedrigsten Schlüssel, das zu der Adresse gehört. Die anderen Rootsegmente der Adresse sind untereinander durch Pointer (RBA) verknüpft.

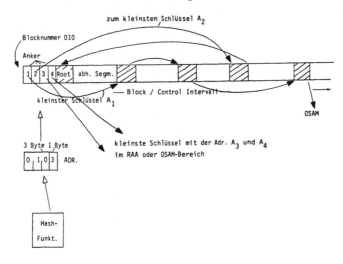

Bild 58: HDAM (Ankerpunkte)

Um die Ketten klein zu halten, sollten mehrere Anker pro Block definiert werden. Die Segmente eines hierarchischen Baumes werden entsprechend der DBD-Definition entweder durch hierarchische oder physische Zeiger verknüpft. Die Zeiger enthalten die RBA der Segmente, die sich bei HDAM nie verändern kann, da keine Verschiebung stattfindet.

Beim Einfügen von abhängigen Segmenten wird versucht, diese möglichst nahe an den dazugehörigen logischen Satz zu legen. Ob dies gelingt, hängt davon ab, ob genügend Platz in dem OSAM-Block reserviert wurde, oder ob eine entsprechend große Lücke durch Löschung entstanden ist. Eine Verschiebung von Segmenten erfolgt nicht, so daß das Zusammenspeichern von logischen Sätzen in vielen Fällen nicht möglich sein wird. Dies hat dann eine relativ große Streuung über den Speicher zur Folge, was sich in verlängerten Zugriffszeiten bemerkbar machen kann. Nicht mehr benötigte Segmente werden physisch gelöscht, so daß der Speicherplatz einschließlich aller davon abhängigen Segmente sofort wieder zur Verfügung steht. Dies macht eine Freiplatzverwaltung notwendig. In ihr wird pro Block die Stelle und die Länge der freien Speicherplätze festgehalten. Außerdem exi-

stiert eine Liste (bitmap), in der ebenfalls blockweise festgehalten wird, ob in dem Block
Platz genug zur Speicherung des längsten Segmentes in der OSAM-Datei bzw. dem VSAM-
ESDS ist.

Der Zugriff auf das Rootsegment erfolgt wie die Speicherung über die Hashfunktion.
Gegebenenfalls muß dann über die verschiedenen Pointer weiterverzweigt werden. Bei der
Verwendung von VSAM treten keine wesentlichen Veränderungen auf.

9.1.6.6 Hierarchisch index-direkt (HIDAM)

Bei dieser Form werden 2 Dateien benötigt, eine Daten- und eine Index-Datei. Es können dafür sowohl ISAM/OSAM-Dateien als auch die VSAM Datasets benutzt werden. Die
Indexdatei **(primary index data base)** muß von dem Anwender mit einem eigenen DBD
definiert werden (siehe Beispieldefinition Kap. 9.1.5). Zum Laden müssen die Rootsegmente aufsteigend und die abhängigen Segmente in hierarchischer Folge sortiert angegeben werden, da der Aufbau der Indexdatei und das Einrichten der Zeiger von IMS auto-

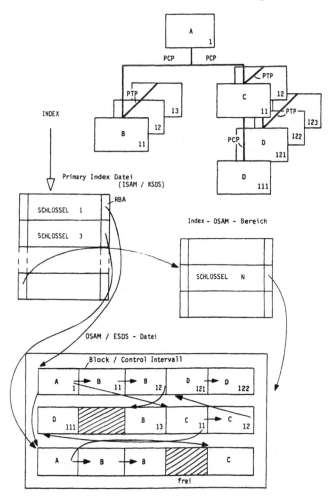

Bild 59: HIDAM

matisch durchgeführt wird. Nach dem Laden enthält die Indexdatei für jede Rootseg-mentausprägung das Schlüsselfeld und die Adresse des Segmentes (RBA) in der OSAM-Datei. Es werden also im Unterschied zu HISAM keine Benutzerdaten in der Indexdatei gespeichert. Diese befinden sich alle in der OSAM-Datei bzw. bei Verwendung von VSAM in dem ESDS.

Beim späteren Einfügen von Rootsegmenten werden die Schlüssel nicht mehr in der Indexdatei, sondern in einem speziellen Index-OSAM-Bereich abgelegt.

Die Abspeicherung von einzufügenden abhängigen Segmenten erfolgt wie bei HDAM immer möglichst nahe bei den logisch dazugehörigen Segmenten. Segmente, die nicht mehr benötigt werden, werden einschließlich aller davon abhängigen physisch aus dem Datenbestand entfernt. Allerdings bleiben in der ISAM-Datei die entsprechenden Sätze mit dem Schlüsselfeld erhalten. Es wird dort nur ein Löschvermerk (delete flag) ange-bracht. Die Freiplatzverwaltung arbeitet auf dieselbe Weise wie bei HDAM.

Die Verwendung von VSAM hat bei dieser Organisationsform einige Vorteile, da die Indices aus dem KSDS gelöscht werden und deshalb kein Index-Überlaufbereich benötigt wird. Außerdem kann durch die Komprimierung die Indexdatei kleiner dimensioniert werden.

Der Zugriff auf die Datensegmente erfolgt über die Indices der ISAM-Datei bzw. des KSDS auf die Schlüsselfelder und dann über den Zeiger in die OSAM-Datei bzw. dem ESDS. Innerhalb dieser Dateien muß über die physischen oder logischen Zeiger das ge-wünschte Segment gesucht werden. Beim Einrichten von HIDAM-organisierten IMS-Da-tabases sind verschiedene Punkte zu beachten:

Die Indexdatei sollte möglichst hoch geblockt sein (d.h. viele Sätze in einem Block ent-halten), um die I/O-Vorgänge zu minimieren. Bei häufiger sequentieller Verarbeitung soll-ten die Rootsegmente nicht nur durch Vorwärtspointer verknüpft sein. Wenn sowohl Vor-wärts- als auch Rückwärtspointer angelegt werden, können die Dateien auch logisch se-quentiell bearbeitet werden, ohne jedesmal die Indexdatei zu lesen. (Wenn 2 Zeiger ver-einbart werden, speichert IMS die Rootsegmente aufsteigend geordnet in der Datei.) Tre-ten in der Hierarchie lange Twinketten auf, ist es sinnvoll, Zeiger auf die letzte Segment-ausprägung und evtl. Rückwärtsverbindungen zu benutzen, damit die Anzahl der Such-vorgänge herabgesetzt wird.

Zusätzlich zu diesen Datenorganisations- und Zugriffsmethoden besteht bei IMS noch die Möglichkeit, bereits existierende VSAM-KSDS zu bearbeiten.
Hierzu muß die Organisationsform „einfach hierarchisch index-sequentiell Methode" (simple hierarchical indexed sequential access method, SHISAM) benutzt werden.

9.1.6.7 Einfach hierarchisch index-sequentiell (SHISAM)

Dabei werden die Datensätze der Datei als Rootsegmente betrachtet (root only IMS-Database), die ein Sortier- bzw. Schlüsselfeld enthalten müssen. Die Segmente (Sätze) be-nötigen keinen Präfixteil (Pointerarea usw.), da keine abhängigen Segmente möglich sind.

Diese Methode sollte nur für bereits vorhandene Dateien benutzt werden, sie ist nicht gedacht für das Einrichten von neuen Datenbankdateien. Der Vorteil liegt darin, daß die Dateien von DL/1 wie IMS-Datasets behandelt werden.

Sollten existierende *sequentielle* Dateien von DL/1 bearbeitet werden, so steht hierzu die „standardisierte sequentielle Zugriffsform" (**generalised sequential access method, GSAM**) zur Verfügung.

9.1.6.8 Generalised sequential (GSAM)

GSAM unterstützt die sequentiellen Organisationsformen SAM und VSAM-ESDS sowie die Zugriffsmethoden BSAM und VSAM sowohl mit festen als auch mit variablen Satzlängen. Die Hauptanwendung liegt bei der Verarbeitung von großen Ein- und Ausgabemengen. Die Begriffe Segment, Hierarchie usw. haben bei GSAM-Dateien selbstverständlich keine Bedeutung.

Die Benutzung von GSAM als Organisationsform hat wie SHISAM den Vorteil hat, daß DL/1 die konventionellen Dateien wie IMS-Database behandelt. Das bedeutet, daß z.B. die Datensicherung und alle damit zusammenhängenden Verwaltungsaufgaben automatisch durchgeführt werden.

Mit der GSAM-Organisationsform können sowohl bestehende Dateien benutzt als auch neue, z.B. Ausgabedateien, eingerichtet werden, die dann von nachfolgenden Programmen mit BSAM oder QSAM bearbeitet werden können.

9.1.6.9 Aufsplittung von IMS-Databases (DSG)

Außer der Unterteilung, die durch die Organisationsform verursacht wird, können IMS-Databases auch auf andere Weise geteilt werden. Es werden dabei bestimmte Segmenttypen eines hierarchischen Baumes zusammengefaßt und für sich abgespeichert, so daß sich die IMS-Database auf mehrere Dateien verteilt (**multiple data set group**). Die einzelnen Teilbäume werden wie bereits beschrieben mit ISAM/OSAM oder VSAM organisiert.

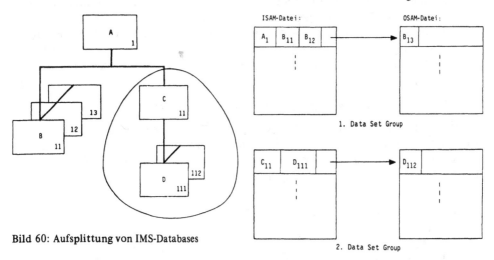

Bild 60: Aufsplittung von IMS-Databases

Diese zusätzliche Aufteilungsmöglichkeit hat den Vorteil, daß die logischen Satzlängen besser an die Segmentlängen angepaßt werden können, womit die Speicherausnutzung verbessert wird. Außerdem kann die Struktur des Baumes überschaubarer dargestellt werden.

Ein weiterer Vorteil liegt darin, daß direkt, ohne Umweg über davorliegende Segmenttypen, auf das gesuchte Segment zugegriffen werden kann. Nachteilig ist der zusätzlich benötigte Speicherplatz für die Indices .

Wenn die IMS-Database hauptsächlich sequentiell verarbeitet werden soll, sollte auf eine Aufsplittung verzichtet werden.

9.1.6.10 Zusammenfassung von Kapitel 9.1.6

Die beiden sequentiellen Organisationsmethoden (HSAM, HISAM) spielen in der Praxis eine untergeordnete Rolle. Die Eigenschaft von HSAM, daß keine Segmente gelöscht, eingefügt oder verändert werden dürfen, macht es oft unmöglich, diese Methode einzusetzen. Auch HISAM ist für Bearbeitung mit großem Änderungsdienst nicht geeignet, da kein Speicherplatz freigegeben wird und beim Einfügen u. U. aufwendige Verschiebungen und Verknüpfungen vorgenommen werden müssen.

Die Verwendung von HDAM ist dann sinnvoll, wenn größtenteils direkte Zugriffe auf die Datei benötigt werden. Dies ist z.B. der Fall, wenn die Datei im Online-Betrieb bearbeitet wird. (Die sequentielle Verarbeitung, die bei HDAM in der Regel mit hohem zeitl. Aufwand verbunden ist, wird dann im Batch-Betrieb durchgeführt.)

Trifft dieses Anforderungsprofil nicht zu, empfiehlt sich die Anwendung von HIDAM.

9.1.7 Datenmanipulationen bei IMS

Alle Instruktionen der DML beziehen sich auf Segmente aus der logischen Sicht des Anwenders. Selbstverständlich können nur für den Anwender sensitive Segmente (PCB) bearbeitet werden.

Die Möglichkeiten, die DL/1 zur Datenmanipulation bietet, umfassen Lesen, Einfügen, Löschen und Verändern von Segmenten. (Schlüsselfelder dürfen bei IMS nicht geändert werden. Das Segment muß dafür gelöscht und neu eingefügt werden!) Während des Suchens nimmt DL/1 eine interne Positionierung vor. Diese zeigt im Regelfalle am Ende eines Suchvorganges immer auf das zuletzt bearbeitete Segment, unabhängig davon, ob es das ist, welches angefordert wurde. Der Zeiger kann mit verschiedenen Befehlen umgesetzt werden.

9.1.7.1 Instruktionsbeschreibung der Datenmanipulationssprache DL/1

IMS benötigt zur Formulierung der IMS-Aufrufe eine Wirtssprache (host language). Die Verbindung erfolgt über einen Unterprogrammaufruf.

Ein DL/1-Kommando besteht daher aus mehreren Teilen, dem Aufrufbefehl CALL und einer Reihe von Argumenten. Argumente sind

— die Spezifikation des aufrufenden Programms,
— die Anzahl der Argumente (bei PL/1),
— der Funktionscode,
— der PCB-Name,
— ein Ein/Ausgabebereich für Segmente,
— eine Identifikation für das Segment, das gerade bearbeitet werden soll. (**segment surch argument**, SSA.)

Die allgemeine Form einer DL/1-Instruktion in einem COBOL-Programm hat also folgendes Aussehen:

CALL „Progr. spez." USING Funktion, PCB-Name, I/O-Area, SSA_1, . . . , SSA_N

zu Spezifikation des aufrufenden Programmes:

mit diesem Argument wird angegeben, in welcher Sprache das aufrufende Programm geschrieben ist, so daß das entsprechende IMS-Aufrufmodul (Interface) angesprochen werden kann. Zugelassen sind
- CBLTDLI für COBOL
- ASMTDLI für ASSEMBLER und
- PLITDLI für PL/1.

zu Funktionscode:

er gibt an, welche der DL/1-Funktionen ausgeführt werden soll. Die Länge des Funktionscodes ist immer 4 Byte, von denn ggf. die beiden rechten frei sind. Die Funktionen können in 4 Gruppen geteilt werden:
- Lesen eines Segmentes, GU, GN, GNP, GHU, GHN, GHNP
- Verändern (Ersetzen) eines Segmentes, REPL
- Löschen eines Segmentes,   DLET
- Einfügen eines Segmentes,   ISRT.

Dabei besitzen die einzelnen Codes folgende Bedeutung:

GU   = GET UNIQUE

Dieser Befehl dient zum Aufsuchen eines Segmentes. Die Suche beginnt *unabhängig von der aktuellen internen Position*. Der Weg durch den hierarchischen Baum muß durch SSA's beschrieben werden. Bei fehlenden Suchargumenten wird das 1. Rootsegment der IMS-Database ausgegeben. Der Befehl kann auch dazu benutzt werden, die interne Positionierung auf einen bestimmten logischen Datensatz vorzunehmen. Von dieser Position aus können dann sequentiell nachfolgende Segmente bearbeitet werden.

GN   = GET NEXT

Dieser Aufruf gibt *ausgehend von der aktuellen Position* das nächste Segment in der hierarchischen Folge aus. Der Befehl kann in 2 Versionen benutzt werden, als **qualifizierter** oder als **unqualifizierter Call**. Beim qualifizierten Aufruf sind ein oder mehrere SSA's spezifiziert. Es wird in diesem Falle das nächste Segment ausgegeben, das der Spezifikation entspricht. Bei einem unqualifizierten Aufruf (ohne SSA) wird das in Hierarchie nachfolgende Segment übergeben.

GNP = GET NEXT WITHIN PARENT

Diese Funktion arbeitet ähnlich wie der GN-Befehl. Es können jedoch nur Segmente, die von einem „etablierten" Parentsegment abhängig sind, damit angesprochen werden. (Ein Parentsegment ist etabliert, wenn ein GU- oder GN-Befehl auf dieses Segment erfolgreich durchgeführt wurde. Der interne Pointer zeigt dann auf dieses Feld.)

GHU = GET HOLD UNIQUE

GHN = GET HOLD NEXT

GHNP = GET HOLD NEXT WITHIN PARENT

> Die GET HOLD-Instruktionen haben die Funktion, Segmente zu kennzeich-
> nen, die mit einem nächsten Aufruf verändert werden sollen. Die Funktions-
> weise ist die Gleiche wie bei den entsprechenden GET-Instruktionen.

REPL = REPLACE

> Mit dieser Instruktion können Segmente verändert und in die Datenbank zu-
> rückgeschrieben werden. Das entsprechende Segment muß jedoch vorher mit
> einem GET HOLD–Befehl in das Anwendungsprogramm eingelesen worden
> sein. Zwischen dem GH- und dem REPL-Kommando darf aus dem Anwen-
> dungsprogramm kein DL/1 Aufruf, der sich auf denselben PCB bezieht, erfol-
> gen. Zu beachten ist, daß das Schlüsselfeld eines Segmentes nicht verändert
> werden darf. Eine Veränderung dieses Feldes ist nur möglich, wenn das Seg-
> ment gelöscht und neu eingefügt wird. (Die abhängigen Segmente sind dabei
> ebenfalls neu einzugeben.)

DLET = DELETE

> Hiermit können Segmente gelöscht werden. Das zu löschende Segment muß
> vorher durch einen GET HOLD-Befehl in dem Arbeitsbereich des Anwen-
> dungsprogrammes bereitgestellt worden sein. Wie bei REPL darf zwischen
> dem GH- und DLET-Befehl kein DL/1-Aufruf auf denselben PCB erfolgen. Mit
> dem Löschen eines Segmentes werden automatisch alle abhängigen Segmente
> gelöscht.

ISRT = INSERT

> Dieser Befehl kann mit 2 Funktionen angewendet werden. Zum einen, um neue
> Segmentausprägungen in existierende Dateien einzufügen und zum anderen, um
> die Segmente bei der Initialisierung der Datei zu laden. In beiden Fällen muß
> das letzte (unqualifizierte) SSA den Namen des einzugebenden Segmentes ent-
> halten.

zu PCB-Name:

> Dies ist der Name des PCB's innerhalb des Programmspezifikationsblockes, in
> dem die hierarchische Datenstruktur des Anwenderprogrammes definiert wur-
> de.

zu Segment Ein/Ausgabebereich:

> Hier muß der Name eines Speicherbereiches im Anwenderprogramm angegeben
> werden. In diesen Bereich schreibt DL/1 das angeforderte Segment bzw. holt
> das einzufügende oder zu verändernde Segment.

zu segment search argument (SSA):

> Mit dem Surchargument wird DL/1 mitgeteilt, welchen Namen und wenn ge-
> wünscht, welchen Schlüsselfeldwert das Segment, das bearbeitet werden soll,
> besitzt. Für jedes Segment des hierarchischen Pfades, der zu dem gewünschten

Segment führt, kann ein SSA angegeben werden. Ein SSA setzt sich aus 3 Hauptteilen, zusammen, dem Segmentnamen, dem Commando Code und dem Qualifikationsstatement.

Der **Commando Code** muß nicht unbedingt angegeben werden. Es besteht die Möglichkeit, damit zusätzliche Angaben an DL/1 zu übergeben, die u. U. zur besseren bzw. schnelleren Ausführung des Befehles beitragen.

Mit dem **Qualifikationsstatement** ist der Anwendungsprogrammierer in der Lage, die Bearbeitung eines Segmentes von bestimmten Feldinhalten abhängig zu machen. Es stehen hierzu verschiedene Operationen, z.B. =, ≠, größer, kleiner usw. zur Verfügung. Eine Qualifikationsangabe ist nicht unbedingt vorgeschrieben. Die SSA's werden in Abhängigkeit der Anwesenheit einer Qualifikation als **qualifiziert** oder **unqualifiziert** bezeichnet.

Nach der Ausführung eines DL/1 Calls, wird an das aufrufende Anwenderprogramm im PCB ein Status zurückgegeben, der angibt, ob der Aufruf erfolgreich bearbeitet wurde. Es gibt 3 Kategorien von Statuscodes:

— Blank,   wenn die Ausführung fehlerfrei war,
— Warnung,   die die Ausführung betreffen und
— Fehlercodes,   wenn die Bearbeitung nicht ausgeführt werden konnte.

Der Statuscode sollte nach jedem Call abgefragt, und im Fehlerfall in eine entsprechende Routine im Anwenderprogramm gesprungen werden.

9.1.7.2 Beispielaufrufe

Die Beispiele sind alle in COBOL, da dies die am weitesten verbreitete kommerzielle Programmiersprache ist. Außerdem besteht sie hauptsächlich aus Elementen der englischen Sprache und ist deshalb leicht verständlich

Beispiel 1 (allgemeines Format)
```
77  GU-FUNKTION            PICTURE X (4)    VALUE „GU".
    |
    |
    |
01  SSA01-GU-SEGMENTNAME.
    05  SSA01-BEGIN         PIC  . . . .
    05  SSA01-FELDNAME      PIC  . . . .
    05  SSA01-END           PIC  X           VALUE „)".
    |
    |
    |
01  I-0-AREA               PIC  X(256).
    |
    |
    |
```

```
CALL „CBLTDLI" USING GU-FUNKTION, PCB-NAME, I-O-AREA, SSA01-GU-
   SEGMENTNAME.
IF PCB-STATUS                    NE  SPACE   GO  TO / PERFORM ...
   |
   |
```

Beispiel 2 (GET UNIQUE – Aufruf mit qualifiziertem SSA)

```
   77  GU-FUNKTION              PIC   X(4)          VALUE „GU".
       |
       |

       |
   01  SSA01-GU-ARTIKEL.
       05  SSA01-BEGIN          PIC   X(19)         VALUE „SE1ARTIK
                                                        (FE1ANR = ".

       05  SSA01-FE1ANR         PIC   X(8).
       05  SSA01-END            PIC   X            VALUE „)".
           |                                        (Die Qualifikation muß in
           |                                        Klammern eingeschlossen
           |                                        werden.)
   01  I-O-AREA                 PIC   X(256).
       |
       |

       |
MOVE  ARTIKEL-NUMMER            TO SSA01-FE1ANR.
   |
   |
CALL „CBLTDLI" USING GU-FUNKTION, PCB-NAME, I-O-AREA, SSA01-GU-
                                                          ARTIKEL.
```

Beispiel 3 (GET NEXT – Aufruf, unqualifiziert – ohne SSA)

```
   77  GN-FUNKTION              PIC   X(4)          VALUE „GN".
       |
       |
       |
   01  I-O-AREA                 PIC   X(256).
       |
       |

       |
CALL „CBLTDLI" USING GN-FUNKTION, PCB-NAME, I-O-AREA.
IF PCB-STATUS                    NOT = SPACE PERFORM ERROR-MELDUNG
   |
   |
```

Beispiel 4 (GET NEXT – Aufruf, qualifiziert – mit SSA)

```
77  GN-FUNKTION              PIC   X(4)         VALUE „GN".
    |
    |
    |
01  SSA02-GN-SE1ARTIK        PIC   X(9)         VALUE „SE1ARTIK".
    |
    |
    |
01  I-O-AREA                 PIC   X(256).
    |
    |
    |
CALL „CBLTDLI" USING GN-FUNKTION, PCB-NAME, I-O-AREA, SSA02-GN-
                                                      SE1ARTIK.
    |
    |
```

Beispiel 5 (REPLACE – Aufruf mit qualifiziertem SSA)

```
77  GHU-FUNKTION             PIC   X(4)         VALUE „GHU".
77  REPL-FUNKTION            PIC   X(4)         VALUE „REPL".
    |
    |
    |
01  ARTIKEL-NR               PIC   X(8)         VALUE „HT123456".
01  SSA01-GHU-ARTIKEL.
    05  SSA01-BEGIN          PIC   X(19)        VALUE „SE1ARTIK
                                                (FE1ANR = ".
    05  SSA01-FE1ANR         PIC   X(8).
    05  SSA01-END            PIC   X            VALUE „)".
    |
01  SSA2-GN-BESTELLG         PIC   X(9)         VALUE „SE1BEST".
    |
    |
    |
01  I-O-AREA                 PIC   X(256).
    |
    |
MOVE ARTIKEL-NR             TO    SSA01-FE1ANR.
    |
    |
CALL „CBLTDLI" USING GHU-FUNKTION, PCB-NAME, I-O-AREA, SSA01-GHU-
ARTIKEL,  SSA2-GN-BESTELLG.
IF PCB-STATUS              NOT = SPACE       GO TO ...
    |
```

Es wird die 1. Ausprägung des Segmenttyps „SE1BEST" (BESTELLUNG), mit der Artikelnummer HT123456 in der I/O-Area zur Veränderung bereitgestellt. Nach der Modifikation muß das Segment wieder in die Datei zurückgeschrieben werden:

CALL „CBLTDL1" USING REPL-FUNKTION, PCB-NAME, I-O-AREA.

Beispiel 6 (GET UNIQUE-Aufruf mit Commandcode)

```
    77  GU-FUNKTION               PIC   X(4)          VALUE „GU".
        |
        |
        |
    01  SSA01-GUD-ARTIKEL.
        05  SSA01-BEGIN           PIC   X(21)         VALUE „SE1ARTIK *D
                                                      (FE1ANR = ".
        05  SSA01-FE1ANR          PIC   X(8).
        05  SSA01-END             PIC X               VALUE
        |
        |
    01  SSA02-GN-BESTELLG         PIC   X(9)          VALUE „SE1BEST".
        |
        |
    01  I-O-AREA                  PIC   X(256).
        |
        |
```

CALL „CBLTDL1" USING GU-FUNKTION, PCB-NAME, I-O-AREA,
SSA01-GUD-ARTIKEL, SSA02-GN-BESTELLG.

Der Commandcode muß durch ein „ * " gekennzeichnet werden. „D" bedeutet, daß mehrere Segmente eines hierarchischen Pfades in der I/O-Area zur Verfügung gestellt werden (path call). (Alle Segmente, deren SSA's ein „D" enthalten, werden hintereinander gelegt.) Dieser Code wird am meisten benutzt, da mit einem Datenbankaufruf gleich mehrere Segmente aus und in die Datenbank bewegt werden können. Voraussetzung für diesen Command Code ist die Angabe P (= path call) im PCB. (Siehe Beispieldefinition.)

Es existieren noch weitere Command Codes, von denen jedoch nur noch 2 größere Bedeutung besitzen. „L" gibt an, daß nur die letzte Segmentausprägung eines Parents, das die Qualifikation erfüllt, gesucht wird. Mit „F" kann bei GN-Calls angegeben werden, daß die Suche beim 1. Segment des Parentsegmentes beginnen soll (entsprechend einem GU-CALL, der immer bei der 1. Ausprägung beginnt.)

9.1.7.3 System Service Aufrufe

Neben den Call-Funktionen stellt DL/1 noch eine Reihe von Systemaufrufen mit speziellen Funktionen zur Verfügung. Dazu gehören unter anderem

STAT   STATISTICS, zur Ausgabe von verschiedenen Statistiken über die interne ISAM/OSAM oder VSAM Pufferausnutzung.
Aufruf:
CALL „POOASTA" USING PCB-NAME.
POOASTA ist der Name einer von DL/1 zur Verfügung gestellten Statistikroutine. An dieser Stelle kann auch ein eigenes Programm angesprochen werden.
PCB-NAME stellt die Verbindung zu der IMS-Database her.

(ERROR)   STATUS CODE ERROR ROUTINE (von IMS).
zur Ausgabe von Fehlermeldungen und automatischem Programmabbruch.
Aufruf:
CALL „POOAERR" USING PCB-NAME, AREA1, OPTION, AREA2, ..., AREA9
POOAERR ist der Name einer von DL/1 angebotenen Routine, die im Programm definierte Fehlermeldungen ausgibt und, wenn gewünscht, das Programm abbricht.
PCB-NAME, hier muß der Name des PCB's angegeben werden, der für den fehlerhaften DL/1-Aufruf benutzt wurde.
AREA1-AREA9 sind die Felder mit den Texten, die ausgedruckt werden sollen.
Mit OPTION kann angegeben werden, ob nach der Fehlermeldungsgabe das Programm beendet werden soll (Byte 1 = 1) oder ob an die Stelle nach dem fehlerhaften Aufruf zurückgesprungen werden soll (= 0).

CHKP   CHECKPOINT übergibt an DL/1 die Information, daß in dem Anwenderprogramm checkpoints enthalten sind. Auf dem Logband wird dann die Checkpunktidentifikation vermerkt, so daß nach einem Systemzusammenbruch an einem dieser Punkte wieder weitergemacht werden kann.

XRST   RESTART Anforderung an DL/1, die Programme, die Checkpunkte besitzen, wieder herzustellen.

DEQ   DEQUEUE gibt gesperrte Segmente frei, sofern sie nicht verändert wurden. (Ist nur im Zusammenhang mit Programmisolation sinnvoll, da sonst keine Segmente gesperrt werden.)

9.1.8 Verbindung zwischen Anwenderprogramm und DL/1

Als Computersprachen für Anwendungsprogramme, die IMS-DL/1 benutzen, sind COBOL, PL/1, RPG und ASSEMBLER zugelassen. Nach der **Compilierung** (Umwandlung der Programmsprache in einen maschineninternen Code) wird an das Programm ein DL/1-Verbindungsmodul (**DL/1 interface module**) angehängt. Dieses Modul interpretiert die Aufrufe an DL/1 und gibt sie an andere DL/1-Teile weiter. Vor der Ausführung des

Programmes muß der PSB-Generierungslauf durchgeführt worden sein, da der PSB ebenfalls dazugebunden wird.

Diese beiden Teile sind Verbindungsstücke, die Bestandteile von DL/1 sind. Entsprechend dazu sind in dem Anwendungsprogramm ebenfalls Verbindungsglieder erforderlich.

Dies sind die schon beschriebenen Teile wie I/O-Area und die CALL-Funktionen. Zusätzlich muß ein Anwenderprogramm noch eine sogenannte **PCB-Maske** (PCB-mask) enthalten. Dieser Programmbereich korrespondiert mit dem PCB, der vorher vereinbart wurde, und nimmt die Informationen auf, die von DL/1 zurückgegeben werden.

Die Anwendungsprogramme, die mit IMS arbeiten, tun dies unter der Kontrolle von
DL/1. Das heißt, daß DL/1 nacheinander die COBOL-, PL/1- und ASS-Programme, die
mit der Datenbank arbeiten wollen, wie Unterprogramme aufruft. Nachdem diese Programme beendet sind, erfolgt ein Rücksprung in ein DL/1-Programm. Es sind deshalb außer den bereits angeführten Teilen noch jeweils ein definierter Eingangs- und Ausgangs-
punkt in jedem Anwendungsprogramm erforderlich.

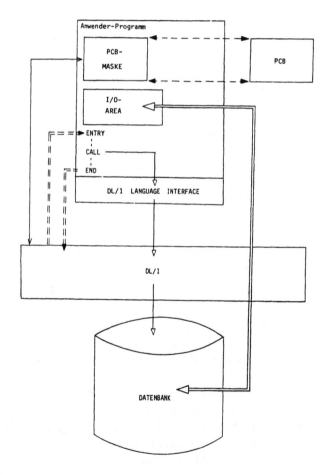

Bild 61: Verbindung Anwenderprogramm – DL/1

9.1.8.1 PCB-Maske

Wie bereits dargestellt, bildet der PCB die Sicht, die das Anwendungsprogramm von der Datenbank hat.

Da der PCB kein Bestandteil des Programmes selbst ist, sondern nachträglich angehängt wird, ist es notwendig, ein Abbild in das Programm einzubauen. (Bei Cobolprogrammen in der LINKAGE-SECTION und bei ASS als DUMMY-SECTION.) Dieses Bild (Maske) erlaubt es, die verschiedenen Felder aus dem Programm anzusprechen.

Die Maske enthält folgende Felder:

PCB-NAME

DBD-NAME

Name der IMS-Database, auf die sich der PCB bezieht.

SEG-LEVEL

Levelnummer, auf dem sich das letzte erfolgreich angesprochene Segment befindet.

STATUS-CODE

Meldung von DL/1, ob die Bearbeitung erfolgreich war.

PROC-OPTIONS

enthält die Angabe, was das Programm mit den Segmenten machen darf.

RESERVE-DL1

für DL/1 reservierter Bereich.

SEG-NAME-FEEDBACK-AREA

wird von DL/1 mit dem Namen des letzten Segmentes, das bei einem Aufruf erfolgreich bearbeitet wurde, gefüllt.

LENGTH-OF-KEY-FEEDB-AREA

die aktuelle Länge der key-feedback-area (des aktuellen zusammengesetzten Schlüssels)

NUMBER-SENSITIVE-SEG

gibt die Anzahl der Segmenttypen an, die das Programm bearbeiten darf.

KEY-FEEDBACK-AREA

Bereich, in den die verketteten Schlüssel, die zum Aufsuchen eines Segmentes angesprochen wurden, abgelegt werden. (Aneinanderreihung aller Schlüsselwerte auf dem hierarchischen Zugriffspfad zu dem Segment.)

Beispiel: PCB-Maskendefinition in einem Cobolprogramm:

```
ID DIVISION.
ENVIRONMENT DIVISION.
DATA DIVISION.
WORKING-STORAGE SECTION.
01  GU-FUNCTION              PIC X (4) VALUE „GU".
01  GN-FUNKTION              PIC X (4) VALUE „GN".
01  ERROR-OPTION             PIC X (4) VALUE „1".
01  DERROR-ID                PIC X (8) VALUE „DERROR01".
01  I-O-AREA                 PIC X (100) VALUE SPACES.
01  SSA01-GU-ARTIKEL.
```

```
    05  SSA01-BEGIN                    PIC X (19) VALUE
        „SE1ARTIK (FE1ANR =".
    05  SSA01-ARTIKELNUMMER            PIC X (8).
    05  SSA01-END                      PIC X        VALUE „)".
    |
    |
    |

LINKAGE SECTION.
01  DL1PCB
    05  DL1PCB-DBDNAME                 PIC X (8).
    05  DL1PCB-SEGLEVEL                PIC 99.
    05  DL1PCB-STATUS                  PIC XX.
    05  DL1PCB-PROCOPTIONS             PIC XXXX.
    05  DL1PCB-RESERVIERT              PIC S9 (5) COMP.
    05  DL1PCB-SEGMENTNAME             PIC X (8).
    05  DL1PCB-LÄNGE-FEEDBACKAREA      PIC S9 (5) COMP.
    05  DL1PCB-ANZAHL-SENSEGMENTE      PIC S9 (5) COMP.
    05  DL1PCB-KEY-FEEDBACKAREA        PIC X (20).
PROCEDURE DIVISION.
    ENTRY „DLITCBL" USING DL1PCB.
    |
    |
    |
```

9.1.9 Vergleich IMS-DB- und DB/DC-Verarbeitung

Wie bereits kurz angesprochen wurde, kann IMS sowohl als reines Datenverwaltungs-programm für Batchanwendungen als auch als kombiniertes Batch-Online-System (DB/DC) verwendet werden. Der Aufwand bei der DB/DC-Version ist jedoch erheblich größer. Es müssen Mechanismen bereitgestellt werden, die die parallele Bearbeitung von gleichen IMS-Databases erlauben, die verschiedene Eingaben verteilen u.a.m. Außerdem sind alle Aktivitäten zur Datensicherung und zum Datenschutz wesentlich komplizierter und aufwendiger.

Die beiden Versionen werden aus diesem Grunde vom Betriebssystem des Rechners völlig unterschiedlich behandelt. Es sollen in den folgenden Kapiteln kurz die beiden verschiedenen Anwendungsmöglichkeiten im Zusammenhang mit dem Betriebssystem beschrieben werden.

9.1.9.1 IMS Batch-Version

Bei dem IBM-Betriebssystem OS wird allgemein jedem Programm bei der Bearbeitung ein fester Hauptspeicherbereich zur Verfügung gestellt. Dieser wird je nach OS-System entweder als **PARTITION** oder **REGION** bezeichnet. Der Teil des Betriebssystems, der permanent im Hauptspeicher für alle Batchprogramme verfügbar sein muß (nucleus) liegt in einer eigenen Region/Partition. Über bestimmte Teile der Regions/Partitions können die Anwenderprogramme mit dem Nucleus und untereinander kommunizieren (interregion communication).

In der DB-Version von IMS befindet sich in der Region/Partition des Batchprogrammes eine IMS-Kontrollroutine (batch control program). Diese wird zur Verarbeitungszeit vom Betriebssystem aktiviert und steuert dann das Zusammenspiel zwischen Anwenderprogrammen und DL/1.

Bevor das Batchprogramm gestartet wird, fügt sie das DL/1 Verbindungsmodul (DL/1 interface module) an.

Während der Bearbeitung führt sie das Nachladen der notwendigen DL/1-Module durch und gibt am Ende des Batchprogrammes die Kontrolle wieder an das Betriebssystem zurück.

Tritt in einem Batchprogramm ein CALL auf DL/1 auf, wird die Kontrolle über das Interface an einen weiteren DL/1-Teil abgegeben, dem program request handler, der eine 1. Kontrolle der Parameter durchführt und dann den Aufruf an das CALL-Analysier-Pro-

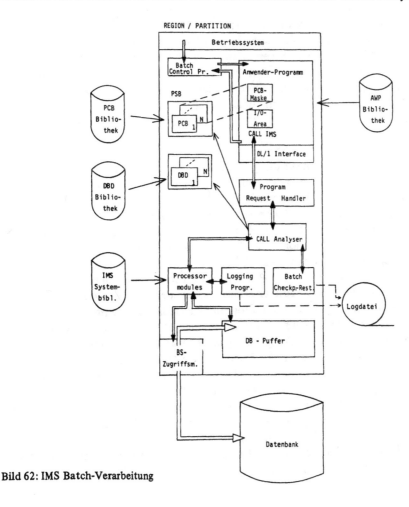

Bild 62: IMS Batch-Verarbeitung

gramm **(CALL-analyzer)** weitergibt. Hier werden anhand von DBD und PCB die Parameter auf Gültigkeit überprüft. In Abhängigkeit des Functionscodes wird dann das erforderliche Prozeßprogramm **(processormodule)** nachgeladen und die Kontrolle an dieses übergeben. Diese Verarbeitungsprogramme suchen die gewünschten Segmentausprägungen zunächst in dem DB-Pufferbereich **(OSAM/VSAM buffer pool)**. Können sie dort gefunden werden, so wird das entsprechende Segment in den Ein/Ausgabebereich des Anwenderprogrammes übertragen. Sind die Datensegmente nicht im Pufferbereich, müssen sie mit Hilfe der vereinbarten Zugriffsmethode blockweise aus der Datenbank gelesen und in einen Puffer gebracht werden. Dazu kann es notwendig sein, alte Daten zu entfernen. In diesem Falle wird der Puffer, der am längsten nicht mehr benutzt wurde, in die Datenbank gerettet (wenn Veränderungen in den Daten durchgeführt wurden) und durch den neuen Datenblock überschrieben. Puffer mit unveränderten Daten werden ohne vorherige Rettung mit den neuen Werten belegt.

Die Größe des Pufferbereiches spielt eine bedeutende Rolle für die Geschwindigkeit und die Auslastung des Rechnersystems, da sie die Anzahl der Ein/Ausgabe-Vorgänge zwischen Haupt- und Sekundärspeicher wesentlich beeinflußt. Die Belastung der Puffer sollte deshalb anhand von Statistiken immer überprüft werden (STAT-CALL).

Die Prozessorprogramme protokollieren bei den Functionscodes REPL, DLET und ISRT die durchgeführten Veränderungen in den Datensätzen gleichzeitig in der Logdatei. Sind in dem Programm Checkpunkte vereinbart, so werden die erforderlichen Kopien ebenfalls auf der Logdatei erstellt. Am Ende des Benutzerprogrammes wird die Kontrolle wieder an das Batch Control Programm zurückgegeben.

9.1.9.2 IMS Data Communication-Version

Im Gegensatz zu der Batchanwendung benötigt IMS in dieser Version 3 Regions/Partitions. Das IMS-Kontrollprogramm **(IMS control program)**, das die Kommunikation zwischen der Datenbank und den Terminals bzw. den Batchprogrammen regelt, befindet sich in einer eigenen Region/Partition, der sogenannten **controlregion** (CP). Die DC-Anwenderprogramme, die mit Terminals korrespondieren, sind ebenfalls in eigenen Bereichen, den **message processing regions/partitions** (MPP). Batchanwendungen, die IMS-Dateien benutzen, liegen in den **batch message processing regions/partitions** (BMP).

Beide Programmgruppen können noch weiter unterteilt werden. Online–Programme können im Konversationsmodus **(conversational mode)** oder im Nicht-Konversationsmodus **(non conversational mode)** arbeiten. Programme im Konversationsmodus verarbeiten Transaktionen, die sich aus mehreren voneinander abhängigen Eingaben zusammensetzen. Dabei muß vor jeder Eingabe eine Ausgabe abgewartet werden. Im Nicht-Konversationsmodus werden voneinander unabhängige Transaktionen verarbeitet. Es ist dabei nicht unbedingt nötig, daß nach einer Eingabe von IMS eine Antwort auf dem Terminal ausgegeben wird. Daher ist es auch nicht erforderlich, daß der Benutzer vor einer Eingabe auf eine Ausgabe wartet. Bei Batch-Programmen wird unterschieden zwischen Verarbeitungen mit Terminalaktivitäten **(message driven)** und ohne Terminalaktivitäten **(not message driven)**.

Die Ein/Ausgabe der Kommandos und Daten erfolgt über Terminals. IMS unterscheidet dabei 3 Arten von solchen Ein-/Ausgabegeräten

— Physische -,
— Logische - und
— Master Terminals.

Physische Terminals sind Hardwaregeräte, über die die Eingaben gemacht werden.

Logische Terminals sind interne Namen, über die die physischen Terminals angesprochenwerden. Ein physisches Terminal kann durchaus mehrere logische Terminal-Namen besitzen. Der Benutzer arbeitet nur mit logischen Geräten, was den Vorteil hat, daß beim Ausfall eines physischen Terminals dem internen Namen dynamisch ein anderes Gerät zugeordnet werden kann.

Das **Master Terminal** ist ein logisches Gerät, das eine besondere Bedeutung hat. Es besitzt die Kontrolle über alle IMS-Kommunikationsprogramme und wird u.a. zur Eingabe von Checkpunkt- und Restart-Kommandos benutzt. Verschiedene DL/1 Instruktionen können nur über das M.T. eingegeben werden.

Die Kommunikation zwischen den Terminals und dem Rechner wird allgemein bei dem Betriebssystem OS mit speziellen Modulen durchgeführt, z.B. der **telecommunication access method (TCAM)** oder mit dem aufwendigeren **virtual telecommunication access method (VTAM)** Programm.

Die Verbindung zwischen dem logischen Eingabegerät und dem dazugehörigen MPP-Programm wird durch eigene PCB's (Typ TP) hergestellt, die für die Ein-und Ausgaben zusätzlich vorhanden sein müssen.

Alle Ein- und Ausgaben werden bei IMS als Nachrichten (message) bezeichnet. Dabei sind 3 Arten von Eingaben möglich, Transaktionen, Nachrichten an andere logische Terminals und IMS-Kommandos. Zur Unterscheidung der 3 Möglichkeiten und Erkennung des Zieles dient ein Vorspann (Transaktionscode) von 8 Bytes. (Die IMS-Instuktionen müssen z.B. immer mit einem „/" beginnen.) Ausgaben können entsprechend den Eingaben entweder von DL/1 oder von einem anderen logischen Terminal stammen. Alle Messages außer den Kommandos werden in Backup-Dateien mitgeschrieben.

Nach der Eingabe von einem Terminal wird durch das Telekommunikationsprogramm festgestellt, um welche der 3 zulässigen Formen es sich handelt. Ist eine Eingabe für ein Anwendungsprogramm (MPP) bestimmt, so wird der logische Terminalname des Eingabegerätes über den PCB an das Programm mitübergeben. Wurde ein IMS-Kommando eingegeben, so wird es direkt an die IMS-Processor Programme (**command processor modules**) weitergeleitet und dort verarbeitet. Die Ein-/Ausgaben für Programme und andere logische Terminals werden in **Warteschlagen (queues)** abgelegt. Von dort werden die Messages nach bestimmten Kriterien geholt und bearbeitet (**scheduling**). Dazu müssen die entsprechenden Anwenderprogramme in den Hauptspeicher (Region/Partition) geladen werden und dann die Kontrolle erhalten. Deshalb muß die Auswahl der nächsten zu bearbeitenden Input-Message davon abhängig gemacht werden, ob genügend Platz für das Programm und die dazugehörigen PCB's vorhanden ist. Zusätzlich muß sichergestellt sein, daß keine Konflikte mit anderen aktiven Programmen z.B. durch exklusive Zuordnung von Segmenten, auftreten können. Dieser Punkt ist auch bei Batchprogrammen ohne Messages wichtig, wenn darin Aufrufe auf IMS-Dateien enthalten sind (BMP). Deshalb dürfen solche Programme, die ansonsten vom Betriebssystem verwaltet und aufgerufen werden, nur nach Abstimmung mit der Controlregion bearbeitet werden.

Nach dem Laden der Programme übernehmen diese wie bei der Batch-Version die Kontrolle über die weitere Bearbeitung. Die Input-Messages werden über einen DL/1-Call gelesen. Diese DL/1-Aufrufe aus MPP-Programmen zum Lesen und Schreiben von Messages in und aus Warteschlangen werden als **DC-Kommandos** bezeichnet. Sie entsprechen vom Namen her den DB-Calls, besitzen jedoch z.T. etwas abgewandelte Bedeutung:

GU   liest das 1. Input Message Segment (eine I.M. kann aus einem oder mehreren Segmenten bestehen)
GN   liest das 2. I.M. Segment
ISRT   fügt ein Message Segment in die Outputqueue ein
CHNG   stellt die Verbindung zwischen einem PCB und einem logischen Terminal her

Die eingegebenen Botschaften werden zuerst auf Fehler überprüft. Danach müssen die Aufrufe an DL/1, die sich aus der Eingabe ergeben, im Programm zusammengesetzt und durch einen Call an DL/1 übergeben werden. Die Bearbeitung durch DL/1 erfolgt dann in der gleichen Weise wie bei der DB-Version, mit dem Unterschied, daß die Verbindung über die Region/Partitiongruppen hinweg hergestellt werden muß.

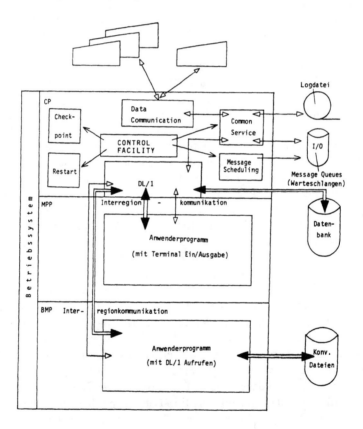

Bild 63: IMS Data Communication-Verarbeitung

Bei Online-Verarbeitungen tritt das Problem des gleichzeitigen veränderten Zugriffes auf Daten auf (concurrend update). IMS erkennt anhand der PCB's die Anforderungen der einzelnen Programme und kann somit Überschneidungen erkennen und verhindern, indem Programme einfach nicht gestartet werden. Eine andere Möglichkeit, um zu garantieren, daß ein Segment nicht gleichzeitig von 2 verschiedenen Programmen modifiziert werden kann, bietet die sogenannte Programmisolierungsfunktion (program isolations function). Diese stellt auf Zugriffsebene sicher, daß für eine bestimmte Zeitdauer ein Programm alleinigen Zugang auf Datensätze bzw. Segmente besitzt. Es wird also jedes Programm gestartet und erst bei den Zugriffen geprüft, ob mehrere Datensätze gleichzeitig angesprochen werden sollen. Ein Segment ist immer gesperrt, wenn eine exclusive Zuordnung zu einem Programm vorliegt oder wenn ein Veränderungswunsch abgeschickt wurde (Hold-Kommando). Die gesperrten Segmente werden entweder automatisch (wenn keine Änderung erfolgte) oder explizit vom Programm mit einem DEQ-Aufruf freigegeben. Tritt weder das eine noch das andere auf, werden alle Segmente an einem Synchronisationspunkt entsperrt. An diesen definierten Stellen wird außerdem sichergestellt, daß alle Änderungen, die das Programm bisher durchgeführt hat, in die Datenbank übernommen sind. Als Synchronisationspunkte werden Checkpunkt Aufrufe, Anforderungen für neue Ein-/Ausgabe-Messages und das Programmende benutzt. An den Synchronisationspunkten werden außerdem auch die Outputmessages, die von dem Programm inzwischen erstellt und in die Warteschlange geschrieben wurden, ausgegeben.

9.1.9.3 *Cobol-Beispielprogramm*

Verwendet wird das Cobol-Beispielprogramm zur Eingabe einer Artikelnummer über einen Bildschirm, die die Ausgabe der Artikelfelder Nr., Name und Preis bewirkt:

```
IDENTIFICATION  DIVISION.
PROGRAM-ID.
DATA  DIVISION.
WORKING-STORAGE  SECTION.
77  GU                          PIC X (4)  VALUE „GU".
77  ISRT                        PIC X (4)  VALUE „ISRT".
77  ENDE-MERKER                 PIC X      VALUE „0".
    88  ENDE-EINGABE                       VALUE „1".
77  FEHLERMELDUNG-TEXT1         PIC X (33) VALUE
        „FALSCHE ARTIKELNUMMER EIN-
        GEGEBEN'
77  ERROR-OPTION                PIC X (4)  VALUE „1".
77  MODNAME                     PIC X (8)  VALUE „xxxxxxxx".
77  FEHLER-KOPF                 PIC X (10) VALUE „++FEHLER++".
01  INPUT-MESSAGE
    05  FILLER                  PIC X (4).
    05  TRANS-CODE              PIC X (9).
```

```
    05  INPUT-ANR                        PIC X (8).
    05  FILLER                           PIC X (58).
01  OUTPUT-MESSAGE.
    05  OUT-LL                           PIC S9 (3) COMP VALUE +111.
    05  OUT-ZZ                           PIC S9 (3) COMP VALUE +0.
    05  OUT-FELDER
        10  FE1ANR                       PIC X (8).
        10  FE1NAME                      PIC X (20).
        10  FE1PR                        PIC X (8).
    05  OUT-FEHLERTEXT                   PIC X (33).
01  SE1ARTIK.
    05  FE1ANR                           PIC X (8).
    05  FE1NAME                          PIC X (20).
    05  FE1PR                            PIC X (8).
    05  FILLER                           PIC X (14).
01  SSA01-ARTIKEL.
    05  SSA01-BEGIN                      PIC X (19) VALUE
            „SE1ARTIK (FE1ANR =“.
    05  SSA01-FE1ANR                     PIC X (6).
    05  SSA01-END                        PIC X       VALUE „)“.
LINKAGE SECTION.
*   PCB FÜER DIE EIN- AUSGABE AUF DAS TERMINAL
01  C1PCB.
    05  FILLER                           PIC X (10).
    05  C1PCSTATUS                       PIC X (2).

*   PCB ZUM LESEN AUS DER DATENBANK
01  D1PCB.
    05  FILLER                           PIC X (10).
    05  D1PCSTATUS                       PIC X (2).
PROCEDURE DIVISION.
    ENTRY „DLITCBL“ USING C1PCB, D1PCB.
    PERFORM READ-MESSAGE.
    PERFORM PROCESS-MESSAGES UNTIL ENDE-EINGABE.
    GOBACK.

*   Unterprogramme
READ-MESSAGE.
    CALL „DBLTDLI“ USING GU, C1PCB, INPUT-MESSAGE.
```

```
IF  C1PCSTATUS                      = „QC"
    MOVE  „1"                        TO ENDE-MERKER
    ELSE IF  C1PCSTATUS             NOT = SPACES
        CALL „POOAERR" USING C1PCB, FEHLER-KOPF, INPUT-MESSAGE,
        ERRIR-OPTION.
PROCESS-MESSAGES.
    MOVE INPUT-ANR                   TO SSA01-FE1ANR.
    PERFORM  READ-ARTIKEL-DB,
    IF  D1PCSTATUS                   = SPACES
        MOVE CORR SE1ARTIK           TO OUTPUT-FELDER
        MOVE SPACES                  TO OUT-FEHLERTEXT
        ELSE MOVE FEHLERMELDUNG-     TO OUT-FEHLERTEXT
        TEXT1
        MOVE SPACES                  TO OUT-FELDER.
PERFORM  ISRT-MESSAGE.
PERFORM  READ-MESSAGE.

READ-ARTIKEL-DB.
    CALL „CBLTDLI" USING GU, D1PCB, SE1ARTIK, SSA01-ARTIK.
    IF  D1PCSTATUS                   = SPACES OR „GE" NEXT
                                                        SENTENCE
        ELSE CALL „POOAERR" USING D1PCB, FEHLER-KOPF, SE1ARTIK,
        ERROR-OPTION.
ISRT-MESSAGE.
    CALL „CBLTDLI" USING ISRT, C1PCB, OUTPUT-MESSAGE, MODNAME.
    IF  C1PCSTATUS                   NOT = SPACES
        CALL „POOAERR" USING C1PCB, FEHLER-KOPF, OUTPUT-MESSAGE,
        ERROR-OPTION.
```

Erklärungen zu dem Programm:

MODNAME	Name des Message Output Descriptors, in dem die Output-Messages definiert sind.
INPUT-MESSAGE, OUTPUT-MESSAGE	in beiden Bereichen werden am Anfang Plätze freigehalten, in denen sich die Input-bzw. Output Descriptorfelder befinden. Diese definieren das Layout der Daten auf dem Bildschirm.
READ-MESSAGE, READ-ARTIKEL-DB	die beiden Statuscodes „QC" und „GE" haben die Bedeutung „kein Input-Message-Segment in der Queue gefunden" bzw. „Segment nicht gefunden".

9.1.10 Datensicherung (Datenintegrität) bei IMS

IMS benutzt im wesentlichen die in Kap. 7 vorgestellten Methoden, die jedoch etwas modifiziert bzw. erweitert sind. Die Sicherungsaktivitäten hängen sehr stark vom dem IMS-Betriebsmodus ab.

Bei DC-Anwendungen müssen wesentlich mehr Informationen gesichert werden, als bei Batch-Programmen. Dazu gehören z.B.

— die Ankunft einer Input Message in der Queue,
— der Start eines DC- oder Batchprogrammes,
— der Beginn der Abarbeitung einer Message durch ein Anwenderprogramm,
— die Update-Kopien,
— das Einfügen einer Output Message in die Queue,
— das Ende eines Anwenderprogrammes,
— die Ankunft einer Output Message auf einem Terminal.

Es sind deshalb kompliziertere Mechanismen notwendig.

In beiden Verarbeitungsformen wird eine Logdatei geführt. Sie liegt auf einem Magnetband, um den Vorteil des Rückwärtslesens (Backout) zu nutzen. In der DB/DC-Version können die Batch- und Online-Informationen in derselben Logdatei gespeichert werden.

9.1.10.1 Logging-Recovery-Backout

In die Logdatei werden alle Segmente kopiert, die während einer Bearbeitung verändert werden. Die Sätze der Logdatei enthalten den DBD-Namen, den Dateinamen sowie die Segmentadresse und -Inhalte vor und nach der Änderung (before — after image), Ein Logging ist also nur für solche Programme (Regions) nötig, die Änderungen in der Datenbank vornehmen.

DL/1 stellt zur Sicherung und Wiederherstellung der Daten verschiedene Hilfsprogramme (Utilities) zur Verfügung.

— das **Image Copie Utility**, zur Erzeugung der Backup-Kopien,
— das **Datei Change Accumulations Utility**, zum Akkumulieren der Veränderungen, die seit der letzten Backup-Kopie erzeugt wurden.
— das **Recovery Utility**, zur Wiederherstellung der Dateien. Es werden dazu die Logdateien und die akkumulierten Veränderungen verwendet.
— das **Backout Utility**, zum Löschen von Veränderungen, die durch spezielle Anwendungsprogramme gemacht werden.

Das Backout-Hilfsprogramm liest das Logband rückwärts entweder bis zu einem bestimmten Checkpunkt (checkpoint identification) oder zum Programmanfang. Alle Veränderungen in der Datenbank sowie Einfügungen, Löschungen werden zurückgesetzt.

Das Recovery Utility liest die letzte Datenbank- oder Dateikopie und fügt die danach ausgeführten DB-Änderungen erneut aus. Da seit der letzten Kopie sehr viele Modifikationen angefallen sein können, besteht die Möglichkeit, mit Hilfe des Change Accumulation Utility den Umfang zu reduzieren. Dieses Programm trennt alle DB- und Nicht-DB-Sätze auf dem Logband, faßt alle Sätze, die sich auf ein Segment beziehen, zusammen usw. Die Durchführung der Wiederherstellung wird dadurch beschleunigt. Allerdings ist eine zusätzliche Datei erforderlich.

Bei dem Aufruf des Recovery Utilities muß darauf geachtet werden, daß nach der letzten Kopie keine Reorganisation durchgeführt wurde, da dabei die Adressen verändert wer den. Es sollte deshalb nach jedem Reorganisationslauf mit dem Image Copy Utility eine DB- bzw. Dateikopie erstellt werden.

Alle Hilfsprogramme werden unabhängig von den Anwenderprogrammen als selbständige Jobs gestartet. Sie geben Returncodes zurück, aus denen man entnehmen kann, die Bearbeitung erfolgreich beendet wurde bzw. welche Fehler bei der Ausführung auftraten.

9.1.10.2 Checkpoint-Restart

Es gibt bei IMS eine Reihe von Checkpoints, die unterschiedlich behandelt werden. In der IMS-DB-Version sind dies die Batch- und die Extended Checkpoints, in der DB/DC-Version gibt es dazu noch die Simple- und die Termination Checkpoints.

Die **Batch-** und **Extended Checkpoints** unterscheiden sich darin, daß bei der 2. Form alle Informationen, die zum Wiederanlauf benötigt werden, vom Benutzer mit dem Checkpunktaufruf selbst auf das Logband geschrieben werden müssen. Bei Batch Checkpoints wird dies automatisch durch ein Betriebssystemprogramm ausgeführt. Das Logband enthält hierbei jedoch nur die Checkpunktidentifikation, die vom Programm angegeben wurde. Zur Erzeugung von Checkpoints in Anwenderprogrammen müssen in DL/1 spezielle CALL's verwendet werden. Das allgemeine Format eines Checkpunktaufrufes in einem Cobol-Programm hat folgendes Aussehen:

CALL „CBLTDLI" USING CALL-FUNKTION, PCB-NAME, CHECKPOINT-ID

CALL-FUNKTION   ist der Name eines Feldes, das den Funktionscode „CHKP" enthält

PCB-NAME   ist der Name des zugehörigen PCB's

CHECKPOINT-ID   ist ein Ein- und Ausgabebereich, in dem die Checkpoint-Identifikation, z.B. aus einer Programmidentifikation und lfd. Nummer des Checkpunktes bestehend, zur eventuellen späteren Verwendung bei einem Neustart, bereitgestellt werden muß.

Simple Checkpoints werden bei der DC-Verarbeitung in regelmäßigen Abständen von IMS gesetzt. Sie können jedoch auch über das Masterterminal gesetzt werden. Bei einem Simple Checkpoint werden alle Anwenderprogramme angehalten. Nachdem die Checkpunktinformationen auf das Logband geschrieben sind, wird mit der Bearbeitung der Programme fortgefahren.

Bei den **Termination Checkpoints**, die beim Beenden des Systems auftreten, werden von IMS verschiedene Aktivitäten wie Abschließen der Dateien und des Logbandes, Abarbeiten aller Eingaben und Beenden des Kontrollprogrammes durchgeführt. Das Absetzen eines Termination Checkpoints kann nur vom Masterterminal erfolgen.

Das Benutzen der Checkpoint/Restart-Funktion bei Batchprogrammen setzt verschiedene Bedingungen voraus:

- alle Dateien müssen DL/1-Dateien (einschließlich GSAM) sein,
- die Ausgaben müssen in Dateien erfolgen und
- der 1. Aufruf an DL/1 muß ein Restart-Call sein.

Dieser Restart-Call teilt DL/1 mit, daß das Programm Checkpunkte enthält und die Restartmöglichkeiten benutzen will. Der Aufruf hat folgendes Aussehen:

CALL „CBLTDLI" USING CALL-FUNKTION, PCB-NAME, LÄNGE-I/O-AREA, WORK-AREA

CALL-FUNCTION	ist der Name eines Feldes, das den Funktionscode „XRST" enthält
PCB-NAME	ist der Name des zugehörigen PCB's
LÄNGE-I/O-AREA	enthält die Länge des größten Ein/Ausgabebereiches in dem Programm
WORK-AREA	sollte vor dem DL/1-Call in einem vom Benutzer definierten Zustand sein (Leerstellen), denn nach dem Aufruf steht hier im Falle eines Restarts die Identifikation des Checkpoints, an dem das Programm neu begonnen wurde. Bei einem normalen Start ist das Feld unverändert.

Beim Auftreten eines Fehlers muß die Datenbank mit Hilfe des Backout-Utilities bis zu einem Checkpoint zurückgesetzt werden. Danach müssen die entsprechenden Checkpunktinformationen vom Logband gelesen werden. In einem dritten Schritt kann das Programm an dem Checkpunkt wieder neu gestartet werden. Es gibt 2 Gründe, die einen Programmabbruch verursachen können, Systemfehler und Programmfehler. Bei Programmfehlern wird, wenn die Programmisolationsfunktion benutzt wurde, automatisch ein Backout der DB bis zum letzten Synchronisationspunkt ausgeführt (DC). Anderenfalls muß dies durch einen Aufruf des Backout Utilities durchgeführt werden. Da dies programmintern geschieht, kann es zu Kontroversen mit den anderen Programmen kommen, da das Logband zugleich vorwärts und rückwärts gelesen werden soll. Es muß deshalb ein zusätzliches Logsystem eingerichtet werden.

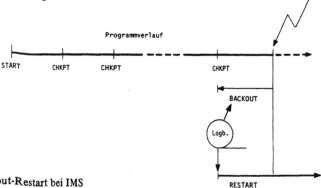

Bild 64: Backout-Restart bei IMS

Bei Systemfehlern müssen erst die Controlregion und u.U. Systemdateien wiederhergestellt werden, bevor mit einem automatischen Backout die Datenbank wiederhergestellt wird.

9.1.11 Datenschutz bei IMS

Eine wichtige Rolle bei der Sicherung der Daten vor unerlaubten Zugriffen besitzt die Datenbankdefinition. In dem PCB wird festgelegt, auf welche Segmenttypen ein Benutzer zugreifen darf (sensitive Segmente). Damit ist à priori sichergestellt, daß ein Benutzer keine anderen Segmente ansprechen kann. (**Datenschutz auf Segmentebene.**) Es ist außerdem im PCB festgelegt, in welcher Form das Anwenderprogramm die ihm zur Verfügung stehenden Segmente bearbeiten darf (PROCOPT). Damit besteht z.B. die Möglichkeit, bestimmte Mitarbeiter nur lesend auf Datenbestände zugreifen zu lassen.

Aus den obigen Beschreibungen ist ersichtlich, daß ein Datenschutz auf Feldebene nicht möglich ist. Dies kann durch eigene Hilfsmittel zusätzlich installiert werden (Satzbeschreibungen u.ä.).

Um eine weitere Sicherung zu erhalten, können die Daten auch verschlüsselt abgespeichert werden. Es ist dazu eine Verschlüsselungsroutine erforderlich, die in der Definition bei dem SEGM-Statement angegeben werden muß.

Neben diesem Schutz von Segmenttypen gibt es noch einen globalen Schutz der Einrichtungen des gesamten Systems.

In der DB/DC-Version können Kommandos, Terminals und Transaktionen von Passwörtern abhängig gemacht werden. Außerdem gibt es die Möglichkeit, bestimmte Transaktionen und Kommandos an Terminals zu koppeln. So können z.B. verschiedene Kommandos nur über das Master Terminal eingegeben werden. Dazu gehören die Befehle zum Ändern der Passwörter, zur Bearbeitung der Checkpunkte und der Restarts u.a.m.

Das Einrichten und Verwalten der Passwörter geschieht durch ein selbständiges Programm, dem **system security utility.** Die Zuordnungen der Passwörter zu den damit zu schützenden Einheiten werden in einer Datei abgespeichert, so daß ein Verändern jederzeit möglich ist. Alle Versuche, die Schutzmechanismen zu umgehen, werden auf der Masterkonsole und in der Logdatei protokolliert.

Um ein einheitliches Schutzkonzept auch für Dateien, die nicht zu IMS gehören, zu erhalten, kann auf ein Softwareprodukt von IBM, der **resource access facility (RACF)** zurückgegriffen werden. Dieses Programm übernimmt die Verwaltung der Passwörter und schützt vor unerlaubten Zugriffen auf Dateiebene.

9.1.12 Reorganisation von IMS-Databases

Wie schon bei der Vorstellung der index-sequentiellen Organisationsform und den IMS-Zugriffsmethoden erwähnt, verliert die Datenbank im Laufe der Bearbeitungen durch Löschungen, An- und Einfügungen ihr ursprüngliches Aussehen. Diese Veränderung drückt sich meist in einer höheren Zahl von Ein/Ausgabevorgängen pro Transaktion und damit verbunden einem verschlechterten Antwortverhalten aus. Ein typischer Fall ist hierbei das weite Streuen von logisch zusammengehörigen Segmenten auf dem Speichermedium. Außerdem kann es vorkommen, daß kein freier Speicherplatz mehr vorhanden ist, wenn durch ein Programm sehr viele Segmente eingefügt oder angehängt werden sollen.

Ein anderer Grund für ein neues Ordnen einer Datenbank ist der Wunsch, die Struktur (Design) zu verändern, z.B. um Sekundärindices einzubauen.

Die Häufigkeit der Reorganisation ist dem Benutzer überlassen und hängt selbstverständlich von der Art der Anwendung und der Qualität des Designs ab. (DL/1 hält einige Hilfen zum Optimieren der Strukturen bereit. Außerdem werden verschiedene Programme, mit deren Hilfe das Verhalten des Systems überwacht werden kann, angeboten.)

Es muß jedoch gesagt werden, daß die Tatsache, daß Reorganisationen nötig sind, einen großen Nachteil darstellt. Dies gilt aus zweierlei Gründen. Zum einen ist das Umstrukturieren der Dateien sehr zeitaufwendig und kann deshalb nicht oft durchgeführt werden, zum anderen muß für einen großen Teil der Zeit mit Strukturen gearbeitet werden, die nicht optimal sind. Zur Ausführung der Neuorganisation kann eine Reihe von DL/1-Utilities benutzt werden, die als eigenständige Jobs ausgeführt werden müssen. Sie können in 2 Gruppen unterteilt werden, die Programme zur physischen und die zur logischen Reorganisation. Zu der 1. Gruppe gehören die Index Unload und Reload Routinen, sowie die HD Unload und Reload Programme. Die 2. Gruppe besteht aus den Präfixreorganisations Utilities.

Das Reorganisieren der Dateien mit Hilfe der Utilities geht in 2 Schritten vor sich:

— Die Datei wird entladen (**unload**); Hierbei erfolgt die physische Neustrukturierung, d.h. neu hinzugekommene Segmente werden einsortiert usw. Es wird eine sequentielle Datei erstellt, die dann die Grundlage der neuen IMS-Database bildet. Während dieses Vorganges wird eine Statistik über den Zustand der IMS-Database erzeugt. Je nach verwendeter Datenorganisation müssen zusätzlich noch die Indexlisten der neuen Struktur angepaßt werden.
— das Laden der neuen Datei (**reload**); Aus dem beim Entladen entstandenen sequentiellen Datenbestand wird die neue IMS-Database aufgebaut. Hierbei wird ebenfalls wieder eine Statistik über das Aussehen der Datenbank erstellt.

Nach der Reorganisation sollte in jedem Falle eine Backup-Kopie erzeugt werden.

9.2 Adaptierbares Datenbank Management System (ADABAS)

ADABAS ist eines der wenigen in Deutschland entwickelten und hergestellten Datenbanksysteme, die international erfolgreich sind. Die 1. Installation erfolgte im Jahre 1971. Inzwischen wird das System weltweit vertrieben.

Zu dem reinen Datenbanksystem gibt es verschiedene Zusätze

ADASCRIPT+	eine Abfragesprache (querry language) für Batch- und Online-Betrieb
ADACOM	ein Reportgenerator für Batchbetrieb
NATURAL	eine interaktive Programmiersprache für Batch- und Online-Betrieb
ADAMINT	einen Macro Interface Generator zur Standardisierung von ADABAS-Aufrufen
ADABOMP	einen Stücklistengenerator
COM-PLETE	einen TP-Monitor für die Online-Anwendungen.

ADABAS läuft auf IBM-Rechnern der Serie /360 und /370 unter den Betriebssystemen DOS und OS sowie auf Siemens Modellen 4004 und 7000.

Die Anwendung kann sowohl im **Single-User Modus (SPM)** als auch im **Multi-User Modus (MPM)** erfolgen. Außerdem existieren Verbindungsmöglichkeiten zu verschiedenen Teleprozessoren (TP-Monitoren) wie CICS, TSO, COM-PLETE, SHADOW u.a.m.

ADABAS ist das bekannteste Datenbanksystem, das hauptsächlich auf der Invertierten Listen Organisation aufgebaut ist. (Es befinden sich noch verschiedene andere DB-Systeme auf dem Markt, die Invertierte Listen zusätzlich zu anderen Organisationsformen anbieten.)

Der *Datenbankteil* von ADABAS besteht aus 3 logischen Hauptkomponenten: dem eigentlichen **Datenspeicher** (data storage), dem davorliegenden **Assoziator** und einer **Arbeitsdatei.**

Der Assoziator ist die Verbindungsstelle zwischen dem Datenbankverwaltungsteil und dem Datenbestand. Er enthält die Invertierten Listen und führt die Adressermittlung durch.

Die Arbeitsdatei (**ADABAS work file**) wird u.a. als Hilfsspeicher und als Überlaufbereich beim Transport von Datensätzen benutzt.

Wie der Datenbankteil besteht auch der *Datenbankverwaltungsteil* aus 3 Hauptbereichen. Dies sind der **Nukleus**, der die Kommunikation zwischen Anwender und Datenbank regelt, und die Hilfsprogramme (**utilities**), die zum Aufbau und zur Verwaltung der Datenbestände benötigt werden. Neben dem Nukleus werden intern außerdem noch verschiedene andere **System Module** benutzt. Sie dienen im wesentlichen zur Kommunikationsverwaltung und um Statistiken zu erzeugen.

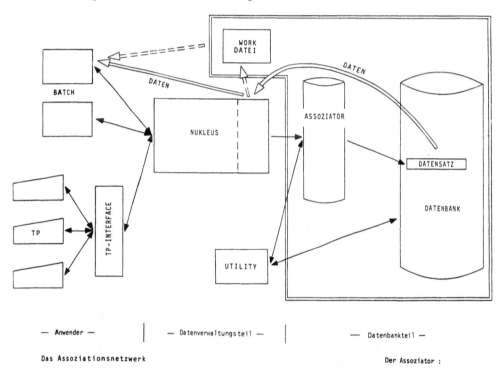

Bild 65: Aufbau von ADABAS

9.2.1 Datenspeicherung bei ADABAS

Die Speicherung der Daten erfolgt im Datenspeicher. Er kann aus bis zu 5 physischen Dateien (Betriebssystemdateien) bestehen. Innerhalb des Datenspeichers können bis zu 255 ADABAS-Dateien (files) eingerichtet werden. Dabei werden in einem File, wie bei der konventionellen Dateiverarbeitung, gleichartige Sätze zusammengefaßt.

Die physische Speicherung der Sätze erfolgt in der Regel immer in komprimierter Form (data compression). Das heißt, daß intern nachfolgende Leerstellen (Blanks) und führende Nullen weggelassen sowie ungepackte Zahlen in gepacktes Format umgewandelt werden. (Bei leeren Feldern, die nur aus Nullen bzw. Leerstellen bestehen, wird nur 1 Byte gespeichert.) Jedem Feld, das komprimiert wurde, wird ein Längenbyte vorangestellt, das die Länge einschließlich des Längenbytes angibt.

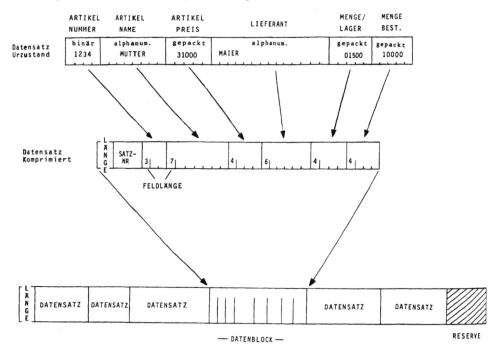

Bild 66: Abspeicherung der Datensätze bei ADABAS

Zusätzlich kann noch eine Leerwert-(Nullwert-)Unterdrückung benutzt werden, womit in verschiedenen Fällen die Speicherung von leeren Feldern und Werten vollständig unterdrückt werden kann. Von dieser Möglichkeit sollte bei allen Feldvereinbarungen — außer Schlüsselfeldern — Gebrauch gemacht werden. Mit Hilfe der Nullwertunterdrückung ist es möglich, in einer Datei mehrere Satzformate (Satzarten) abzuspeichern: Es werden zwar alle Felder definiert, jedoch nur die zu der jeweiligen Satzart gehörenden Felder mit Werten gefüllt. Die leeren Felder sind dann in der Datei nicht vorhanden, so daß Sätze mit unterschiedlichen Feldanzahlen und Feldwerten entstehen.

Jede Satzart kann entweder einen eigenen Schlüssel enthalten, oder es kann ein gemeinsames Schlüsselfeld benutzt werden. Im ersten Fall werden 2 getrennte Invertierte Listen angelegt. Die Schlüsselfelder müssen dann mit Nullunterdrückung angelegt sein, damit für leere Schlüsselfelder kein Eintrag erfolgt.

Diese Vorgehensweise kann sehr nützlich sein, wenn entweder die Zahl der Dateien zu groß wird oder wenn ein enger (hierarchischer) Zusammenhang (z.B. Mitarbeiter/Abteilung) zwischen Sätzen besteht.

Neben der Bedeutung für die Abspeicherung, hat die Nullwertunterdrückung, wie bereits angedeutet, auch Konsequenzen für das Einrichten der Invertierten Listen. Wurde ein Schlüsselfeld mit Nullwertunterdrückung definiert, so erfolgt kein Eintrag in der dazugehörigen Invertierten Liste, wenn der Feldinhalt Blank (bei alphanumerischen) oder Null (bei numerischen Feldern) ist. Das bedeutet, daß der entsprechende Datensatz über diese Invertierte Liste nicht gefunden werden kann. Ohne die Nullwertunterdrückung werden die Leerwerte in den Assoziator übernommen. (Der Datensatz enthält dann 1 Byte mit Blank oder Null in dem Schlüsselfeld.)

Die Sätze werden in den Dateien immer in Blöcken fester Länge abgelegt. Die oberste Grenze für die Blocklänge liegt bei einer Plattenspur. Innerhalb eines Blockes kann Speicherplatz für später auftretende Satzerweiterungen reserviert werden. Jeder Satz und jeder Block enthält am Anfang eine Längenangabe, so daß sowohl Sätze mit festen als auch mit variablen Längen verarbeitet werden können. Sätze mit festen Längen (ohne Kompression) sind jedoch die Ausnahme und müssen explizit definiert werden, da durch die Kompression und Nullwertunterdrückung unterschiedliche Längen entstehen, die von der aktuellen Belegung der Felder abhängen.

Aus den physischen Sätzen werden dann während der Bearbeitung die verschiedenen logischen Sätze zusammengesetzt (siehe Kapitel 4.3).

Um die physischen Datensätze identifizieren zu können, erhält jeder Satz vom Lader (ADALD1) eine **interne Satznummer (ISN)** zugewiesen. Diese ISN's (3 Byte lang) sind in den Invertierten Listen gespeichert und dienen damit zum Ermitteln der Satzadresse.

Eine Verpointerung der Datensätze untereinander existiert nicht!

9.2.2 Der Assoziator

Der Assoziator ist die Verbindung des Datenspeichers zu dem Datenbankverwaltungsteil von **ADABAS**. Wie der Datenspeicher kann er aus bis zu 5 physischen Betriebssystemdateien bestehen.

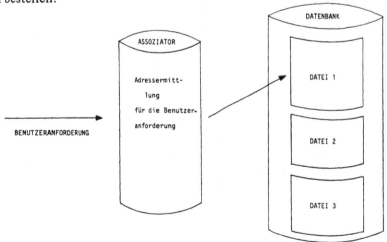

Bild 67: Der Assoziator

Er ist dem eigentlichen Datenbestand vorgelagert und übernimmt die Ermittlung der Satzadressen und verschiedene Verwaltungsaufgaben. In ihm befinden sich die Invertierten Listen, die Feldbeschreibungstafel, die Speicherverwaltungstabellen und der Adresskonverter.

In der **Feldbeschreibungstafel** werden die logischen Inhalte (Satzstrukturen) aller Dateien abgelegt. Die Informationen zum Aufbau der Tafel werden während des Ladens der Dateien in die Datenbank den Definitionen entnommen. Die einzelnen Feldbeschreibungen können jedoch auch nach dem Laden ohne Umorganisation verändert werden. Dies geschieht durch das ADABAS Utility FILEMOD mit der Funktion DEFINE NEW FIELDS. (Das Utility wird als eigener Job ausgeführt.) Das Füllen der neuen Felder mit Werten kann dann mit Hilfe der Update-Kommandos geschehen.

Über die **Speicherverwaltungstabellen** wird die Verwaltung sowohl des Datenspeichers als auch des Assoziators durchgeführt. Jede Datei, auch der Assoziator, erhält beim Laden in die Datenbank Speicherplatz zugeordnet. In den Speicherverwaltungstabellen sind alle freien Blöcke einer Datei enthalten, die z.B. als Reserve vereinbart oder durch Löschen entstanden sind. Wenn die Datei keine freien Speicherbereiche mehr enthält, erfolgt eine dynamische Zuordnung von zusätzlichem Platz aus einem vorher definierten *allgemeinen Bereich.* Wenn dieser allgemeine, der Datenbank zugeteilte Bereich, verbraucht ist, kann ohne Neuladen oder Reorganisieren mit dem Utility DBMOD weiterer Platz zugeordnet werden. Die nachträgliche Zuordnung von Speicherbereichen zu Dateien bringt eine zusätzliche Streuung der Datenblöcke über den Sekundärspeicher mit sich. Mit Hilfe

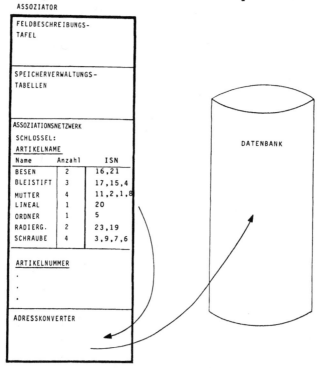

Bild 68: Das Assoziationsnetzwerk

von Utilities können diese Bereiche wieder zusammengefaßt werden (Reorganisation der Datei einschließlich der Invertierten Listen). Die Häufigkeit dieser nachträglichen Speicherplatzzuordnung hängt also zum einen von der Größe des reservierten Bereiches und zum anderen von dem Umfang des Änderungsdienstes (hauptsächlich Löschungen und Einfügungen) und dem Wachstum der Datei ab. Die Freiplätze innerhalb der Blöcke werin einer eigenen Tabelle festgehalten.

Die Invertierten Listen befinden sich in dem sogenannten **Assoziationsnetzwerk**. Sie werden automatisch für jeden Schlüssel angelegt und enthalten für jeden auftretenden Schlüsselwert die INS der Datensätze, die diesen Wert besitzen, sowie die Anzahl der entsprechenden **Datensätze**.

Neben den Invertierten Listen benötigt ADABAS zur Adressermittlung noch eine weitere Liste, den **Adresskonverter**. Hierin sind die physischen Blocknummern aller Datensätze gespeichert **(relative ADABAS Blocknummer, RABN)**. Zur schnellen Ermittlung der Adresse eines Satzes sind der Invertierten Liste eines Schlüssels 2 Indexstufen vorgelagert. Die erste Stufe wird als **Upper Index**, die 2. Stufe als **Haupt-(Main)Index** bezeichnet. Die Invertierte Liste selbst hat in diesem Zusammenhang den Namen **Normal Index**. Die Sätze der verschiedenen Indexstufen haben einen unterschiedlichen Aufbau. Alle beinhalten jedoch jeweils den 1. Schlüsselwert eines Blockes auf der nächsten unteren Stufe und die relative Blocknummer. Durch Vergleichen des zu suchenden Schlüsselwertes kann festgestellt werden, in welchem Block der unteren Stufe weitergesucht werden soll (vgl. Kap. 2.3.5). Nachdem die Invertierte Liste erreicht ist, wird mit der ersten ISN der ISN-Liste,

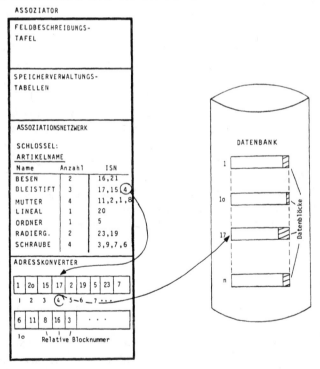

Bild 69: Der Adresskonverter

die zu dem gesuchten Schlüsselwert gefunden wurde, auf den Adresskonverter zugegriffen. Die ISN wird dabei als Index benutzt, so daß unmittelbar auf die richtige Stelle im Adresskonverter zugegriffen werden kann.

Der Speicherbedarf für den Assoziatorteil insgesamt wird mit 20 – 30 % des Platzes, den die Daten benötigen, angegeben. Dieser zusätzliche Aufwand kann jedoch durch die Kompression und Nullwertunterdrückung ausgeglichen werden.

9.2.3 Die ADABAS Workdatei

Dies ist eine Datei, die während der Bearbeitung die verschiedensten Funktionen erfüllt: Sie dient als Zwischenspeicher von Datensicherungsinformationen, als Überlaufbereich beim Suchen von Sätzen, als Hilfsspeicher, z.B. wenn ISN-Listen mehrmals bearbeitet werden sollen.

Die Workdatei kann im Gegensatz zum Datenspeicher und Assoziator nur als eine physische Datei eingerichtet werden. Sie ist geblockt, wobei die Blocklänge 16 Byte länger sein muß, als der längste Block im Assoziator oder dem Datenbestand. Die Größe der Datei hängt von der Anzahl der Sätze in der größten Datei der Datenbank ab. Mit der Formel „5 + 25 (pro 1 Mill. Sätze)" kann die Anzahl der erforderlichen Zylinder errechnet werden. Die Größe kann allerdings nach dem Einrichten mit dem DBMOD-Utility dynamisch verändert werden.

9.2.4 Die ADABAS-System Module

9.2.4.1 Der Nukleus

Der Nukleus ist der Datenmanipulationsteil des ADABAS-Systems. Über ihn läuft die Datenmanipulationssprache (DML), er übernimmt die Kompression und Dekompression sowie die Datensicherung und verwaltet die Speicher und Puffer der Datenbank.

Der Platz, den der Nukleus im Kernspeicher belegt, liegt bei 166 K. Dazu kommt ein Pufferbereich von mindestens 30 K. Über diesen Puffer laufen alle Ein/Ausgaben von und zu der Datenbank. Wie schon bei den entsprechenden IMS OSAM/VSAM-Puffern beschrieben (s. Kap. 9.1.8.1), ist der Umfang von größter Bedeutung für die Effizienz des Systems. Die Größe ist deshalb variabel. Sie wird von dem Datenbankadministrator beim Einrichten einer Datenbank angegeben und kann später dynamisch verändert und damit den jeweiligen Anforderungen angepaßt werden. Die Verwaltung des E/A-Puffers durch den Nukleus erfolgt ebenfalls dynamisch, d.h. *die Daten und Assoziatorblöcke, die am häufigsten benutzt werden, bleiben in dem Puffer.*

9.2.4.2 Weitere ADABAS-System Module

Neben dem Nukleus gibt es bei ADABAS noch weitere sogenannte Systemmodule. Dazu gehören u.a.

ADABAS SVC   (SVC = supervisorcall), Dieses Modul führt die Kommunikation zwischen den aktiven Anwenderprogrammen (Regions/Partitions) die ADABAS-Aufrufe benutzen, und dem Nukleus (bzw. MPM) durch.

ADABAS MPM   ist das Programm, das die Verwaltung und Verarbeitung der verschiedenen Benutzer bzw. ihrer Anforderungen an die DB im *Multiprogramming-Modus* übernimmt. Dazu gehört z.B. die Warteschlangenverwaltung der Aufrufe (command queue) und das Ausführen des Haltens bzw. Freigebens von Sätzen bei Änderungen, Löschungen und Neuaufnahmen.

ADA-LINK   nimmt im MPM-Betrieb die Aufrufe an die Datenbank in Empfang, prüft auf Fehler und reicht sie an ADABAS weiter. (Aufruf SVC.) Außerdem setzt die Routine das Benutzerprogramm in einen Wartezustand bis der entsprechende Befehl abgearbeitet ist. ADA-Link wird zu jedem MPM-Programm, das einen ADABAS-Aufruf benutzt, zugelinkt.

ADALOG   kann zum Erstellen von Statistiken über die aufgetretenen ADABAS-Aufrufe benutzt werden. Dazu gehören u.a. die CPU-Zeiten, die für die einzelnen Instruktionen benötigt wurden. Solche Aussagen sind wichtig, um einen Überblick über die Häufigkeit bestimmter Befehle zu erlangen oder um die Belastung und Ausnutzung der Maschine festzustellen.

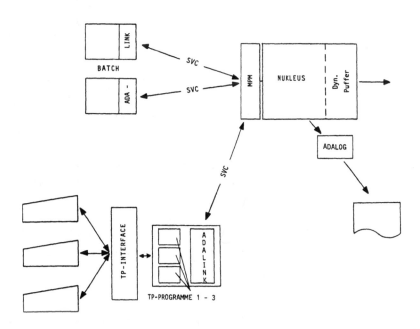

Bild 70: Die **ADABAS** System Module

9.2.5 Die ADABAS-Utilities

Die Utilities sind spezielle, selbständig laufende Programme, mit deren Hilfe die Datenbestände bearbeitet und verwaltet werden können. Sie sind neben dem Nukleus, der die
Kommunikation zwischen Anwenderprogrammen und Datenbank regelt, die wichtigsten
Teile bei der Arbeit mit ADABAS. Die Benutzung der Utilities sollte jedoch dem DBA vorbehalten sein! Die wichtigsten Utilities und ihre Funktionen sind:

ADAWAN	Vorbereiten einer konventionellen *sequentiellen* Datei zum Laden in die Datenbank. Die Datensätze werden entsprechend der Feld-definition komprimiert und kontrolliert. ADAWAN liest nur sequentielle Dateien. Das Format der einzu-lesenden Datensätze wird in einer Definitionskarte spezifiziert. (Kap. 9.2.10.) Die Felder in der Eingabedatei müssen genau dieser Definition entsprechen, da sie sonst von ADAWAN zurückgewiesen werden. Die fehlerhaften Datensätze werden in einer Fehlerdatei gesam-melt. In der Hauptsache werden in der Eingabedatei Felder mit festen Längen enthalten sein. Treten variable Felder auf, so muß ein Längenbyte vorangestellt sein.
LADER (Loader)	Dieses Utility dient sowohl zum Neuladen von Dateien beim Ein-richten der Datenbank als auch zum nachträglichen Einfügen ei-ner Datei. Die Dateien müssen allerdings im ADAWAN-Ausgabe-format vorliegen. Es wird u.a. der benötigte Speicherplatz für die Daten und den Assoziator zugeordnet, die Feldbeschreibungsta-fel definiert und alle erforderlichen Invertierten Listen angelegt. Die Verarbeitung muß für jede Datei einzeln durchgeführt wer-den. Die Dateien enthalten bei der Aufnahme in die Datenbank lfd. Nummern, die bei allen Aufrufen angegeben werden müssen. Der Ladevorgang besteht aus 3 Schritten, von denen der 1. aus der Ausführung von ADAWAN besteht. ADAM-Dateien können ebenfalls mit diesem Utility geladen wer-den. (Bei eindeutigen Schlüsseln wird eine dahingehende Prüfung durchgeführt.)
FORMAT	zum Formatieren eines neu zugeordneten Speicherbereiches, so daß er mit der IBM Zugriffsmethode BDAM (basic direct access method) bearbeitet werden kann. Dies ist nötig, da ADABAS in-tern mit BDAM arbeitet. Die Zuordnung von Speicherplätzen kann sowohl beim Laden als auch beim Erweitern von Datenban-ken auftreten.
MASSENÄNDERUNG (Mass Update)	ermöglicht das Hinzufügen oder Löschen einer großen Menge von Sätzen in eine bestehende Datei der Datenbank besonders schnell.

Es kann auch zum Mischen von zwei Dateien mit gleichem Satzformat benutzt werden. Neue Datensätze müssen wie beim Laden vorher durch ADAWAN vorbereitet werden. Bei Vermi-
schung von Dateien ist es notwendig, eine Datei mit dem UN-
LOAD-Utility zu entladen.

ENTLADER
(Unload)

ermöglicht in komprimierter Form das
- Entladen einer bestehenden ADABAS-Datei auf ein Magnetband in der Satzreihenfolge
  - physisch sequentiell
  - logisch sequentiell nach einem Schlüsselfeld
  - aufsteigend nach ISN

Das Format der entladenen Datei entspricht dem Ausgabeformat
einer durch die ADAWAN-Utilities aufbereiteten Datei.

Anwendung für eine entladene Datei:

a) zum Neuladen (nach dem Entladen und Löschen) einer bestehenden Datei in anderer Sortierreihenfolge und/oder in Form
   eines Auszugs ('shadow delete' – in dem Sätze mit Leerwerten im NU-Sortierdeskriptor nicht mit entladen werden) und/
   oder in einer anderen Speicherbereichsgröße und/oder auf einem anderen Plattentyp oder mit anderen modifizierten La-
   derparametern (LADER-Utility).

b) zum Hinzuladen der entladenen Datensätze zu einer anderen
   bestehenden Datei mit identischer Feldbeschreibung (Mass
   Update Utility).

c) unter Anwendung der SHORT-Funktion als Eingabe zu dem
   Dekompressions-Utility, um die gleiche entladene Datei entsprechend der Standard-Feldbeschreibung dieser Datei in de-
   komprimierter Form bereitzustellen (DECOMPRESS-Utility).

DEKOMPRESSION
(Dekompress)

erlaubt die Dekomprimierung einer mit der UNLOAD-Utility
entladenen ADABAS-Datei:

Anwendung:

a) um eine bestehende ADABAS-Datei nach dem Entladen, Löschen und Dekomprimieren mit neuer Dateistrukturbeschrei-
   bung (Feldbeschreibung) wieder zu laden (ADAWAN- und
   LADER-Utility).

b) um eine bestehende ADABAS-Datei in sequentieller Form für
   eine „offline" Verarbeitung (unabhängig vom DB-Betrieb)
   zur Verfügung zu stellen.

KOPPEL
(Couple)

besorgt in zwei Folgemoduln (ADACP1, ADACP2) auf logischer
Ebene die
- Kopplung von genau 2 Dateien auf der Basis eines gemeinsamen Datenfeldes, das in beiden Dateien gleichartig enthalten
  ist.

Als Ergebnis dieser Kopplung ist jeder Datensatz der einen Datei mit all jenen Datensätzen der anderen Datei gekoppelt, die in dem gemeinsamen Feld (dem Kopplungsdeskriptor) genau den gleichen Datenwert beinhalten. Die Kopplung drückt keine hierarchische Struktur aus, sondern grundsätzlich eine zweiseitige Beziehung, ein Netzwerk, das durch den wiederholten Gebrauch des Kopplungs Utility auf bis zu 80 Dateien ausgedehnt werden kann. Nachdem eine Kopplungsbeziehung zwischen Dateien eingerichtet wurde, wird sie vom ADABAS-Nukleus automatisch weiter gepflegt und reflektiert ständig alle Veränderungen in den gekoppelten Datensätzen. (s. Kap. 9.2.8).

FILEMOD
Damit können die Invertierten Listen aufgebaut und gelöscht werden. Dies ist notwendig, um ein Feld in ein Schlüsselfeld umzuwandeln oder umgekehrt ein Schlüsselfeld in ein „normales" Feld zu verändern. Außerdem können Dateien entkoppelt, die Struktur einer Datei verändert (s. Kap. 9.2.2) und die Standardlänge der Felder verändert werden.

DBMOD
Dieses Utility dient zur Ausführung aller Modifikationen von Dateien einer Datenbank. Dazu gehört z.B. das Löschen einer Datei, Neuordnen der Sätze in einer Datei und Zuordnen von neuem Speicherplatz.

DUMP/RESTORE
zum periodischen Sichern der ADABAS-Datenbank oder von einzelnen Dateien. Es wird eine Kopie auf einem Magnetband angefertigt (backup), die ein internes Format besitzt und zum Wiederherstellen (restore) im Fehlerfalle benutzt wird. Das Utility dient gleichzeitig auch zum Restoren der gesicherten Datenbank bzw. Datei.

RESTART
ermöglicht das Zurückspeichern der Datenbank oder Teilen davon auf einen früheren logischen Zustand; alle Funktionen der RESTART Utility basieren auf dem vom ADABAS Nukleus erstellten Logging (SIBA) für Datenbankänderungen.

BACKOUT
Restore einer Datei, mehrerer bestimmter oder aller Dateien auf den Zustand während *eines bestimmten* zurückliegenden Checkpunktes (Benutzer- oder synchroner Checkpunkt).

REGENERATE
(als Folgefunktion nach einem Restore-Lauf mit dem DUMP/RESTORE-Utility)
Nachfahren der gesamten Datenbank oder einzelner bestimmter Dateien von dem, dem Sicherungsband entsprechenden Dump-Fixpunkt an bis zu *irgendeinem bestimmten* jüngeren Checkpunkt (Benutzer- oder synchroner Checkpunkt).

COPY

für das ADABAS-Logband, das aufgrund eines Hardware-Ausfalls nicht mit EOF abgeschlossen werden konnte: Kopieren und Komprimieren der Logbandinformation auf ein neues Band und Schreiben eines korrekten Endlabels.

REPORT

Mit diesem Utility können Datenbank-Reporte erzeugt werden. Die Informationen des Reports bestehen aus 3 Gruppen:
— Datenbankinformationen
— Dateiinformationen
— offene Checkpoints.
Darin sind alle Dateibeschreibungen, Feldbeschreibungen, Feldnamen, Beziehungen zwischen Dateien, Checkpunkte u.a.m. enthalten.

9.2.6 Der Satzaufbau bei ADABAS

Wie früher schon beschrieben, ist auch bei ADABAS das Feld die kleinste ansprechbare Einheit. Felder können als Einzel-Einheiten (Elementarfeld) verarbeitet oder auf verschiedene Arten zusammengefaßt werden. So gibt es die Multiplen Felder, Feldgruppen und die Periodengruppen.

Ein **multiples Feld** ist ein Feld, das in *einem Satz mehrere Werte* annehmen kann, jedoch nur einen Namen besitzt (siehe im Beispiel Artikel-Lieferant im Kap. 6.3 die Felder ARTIKEL und MENGE in der Lieferantendatei). Ein anderes Beispiel sind die verschiedenen Vornamen von Personen.

Eine **Feldgruppe** besteht aus einem oder mehreren Feldern, die *logisch zusammengehören* und einem Oberbegriff zugeordnet werden können. Ein Beispiel für eine Feldgrup-

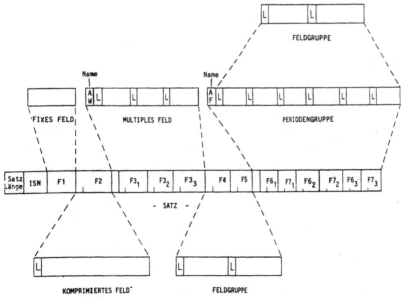

Bild 71: ADABAS-Feldarten

pe ist eine Adresse, die aus Ort, Straße und Hausnummer besteht. Es kann damit innerhalb eines Satzes, ähnlich wie bei COBOL, eine hierarchische Struktur aufgebaut werden. Solche Feldgruppen können ebenso wie einzelne Felder in einem Satz öfter auftreten, z.B. mehrere Adressen usw. Hierbei kann die Reihenfolge des Auftretens von Bedeutung sein, z.B. 1. und 2. Wohnsitz. Diese Konstruktion wird bei ADABAS als **Periodengruppe** bezeichnet.

Schlüsselfelder werden bei ADABAS **Deskriptoren** genannt. Für jeden Deskriptor wird automatisch eine Invertierte Liste aufgebaut. Als Schlüssel können sowohl einzelne Felder als auch Teile von Feldern und zusammengesetzte Felder benutzt werden. Die Felder können alleine stehen, multiple Felder oder auch Mitglieder von Perioden- oder Feldgruppen sein. Suchbegriffe, die nur aus einem Feldausschnitt bestehen, heißen **Subdeskriptoren**, während die Schlüssel, die aus mehreren Feldern oder Feldausschnitten zusammengesetzt sind, den Namen **Superdeskriptor** besitzen.

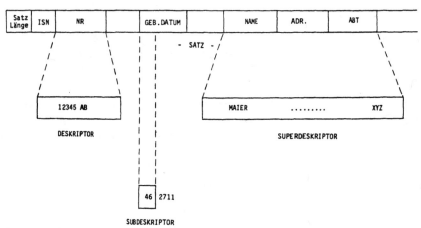

Bild 72: ADABAS – Schlüsselarten

Als Besonderheit bietet ADABAS die Möglichkeit einen **phonetischen Deskriptor** zu benutzen. Dieser ermöglicht dem Anwender Suchbegriffe, die in verschiedenen, ähnlichen Formen, vorkommen, durch einen phonetischen Oberbegriff zusammenzufassen. Beispiele, die dies verdeutlichen, sind die Namen Schmidt und Maier, die in den verschiedensten Schreibweisen existieren. Die Verwendung eines phonetischen Deskriptors „Maier" hat die Vorteile, daß bei einer Anforderung an die Datenbank z.B. alle Mitarbeiter mit dem phonetischen Namen „Maier" auszugeben, sämtliche Schreibformen berücksichtigt werden. Andererseits kann man einen Satz durch den phonetischen Namen finden, ohne die genaue Schreibweise zu kennen.

Diese 3 speziellen Schlüsselformen werden unter dem Begriff „**virtuelle Felder**" zusammengefaßt, da sie physisch in der Datei in dieser Form nicht vorhanden sind.

9.2.7 Datenorganisation und Zugriffskonzepte bei ADABAS

Bei ADABAS gibt es 2 Organisationsmethoden. Außer der Organisation mit Invertierten Listen können die Daten noch direkt (gestreut) gespeichert und gelesen werden. Dazu wird die ADABAS-Direktzugriffsmethode (**ADABAS direct access method, ADAM**) angeboten.

9.2.7.1 ADABAS Invertierte Listen Organisation

Beim Laden der Datenbank wird für jeden Suchbegriff (Deskriptor) eine Invertierte Liste angelegt. Jeder Satz einer Invertierten Liste enthält den Schlüsselbegriff, die Häufigkeit des Auftretens in der Datei und die entsprechenden Interne(n) Satznummer(n).

Die ISN werden bei der Adressfindung als Index benutzt, um im Adresskonverter in der Liste der Relativen Blocknummern ohne weitere Suchvorgänge die gesuchte Blockadresse zu finden. Der Block wird zur Bearbeitung in den Kernspeicher (Nukleus Puffer) geladen und dort sequentiell nach dem gewünschten Satz durchsucht.

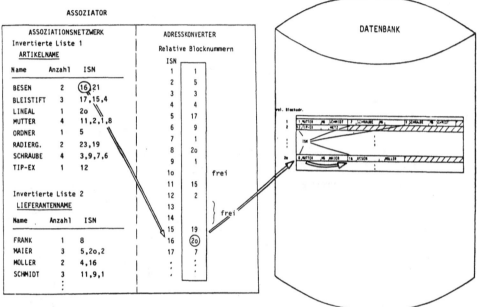

Bild 73: ADABAS – Invertierte Listenorganisation

Auffinden eines Satzes

Beim *Löschen* eines Satzes wird die ISN aus dem Adresskonverter und der Invertierten Liste gelöscht und die Anzahl um 1 verringert. Der Bereich des Satzes wird sofort freigegeben und zu dem Reservebereich im Block addiert. Die Folgesätze in dem Block werden dazu nach vorne geschoben. Der Platz in dem Adresskonverter an der entsprechenden Stelle ist dann leer und kann für einen neuen Satz benutzt werden.

Dieses Verfahren wird durch die **ISN-Wiederverwendungsfunktion** (ISN-reusage) sichergestellt. Ohne Verwendung dieser Funktion werden immer neue ISN's vergeben. Es kann dann zu einem Überlauf des Zahlenbereiches kommen. Die entsprechende Veränderung der Speicherverwaltungstabellen im Assoziator wird automatisch durchgeführt.

Bei der *Veränderung* von Sätzen kann die Situation auftreten, daß z.B. durch Erweiterung einer Periodengruppe der Platz nicht mehr ausreicht. In diesem Fall müssen die nachfolgenden Sätze des Blockes in dem Pufferbereich verschoben werden. Paßt der Satz auf-

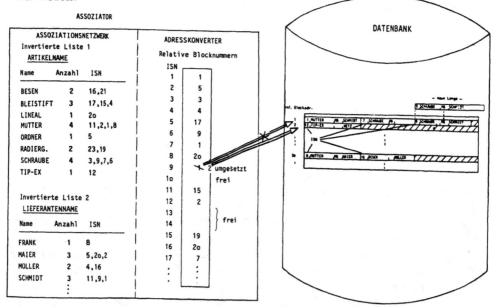

ASSOZIATOR

ASSOZIATIONSNETZWERK
Invertierte Liste 1
ARTIKELNAME

Name	Anzahl	ISN
BESEN	2	16,21
BLEISTIFT	3	17,15,4
LINEAL	1	2o
MUTTER	3	11,2,+,8
ORDNER	1	5
RADIERG.	2	23,19
SCHRAUBE	4	3,9,7,6
TIP-EX	1	12

Invertierte Liste 2
LIEFERANTENNAME

Name	Anzahl	ISN
FRANK	1	8
MAIER	3	5,2o,2
MOLLER	2	4,16
SCHMIDT	2	11,9,+

ADRESSKONVERTER
Relative Blocknummern

ISN	
1	+ frei
2	5
3	3
4	4
5	17
6	9
7	1
8	2o
9	1
1o	frei
11	15
12	2
13	} frei
14	
15	19
16	2o
17	7

DATENBANK

Bild 74: ADABAS – Invertierte Listenorganisation

Löschen eines Satzes

grund der Erweiterung nicht mehr in den Block, sucht ADABAS in der Freiplatztabelle einen anderen, der groß genug ist, den erweiterten Satz aufzunehmen. Die Veränderung wird dann in dem Adresskonverter vermerkt. Die Folgesätze müssen anschließend verschoben werden.

ASSOZIATOR

ASSOZIATIONSNETZWERK
Invertierte Liste 1
ARTIKELNAME

Name	Anzahl	ISN
BESEN	2	16,21
BLEISTIFT	3	17,15,4
LINEAL	1	2o
MUTTER	4	11,2,1,8
ORDNER	1	5
RADIERG.	2	23,19
SCHRAUBE	4	3,9,7,6
TIP-EX	1	12

Invertierte Liste 2
LIEFERANTENNAME

Name	Anzahl	ISN
FRANK	1	8
MAIER	3	5,2o,2
MOLLER	2	4,16
SCHMIDT	3	11,9,1

ADRESSKONVERTER
Relative Blocknummern

ISN	
1	1
2	5
3	3
4	4
5	17
6	9
7	1
8	2o
9	+ 2 umgesetzt
1o	frei
11	15
12	2
13	} frei
14	
15	19
16	2o
17	7

DATENBANK

Bild 75: ADABAS – Invertierte Listenorganisation

Einfügen eines verlängerten Satzes

Bei *Neuzugängen* von Sätzen wird aus der Freiplatztabelle ein Block, der genügend freie Plätze enthält, gesucht. In diesem Block wird der neue Satz vorne eingefügt. Die nachfolgenden Sätze müssen dazu nach hinten verschoben werden. Danach werden der Adresskonverter und die Invertierten Listen aktualisiert.

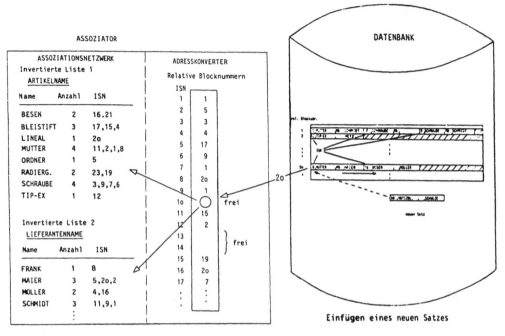

Bild 76: ADABAS – Invertierte Listenorganisation

9.2.7.2 ADABAS Direktzugriffsmethode

Voraussetzung für die Anwendung von ADAM ist ein eindeutiger Schlüssel. Der Schlüssel muß das 1. Feld eines Datensatzes sein. (Wenn der Satz weitere Schlüsselfelder enthält, können diese nur über die Standardzugriffsmethode erreicht werden.) Mit der ADAM-Funktion werden relative Blocknummern errechnet, in die die Datensätze abgespeichert werden (vgl. Kap. 2.3.4).

Bei den Schlüsselfeldern können von rechts bis zu 255 Bits abgeschnitten werden. Dies hat den Vorteil, daß ähnliche Schlüssel in demselben Dateiblock gespeichert werden, da die gleiche Adresse errechnet wird. Wenn jedoch zu viele Stellen abgeschnitten werden, bewirkt dies eine Verschlechterung der Speicherausnutzung und der Zugriffsgeschwindigkeit, da sich zu oft die gleiche Adresse ergibt und damit ein Blocküberlauf auftritt. Mit Hilfe des Utilities ADAMER kann für verschiedene Faktoren (Anzahl Sätze, Speichergröße, Schlüssellänge, Reserveplätze) die Speicherausnutzung und die durchschnittliche Anzahl der Zugriffe ermittelt werden. Man kann auf diese Weise die optimale Speicherausnutzung und Zugriffszahl feststellen.

Bei der *Abspeicherung* der Datensätze wird kein Überlaufbereich benötigt. Alle Sätze, die in dem errechneten physischen Block nicht mehr untergebracht werden können, werden in dem nächsten Block, in dem ausreichend Platz ist, gespeichert.

Beim *Lesen* der Datensätze wird die Adresse des physischen Blocks ermittelt (Hash-funktion) und dann im Nukleus-Puffer innerhalb des Blockes sequentiell durch Verglei-chen der Schlüsselfelder nach dem logischen Satz gesucht.

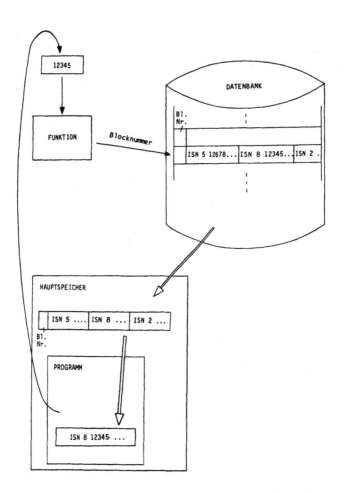

Bild 77: ADAM

Wenn der Satz in dem Block nicht gefunden wird, benutzt ADABAS seine Standardzu-griffsmethode über die Invertierten Listen und den Adresskonverter.

Zu beachten ist, daß beim *Einfügen* von Sätzen in eine Datei, ADABAS Sätze mit ADAM-Schlüsseln, die bereits in der DB enthalten sind, zurückweist.

Alle anderen Aufrufe zum Finden, Lesen und Verändern von Sätzen können in dersel-ben Form benutzt werden wie für die nicht mit ADAM organisierten Dateien.

Diese beiden Organisationsmethoden erlauben sowohl physisch bzw. logisch sequenti-ellen als auch direkten Zugriff auf die Datensätze.

9.2.8 Verknüpfungsmöglichkeiten zwischen den Datensätzen

Aufgrund der Invertierten Listen Organisation können alle möglichen Beziehungen zwischen Datensätzen relativ einfach in der Datenbank abgebildet werden. Wie schon beschrieben, besitzt diese Datenorganisationsmethode den Vorteil, daß der Datenbestand nicht sequentiell gespeichert werden muß, da Sortierungen außerhalb des Datenbestandes über die Invertierten Listen erfolgen. Außerdem besteht keine Notwendigkeit, die Datensätze untereinander zu verbinden, jeder Satz ist über die Invertierten Listen erreichbar.

Neben der Verknüpfung innerhalb einer ADABAS-Datei mit Hilfe der Invertierten Listen können (logische) Verbindungen auch zwischen den Dateien einer Datenbank hergestellt werden **(Datei-Kopplung)**. Die Kopplung der Dateien erfolgt über ein gemeinsames Feld, das in beiden als Schlüsselfeld definiert sein muß. Es ist damit möglich, mit einem Aufruf Anfragen an die Datenbank zu stellen, die sich auf beide Dateien beziehen.

Die Verbindung zwischen den Dateien kann jederzeit hergestellt und wieder aufgelöst werden. Dies hat den Vorteil, daß nicht am Anfang bei der Definition der Dateien, bereits Klarheit über alle später auftretenden Verknüpfungen vorhanden sein muß.

Eine Datei kann mit bis zu 80 anderen ADABAS-Dateien verknüpft werden. Die Beziehung zwischen den Dateien besteht in beiden Richtungen (Netzwerk). Durch die Art der Anfrage legt der Benutzer eine Hierarchie in der Verknüpfung fest **(Primär- und Sekundärdateien)**. Die Verbindung wird durch ein Utility (KOPPEL/COUPLE) einge-

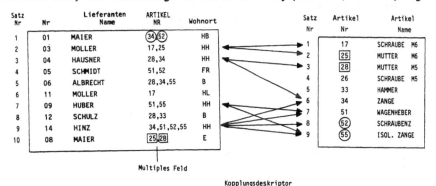

Bild 78: Kopplung zwischen Dateien

Satz nr.	Anzahl	ISN
1	2	6 8
2	2	1 2
3	2	3 6
4	2	7 8
5	3	3 6 9
6	1	1
7	2	7 9
8	2	3 5
9	4	6 7 8 9
10	2	2 3

Satz nr.	Anzahl	ISN
1	2	2 6
2	3	2 10
3	4	3 5 8 10
5	1	8
6	4	1 3 5 9
7	3	4 7 9
8	3	1 4 9
9	3	5 7 9

Bild 79: Realisierung der Kopplung

richtet. Jede Anwendung des Utilities koppelt 2 Dateien miteinander, so daß zur Verknüpfung mehrerer Dateien eine entsprechende Anzahl von Aufrufen erfolgen muß. Die Verbindung besteht dann zwischen allen Datensätzen der Dateien, die in dem als Kopplungsfeld **(Kopplungsdeskriptor)** definierten Feld den gleichen Wert enthalten. Sie wird realisiert *durch 2 zusätzliche Invertierte Listen.* Bei der Kopplung von mehreren Dateien kann dies entweder immer mit dem gleichen Kopplungsfeld oder auch über verschiedene Deskriptoren erfolgen. Der ADABAS-Nukleus verwaltet diese zusätzlichen Listen während der ganzen Zeit ihres Bestehens automatisch.

9.2.9 Dateibearbeitungsmöglichkeiten bei ADABAS

Die Bearbeitung von Dateien ist bei ADABAS in verschiedenen Formen möglich. Es wird zwischen zwei Hauptarten, den „**ET-Logik**" und den „**Nicht-ET-Logik Usern**" (ET = end of transaction) unterschieden. Der Unterschied zwischen den beiden Gruppen liegt in der Form der Dateizuordnung.

Die Gruppe der Nicht-ET-Logik User teilt sich noch einmal in zwei Arten von Dateizuordnung, der **File Cluster** Bearbeitung und der **Exklusiven Datei Zuordnung.** Alle Benutzer, die keine dieser beiden Formen benutzen, sind ET-Logik User. Allerdings kann ein Benutzer mit Exclusiver File Kontrolle durch Gebrauch eines ET-Kommandos in einen ET-Logik-User umgewandelt werden. Die beiden Hauptgruppen werden vor allem in Datensicherungsbelangen von ADABAS unterschiedlich behandelt (siehe dazu auch Kap. 9.2.14). Sie dürfen daher nicht gleichzeitig dieselben Dateien verändern. Die Zuordnung der Benutzer zu den verschiedenen Gruppen legt der Datenbankadministrator in Abhängigkeit der Art der Programme (Update, Batch, Online) fest.

9.2.9.1 ET-Logik (ET = end of transaction)

Wie der Name schon sagt, arbeitet ein Benutzer dabei transaktionsorientiert. Der bisher verwendete Begriff Transaktion muß dafür jedoch erweitert werden, da ADABAS sich dabei auf **logische Transaktionen** bezieht. Eine logische Transaktion kann sich aus mehreren DB-Aufrufen (Transaktionen) zusammensetzen, die untereinander in einem logischen Zusammenhang stehen. Dies kann z.B. das Suchen und Ändern eines Satzes sein. Jede dieser logischen Transaktionen muß mit einem ET-Kommando (oder mit einem Close, CL) abgeschlossen werden.

Die Sätze, die verändert werden sollen, müssen im MPM-Betrieb dem Programm mit Hold-Befehlen exclusiv zugeordnet werden. Eine Ausnahme bilden dabei die Einfüge-Kommandos N1 und N2, die für ET-User ein implizites Hold enthalten. ADABAS teilt jeder logischen Transaktion eines Users eine lfd. Nr. zu, die dem aufrufenden Programm nach der erfolgreichen Durchführung übergeben wird. Mit dem ET-Kommando können auch Daten, die zu der logischen Transaktion gehören, abgespeichert werden **(ET-Daten).** Diese Daten, z.B. die Transaktionsnummer und Kommentare, können dann zur Identifizierung der letzten erfolgreichen Transaktion benutzt werden. Außerdem können damit Nachrichten zwischen Online-Benutzern transportiert werden. Die ET-Daten werden in einer ADABAS-System-Datei gespeichert und können mit dem Open-Kommando oder mit RE (READ ET) wieder gelesen werden.

Logische Transaktion 1

```
FINDE KUNDENSATZ IN KUNDENDATEI
LESE UND HALTE SATZ
UPDATE KUNDENSATZ
ADD BESTELLUNG IN BESTELLUNGSDATEI
END TRANSAKTION
```

Logische Transaktion 2

```
FINDE PERSONALSATZ IN PERSONALDATEI
LESE UND HALTE SATZ
UPDATE PERSONALSATZ
FINDE ABTEILUNGSSATZ IN ABTEILUNGSDATEI
LESE UND HALTE SATZ
UPDATE ABTEILUNGSSATZ
END TRANSAKTION
```

Kommandofolge :

```
...   | S4 L4 A4 N2 ET | S4 L4 A4 S4 L4 A4 ET |   ...
```

Bild 80: Beispiel logische Transaktionen

Wenn während einer Transaktion fehlerhafte Eingaben gemacht werden oder Eingaben aus anderen Gründen wieder gelöscht werden sollen, so kann dies durch das Backout Transaction-Kommando (BT) ausgeführt werden. Es werden damit alle Modifikationen in der Datenbank, die innerhalb der logischen Transaktion durchgeführt wurden, rückgängig gemacht und alle zugeordneten Sätze freigegeben. ADABAS teilt dem Benutzer die erfolgreiche Bearbeitung des BT-Kommandos mit, indem der Returncode 09 zurückgegeben wird. Die gesamte logische Transaktion muß/kann dann wiederholt werden.

Wenn eine Transaktion eine bestimmte, vom DBA definierte Zeitspanne überschreitet (**transaction time limit**), wird die Bearbeitung beendet, alle Sätze freigegeben, die zu der logischen Transaktion gehörenden Veränderungen gelöscht und der Response Code 09 zurückgegeben. Dies soll verhindern, daß eine „**Deadlock**"-Situation auftritt, bei der sich zwei Programme gegenseitig blockieren, indem sie auf Sätze warten, die jeweils das andere Programm im Holdstatus zugeordnet hat. Schickt ein Benutzer in einer ebenfalls vom Datenbankadministrator definierten Zeitperiode (**user non activity time limit**) kein ADABAS-Kommando ab, erzeugt ADABAS automatisch ein CL-Kommando. (Wenn das letzte Kommando ein ET- oder CL-Aufruf war, gilt dies selbstverständlich nicht.) Bei ET-Logik Usern werden dann automatisch die zu der aktuellen logischen Transaktion gehörenden Veränderungen gelöscht (**autobackout**).

Das Arbeiten im ET-Logik Modus hat den Vorteil, daß nach dem Abschicken der ET-Meldung alle Kommandos der Transaktion physisch in der Datenbank ausgeführt sind. Im Falle eines Abbruches (System- oder Hardwarefehler) wirkt das ET-Kommando wie ein Checkpoint, d.h. die Bearbeitung kann an der letzten erfolgreich bearbeiteten Transaktion wieder gestartet werden. Die Veränderungen der letzten (unvollständigen) Transaktion werden durch ein automatisches BT-Kommando gelöscht (**autobackout**). Wenn ET-Logik User mit Exklusiver Dateizuordnung arbeiten wollen, muß ein Open der Dateien erfolgen. Ebenso, wenn Daten mit einer User-ID versehen werden sollen, z.B. um sie bei einer späteren Bearbeitung wieder zu benutzen.

9.2.9.2 File Cluster

Unter einem File Cluster versteht man bei ADABAS eine logische Zusammenfassung von einer oder mehreren Dateien. Dabei kann eine Datei Bestandteil mehrerer Cluster sein. (Solche Cluster dürfen dann jedoch nicht gleichzeitig verändert werden.) Der Grund für diese Zusammenfassung liegt in der Datensicherung. Die Bearbeitung z.B. der Synchronisationspunkte wird erleichtert, da alle User der Datei(en) bekannt sind. Die Dateien eines File Clusters dürfen nur von den dazugehörenden Benutzerprogrammen (also auch nicht von ET-Logik Usern) verändert werden. Die Zugehörigkeit einer Datei zu einem File Cluster wird vom DBA mit dem DBMOD-Utility definiert. Benutzerprogramme, die Dateien eines File Clusters bearbeiten wollen, teilen dies ADABAS bei dem Open-Aufruf (CLU-Parameter) mit. Die Datensätze müssen vor dem Updaten dem entsprechenden Programm zugeordnet werden. Mit den Update-Befehlen bzw. mit RI (Release ISN) oder beim Abschließen der Datei werden die Sätze wieder freigegeben. *ADABAS setzt während der Bearbeitung in regelmäßigen Abständen Synchronisations Checkpunkte* für alle zu dem Cluster gehörenden Programme ab. Die Benutzer erkennen das Auftreten an dem Returncode 05, der dann bei allen ADABAS-Aufrufen zurückgegeben wird. Die Abstände werden von dem DBA spezifiziert und zwar in zweifacher Hinsicht, minimale und maximale *Zeit* und minimale und maximale *Anzahl updates* zwischen zwei Checkpunkten. An den Synchronisations Checkpunkten müssen alle zu dem Cluster gehörenden Programme in einer definierten Zeitspanne durch einen ADABAS-Aufruf mit dem Kommandocode C3 teilnehmen. Mit den C3-Meldungen kann das Programm wie bei der ET-Logik, Daten in eine Systemdatei schreiben, die beim Restarten eines Programmes wichtig sind (**C3-Daten**). Diese C3-Daten können mit einem Open- oder einem RS (Read Sync Daten)-Kommando später wieder gelesen werden. Als Antwort auf eine C3-Meldung eines Cluster Programmes gibt ADABAS eine lfd. Nummer des Checkpoints zurück, die dann auch Bestandteil der C3-Daten des nächsten Checkpunktes sein kann. Bei Abbruch entweder aller oder eines File-Cluster-Programmes, müssen alle Veränderungen der Programme des Clusters mit der Funktion Backout Cluster rückgängig gemacht werden und die Programme am letzten gemeinsamen Checkpunkt neu gestartet werden. Das Close-Kommando bewirkt das Absetzen eines Synchronisations Checkpunktes und gibt deshalb auch alle zugeordneten (Hold) Sätze frei.

Wie bei der ET-Logik Verarbeitung beschrieben, muß ein Benutzer in einem bestimmten Zeitraum ADABAS-Calls absetzen, da sonst automatisch ein Abschließen der Datei durchgeführt wird. Damit soll sichergestellt werden, daß Endlosschleifen und ähnliche Fehler abgefangen werden.

9.2.9.3 Exklusive Dateizuordnung

Bei dieser Bearbeitungsform hat der User die Möglichkeit, sich eine Datei zum alleinigen Bearbeiten zuzuordnen. Andere Benutzer können diese Datei zwar lesen, jedoch nicht verändern. Die exklusive Zuordnung der Datei muß beim Open angegeben werden. Die Datei darf nicht bereits einem anderen User um Updaten zugeordnet, kein Mitglied eines File Clusters — das gerade bearbeitet wird — und nicht einem anderen User exklusiv zugeordnet sein. Die Dateibearbeitung mit exclusiver Zuordnung ist sowohl als ET-Logik als auch als Nicht-ET-Logik User möglich. Ein Benutzer wird durch das Abschicken eines ET-Kom-

mandos automatisch zum ET-Logik User. Während der Bearbeitung einer Datei *können
von dem Benutzerprogramm* Checkpunkte (C1) abgesetzt werden, an denen die zur Datensicherung benötigten Informationen in die Logdatei kopiert werden. (ADABAS selbst
initialisiert einen Checkpunkt am Anfang des Programmes.) ET-Logik User können statt
der C1-Checkpoints die ET-Kommandos benutzen. Nicht-ET-Logik User haben auch die
Möglichkeit, Synchronisations Checkpunkte zu verwenden, wobei nur das Programm
selbst an der Synchronisation teilnimmt. Im Fehlerfalle werden mit der Backout-Funk-
tion des Restart-Utilities die Modifikation in der Datenbank entweder bis zum letzten
Checkpunkt oder bis zum Anfang des Programms gelöscht. Das Programm kann dann an
der entsprechenden Stelle neu gestartet werden.

Die bereits beschriebene User-Non-Activity-Time-Limit-Methodik gilt auch für die exklusive Dateizuordnung.

9.2.10 Definition der Daten

Die Definition der Datenfelder einer Datei erfolgt während des Ladens in die Datenbank (Utility ADAWAN + LADER). Es existiert dazu eine einfache Datendefinitionssprache. Dabei wird jedes Feld auf einer Karte **(Kontrollkarte)** beschrieben. Pro Datei können
bis zu 500 Einzelfelder eingerichtet werden. Der Aufbau der Karte ist festgelegt:

in den 1. 45 Stellen muß die Felddefinition, von Spalte 46 - 77 kann ein Kommentar
und in den Spalten 78 - 80 eine laufende Nummerierung angegeben werden.

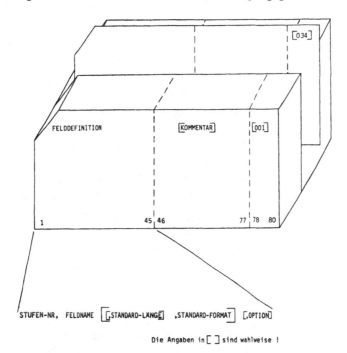

Bild 81: Aufbau der Datendefinitionskarte mit Standardformat der Definition

Die Felddefinition enthält die Angabe der Stufe, auf der sich ein Feld befindet (zur Strukturierung des Satzes in Einzelfelder und Feldgruppen), einen 2stelligen Feldnamen, eine Längenangabe, das Format des Feldes und eine Option, mit der die Art des Feldes mitgeteilt werden kann. Die einzelnen Angaben werden durch Komma getrennt.

Allgemein hat ein DDL-Kommando zur Definition der Felder folgendes Aussehen:

$$\text{STUFENNR, FELDNAME,} \left[\left[\text{, STANDARD-LÄNGE} \right] \text{, STANDARD-FORMAT} \right]$$

$$\left[\text{, OPTION} \right]$$

(Die Angaben in $\left[\quad \right]$ sind optional.)

STUFENNR	zum Aufbau von Hierarchien innerhalb eines Satzes. Die Struktur kann bis zu 7 Ebenen umfassen, die lückenlos zweistellig (01 - 07) durchnummeriert sein müssen. (Periodengruppen müssen immer auf der Stufe 01 beginnen.)
FELDNAME	zur Identifizierung des Feldes. Der Name muß 2 Stellen lang sein und mit einem Buchstaben beginnen. Die 2. Stelle kann alphabetisch oder numerisch sein. Bestimmte Namen sind von der Verwendung ausgeschlossen (E0 - E9), da sie intern benutzt werden.
STANDARD-LÄNGE	Die Längenangabe des Feldes kann bis zu 3 Stellen umfassen (0 - 253). Die maximale Größe eines Feldes hängt von dem Typ (STANDARDFORMAT) ab. Die Eingabe „0" bedeutet, daß das Feld mit variabler Länge eingerichtet werden soll. Vor das Datenfeld muß dann ein Längenbyte gestellt sein, das den Umfang einschließlich der Längenangabe enthält (STANDARD-LÄNGE + 1). Gruppenfelder dürfen mit variabler Länge eingerichtet werden. Angaben grösser „0" sind immer feste Feldlängen. Die Längenangaben der Definition werden während der gesamten Bearbeitung benutzt (Feldbeschreibungstafeln). Es besteht jedoch die Möglichkeit, die Längen nach den Definitionen zu verändern oder bei ADABAS-Aufrufen zu umgehen.
STANDARD-FORMAT	Als Format sind alphanumerisch (A), binär (B), Festpunkt (F) und gepackt (P) und ungepackt (U) möglich. Wie die Längenangabe, wird das Format während der Bearbeitung beibehalten, kann jedoch bei jedem Aufruf überschrieben werden.
OPTION	Mit dieser Angabe kann ein Feld weiter spezifiziert werden. Die möglichen Optionen (2stellig, alphanumerisch) können in beliebiger Reihenfolge angegeben werden. Es ist ebenfalls möglich, sie nachträglich durch Neuladen der Datei oder mit Hilfe von Utilities zu verändern.

DE (DESKRIPTOR)	damit wird ein Feld als Schlüsselfeld definiert. Es erfolgt automatisch der Aufbau der Invertierten Liste im Assoziator.
FI (FIXES FELD)	mit dieser Option kann die automatische Kompression unterdrückt werden. Es wird dann kein Längenbyte vorangestellt. FI sollte immer dann benutzt werden, wenn immer ein Wert mit der vollen Länge vorhanden ist.
NU (NULLWERT UNTERDRÜCKUNG)	hiermit wird ADABAS veranlaßt, Felder, die nicht mit Werten belegt sind bzw. nur mit Blanks oder Nullen, physisch nicht abzuspeichern. (Sollte bei allen Feldern außer den Schlüsselfeldern angegeben werden.)
MU (MULTIPLES FELD)	Es gibt 2 Möglichkeiten multiple Felder zu definieren: Mit der Angabe der Zahl der Felder, die beim Laden in jedem Satz vorhanden sind (MU (n)) und ohne Angabe einer Anzahl. Die 2. Form sollte benutzt werden, wenn beim Laden in den Sätzen unterschiedlich viele Ausprägungen vorhanden sind. Es muß dann vor den 1. Feldwert ein Byte gelegt werden, das die Anzahl der Ausprägungen enthält. Beim Laden muß jedoch in jedem Falle der 1. Wert vorhanden sein. Insgesamt sind 191 Werte für ein Feld zugelassen. Die Verwaltung der multiplen Felder wird von ADABAS automatisch durchgeführt. Die verschiedenen Werte können einzeln angesprochen werden (siehe Formatpuffer).
PE (PERIODENGRUPPEN)	Eine Periodengruppe darf nur auf der Stufe 01 definiert werden. Es sind bis 99 Wiederholungen möglich. Die einzelnen Felder können durch Indizierung angesprochen werden (siehe Formatpuffer). Wie bei den Multiplen Feldern muß beim Laden mindestens die 1. Folge angegeben werden. Analog kann entweder eine feste Anzahl oder eine unterschiedliche Menge von Folgen geladen werden. Die Verwaltung wird ebenfalls automatisch vorgenommen.

Die Definition der virtuellen Felder unterscheidet sich von der der anderen Felder. Jeder Schlüssel erhält einen Namen, unter dem er ADABAS bekannt ist. Bei Subdeskriptoren muß der Name des Feldes, aus dem der Ausschnitt gebildet werden soll, und die Spalten des Bereiches (erste und letzte Stelle) angegeben werden. Bei Superdeskriptoren können mehrere Bereiche definiert werden. Ein solcher Schlüssel kann maximal aus 5 (Teil-) Feldern zusammengesetzt sein. Bei der Definition eines phonetischen Deskriptors muß außer dem ADABAS-Namen der Name des Feldes und „PHON" als Kennzeichnung angegeben werden.

MITARBEITER

| NR | NACHNAME | 3 | 5 | 3 | | | | | |
| | | VORN. | PROJEKTE | STRASSE | NR | PLZ | ORT | ABT | GEB. DATUM |

ABTEILUNG

| NR | NAME | CHEF | ANZ MITARB. | 100 |
| | | | | MITARBEITER |

Der Wert in der oberen Zeile gibt die Anzahl der Wiederholungen bei Feldern und Feldgruppen an.

Bild 82: Beispieldefinition ADABAS

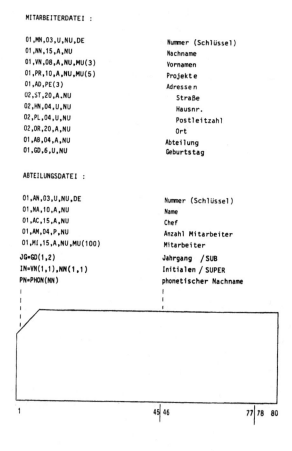

```
MITARBEITERDATEI :

01,MN,03,U,NU,DE              Nummer (Schlüssel)
01,NN,15,A,NU                 Nachname
01,VN,08,A,NU,MU(3)           Vornamen
01,PR,10,A,NU,MU(5)           Projekte
01,AD,PE(3)                   Adressen
02,ST,20,A,NU                   Straße
02,HN,04,U,NU                   Hausnr.
02,PL,04,U,NU                   Postleitzahl
02,OR,20,A,NU                   Ort
01,AB,04,A,NU                 Abteilung
01,GD,6,U,NU                  Geburtstag

ABTEILUNGSDATEI :

01,AN,03,U,NU,DE              Nummer (Schlüssel)
01,NA,10,A,NU                 Name
01,AC,15,A,NU                 Chef
01,AM,04,P,NU                 Anzahl Mitarbeiter
01,MI,15,A,NU,MU(100)         Mitarbeiter
JG=GD(1,2)                    Jahrgang   / SUB
IN=VN(1,1),NN(1,1)            Initialen / SUPER
PN=PHON(NN)                   phonetischer Nachname
```

1   45 46   77 78 80

Bild 83: Beispieldefinition ADABAS

9.2.11 Datenmanipulation bei ADABAS

9.2.11.1 Aufbau ADABAS – CALL

Ein Aufruf an ADABAS besteht ähnlich wie bei IMS aus verschiedenen Teilen, dem Aufruf „CALL", dem Namen „ADABAS" und der **Communication Area**. Diese besteht aus 2 Teilen, dem **Kontrollblock** und den **Kontrollpuffern**. In der Communication Area befinden sich die Aufrufkommandos und die dazu benötigten Spezifikationen. Außerdem gibt ADABAS dort die gefundenen Sätze und/oder ISN's zurück. Allgemein kann ein Aufruf an ADABAS in COBOL in folgender Weise geschrieben werden:

CALL „ADABAS" USING CONTROL-BLOCK, FORMAT-BUFFER,
RECORD-BUFFER, SEARCH-BUFFER, VALUE-BUFFER, ISN-BUFFER.

Alle Parameter sind **Positionsparameter,** d.h. sie werden von ADABAS anhand ihrer Stellung im Aufruf identifiziert. Wenn bei Aufrufen eine Angabe nicht notwendig ist, muß, wenn ein dahinterliegender Parameter folgt, ein **Dummyargument** angegeben werden.

```
COBOL

01 CONTROL-BLOCK.
   03 HOST-ID                    PIC X VALUE ,C'.
   03 FILLER                     PIC X.
   03 COMMAND-CODE               PIC XX.
   03 COMMAND -ID                PIC XXXX.
   03 FILE-NUMBER                PIC S999 COMP.
   03 RESPONSE-CODE              PIC S999 COMP.
   03 ISN-DEFINITIONS COMP.
      05 ISN                     PIC S9 (7).
      05 ISN-LOWER-LIMIT         PIC S9 (7).
      05 ISN-QUANTITY            PIC S9 (7).
   03 BUFFER-LENGTHS COMP.
      05 FORMAT-BUFFER-LENGTH.      PIC S999.
      05 RECORD-BUFFER-LENGTH.      PIC S999.
      05 SEARCH-BUFFER-LENGTH.      PIC S999.
      05 VALUE-BUFFER-LENGTH.       PIC S999.
      05 ISN-BUFFER-LENGTH.         PIC S999.
   03 COMMAND-OPTION-1           PIC X VALUE SPACE.
   03 COMMAND-OPTION-2           PIC X VALUE SPACE.
   03 ADDITIONS-1                PIC X (8) VALUE SPACE.
   03 ADDITIONS-2                PIC XXXX VALUE SPACE.
   03 ADDITIONS-3                PIC X (8) VALUE SPACE.
   03 ADDITIONS-4                PIC X (8) VALUE SPACE.
   03 FILLER                     PIC X (16)

01 FORMAT-BUFFER                 PIC X (50).
01 RECORD-BUFFER                 PIC X (100).
01 SEARCH-BUFFER                 PIC X (20).
01 VALUE-BUFFER                  PIC X (30).
01 ISN-BUFFER
   03 ISN-BUFFER-ENTRY OCCURS 50 TIMES
                                 PIC S9 (7) Comp.

CALL ,ADABAS' USING CONTROL-BLOCK, FORMAT-BUFFER,
   RECORD-BUFFER, SEARCH-BUFFER, VALUE-BUFFER,
   ISN-BUFFER.
```

Bild 84: Beispiel Aufruf mit Communication Area

zu CONTROL-BLOCK:

Der Kontrollblock ist das 1. Argument in einem ADABAS Call. Er enthält eine Reihe von Variablen, die zum Teil vom Benutzerprogramm mit Werten gefüllt werden müssen, sowie andere, die von ADABAS während des Aufrufes verändert werden. Welche Variablen vor dem Aufruf mit Werten versehen werden müssen, hängt von der Art des verwendeten Kommandos ab. Die Namen der Variablen und ihre Bedeutung sind:

HOST ID   muß immer ein Charakter enthalten, das die Sprache des Benutzer-
                   programmes angibt (C = Cobol, A = ASS, P = PL/1)
COMMAND CODE   hier muß vom Programm der ADABAS Kommandocode bereitge-
                   stellt werden.

(zwischen HOST ID und COMMAND CODE muß ein Byte freigehalten werden!)

COMMAND ID   hiermit kann dem Befehl eine eindeutige Identifikation zugeteilt
                   werden.
                   Dies ist bei den 3 verschiedenen Kommandogruppen aus unter-
                   schiedlichen Gründen nützlich:
                   Bei den Find-Aufrufen werden damit die Teile der zurückgegebe-
                   nen ISN-Listen identifiziert, die in dem ISN-Puffer keinen Platz
                   mehr finden und deshalb in dem internen Überlaufbereich (ADA-
                   BAS work file) gespeichert werden. Bei den Read-Befehlen zum
                   Lesen von Satzfolgen (L2, L3, L5, L6, L9) wird die Command-ID
                   zur Identifizierung der zusammengehörigen Aufrufe benötigt. Bei
                   den anderen Kommandos (Lesen einzelner Sätze, Update) kann die
                   CID dazu benutzt werden, bei vielen nacheinander zu bearbeiten-
                   den Sätzen mit gleichem Satzformat, dieses in einem internen For-
                   mat-Puffer abzuspeichern und damit die Verarbeitung zu beschleu-
                   nigen. Normalerweise werden die Command-ID's am Ende der Bear-
                   beitung der Dateien oder der Formate freigegeben. Mit einer Hold-
                   Option kann dies verhindert werden, so daß z.B. die ISN-Listen
                   mehrfach bearbeitet werden können. Die CID's können dann ent-
                   weder durch ein ET-, Close (CL)-Kommando (alle für ein Benutzer-
                   programm) oder einzeln durch einen Release-Command-ID (RC)-
                   Aufruf gelöscht werden. Die Verwendung von Command-ID's
                   erhöht die Geschwindigkeit erheblich, da der Formatpuffer intern
                   abgespeichert wird. Die Formate in der Communication Area wer-
                   den nicht interpretiert, solange die gleiche CID benutzt wird. Es
                   können in einem Programm mehrere CID's verwendet werden. Eine
                   andere Möglichkeit liegt darin, nicht mehr benötigte CID's wieder
                   freizugeben (RC) und so mehrfach zu verwenden. Die Benutzung
                   von Command-ID's ist jedoch nicht einfach und bildet eine häufige
                   Fehlerquelle!
                   (Siehe auch Beschreibung Formatpuffer).

FILE NUMBER   muß vor jedem ADABAS-Aufruf mit der Nummer der zu bearbei-
                   tenden Datei gefüllt werden (wird der Datei beim Laden zugeteilt.)
                   Ausnahmen sind die Checkpoint-, Open/Close- und Release-CID-
                   Kommandos.

RESPONSE CODE   In diesem Bereich legt ADABAS einen zweistelligen Returncode ab,
                   der angibt, ob die Bearbeitung erfolgreich durchgeführt werden
                   konnte. Wenn nicht, enthält das Feld einen Warnungs- oder Fehler-
                   code. Der Benutzer sollte vor einem Aufruf das Feld immer löschen.

ISN   Diese Variable enthält nach dem Aufruf die Interne Satz Nummer (ISN) des gesuchten Satzes bzw. die des 1. Satzes, wenn mehrere gefunden werden. Bei READ- und UPDATE- Befehlen muß bzw. kann hier vor dem Aufruf die ISN des entsprechenden Satzes angegeben werden. (Ausnahme L9, LF bei Read).

ISN-LOWER-LIMIT Bei den FIND-Kommandos kann hier eine Spezifikation von ISN's vorgenommen werden. Das heißt, daß eine Anfangs-ISN für die anzuliefernden Sätze angegeben werden kann. (Bei den Werten 0 oder 1 wird die 1. ISN in dem Feld ISN und der entsprechende Satz bereitgestellt.) Außerdem kann hier das Nachladen von ISN's aus dem Internen ISN-Buffer in den ISN-Puffer gesteuert werden.

ISN-QUANTITY wird von ADABAS nach dem Aufruf mit der Anzahl der gefundenen ISN gefüllt (bei allen FIND- und dem L9-Read Befehl);

FORMAT-BUFFER-LENGTH Enthält bei verschiedenen FIND-, READ- und UPDATE- Instruktionen die Anzahl Bytes des Formatpuffers.

RECORD-BUFFER-LENGTH Länge des Recordpuffers

SEARCH-BUFFER-LENGTH Länge des Searchpuffers

VALUE-BUFFER-LENGTH Länge des Valuepuffers

ISN-BUFFER-LENGTH Länge des ISN-Puffers *(wird nur bei Find-Aufrufen benötigt)*

COMMAND-OPTION 1 (bei FIND und UPDATE Aufrufen) können in der Variablen 2 Optionen angegeben werden:
„W" (bei Update, Add und Delete) bedeutet, daß eine sofortige Eintragung in die Workdatei durchgeführt werden soll (Protection Mode).
„H" (Bei FIND-Befehlen) heißt, daß die ISN's, die gefunden wurden, und nicht in den normalen ADABAS-Ausgabebereich (ISN-Puffer) passen, zusammen mit der spezifizierten COMMAND-ID in der Arbeitsdatei abgelegt werden sollen (ISN Überlaufbereich). Mit Hilfe der COMMAND-ID kann die Datei angesprochen und die ISN's nacheinander abgearbeitet, d.h. in den ISN-Puffer gebracht werden. (Siehe auch bei COMMAND-ID.)

COMMAND-OPTION2 Mit dieser Option („V") kann ADABAS mitgeteilt werden, daß die Search- und Value Puffer einen Startschlüssel für eine sequentielle Bearbeitung enthalten.

ADDITIONS 1 wird von ADABAS als Hilfspuffer bei sequentiellen Kommandos benutzt. Das Feld muß mit Leerfeldern initialisiert werden und darf während der sequentiellen Bearbeitung vom Benutzerprogramm nicht verändert werden. Bei Verwendung der V-Option muß hier in den ersten zwei Bytes der Deskriptorname des Satzes angegeben werden.

ADDITIONS 2   Dieses Feld kann, wenn der Aufruf an ADABAS keinen Fehler enthält, nicht verändert werden und wird intern als Puffer benutzt. Bei fehlerhaften Calls wird hier ein Returncode und wenn möglich der Name des fehlerhaften Feldes zurückgegeben.

ADDITIONS 3   Hier muß vom Benutzer, wenn es für die Bearbeitung erforderlich ist, das Passwort bereitgestellt werden.

ADDITIONS 4   In diesem Bereich kann ein Verschlüsselungscode abgelegt werden.

Die Positionen 65 - 80 sind zur Zeit ohne Bedeutung, sie stellen eine Reserve für spätere Anwendungen dar und sollten nicht benutzt werden.

zu FORMAT BUFFER:

Der Formatpuffer wird dazu benutzt, um beim Aufruf von ADABAS den Datensatz, der im Recordpuffer angeliefert wurde bzw. an ADABAS übergeben werden soll, zu spezifizieren und zu formatisieren.

Dazu können auch Leerzeichen und/oder Texte zwischen den Datenfeldern, Einrückungen u.a.m. gehören. Die Formatdefinition eines Datensatzes kann aus mehreren Teilen bestehen, die durch Komma voneinander getrennt sein müssen: (Das Ende der Definition wird durch einen Punkt angezeigt).

1. einer Zahl, die angibt, ob und wieviel Leerstellen zwischen die einzelnen Feldwerte des Datensatzes eingefügt werden sollen (1 - 99). Die Ziffern werden zusammen mit dem Zeichen für Blank (X) in den Formatpuffer gespeichert (5X, 10X usw.).

2. einem Text, der in den Datensatz im Recordpuffer eingesetzt werden soll. Dieser Text (string) kann max. 255 Bytes lang sein und wird bei der Definition in Hochkommata eingeschlossen ('ARTIKEL NAME').
Beispiel für die Formatierung eines Datensatzes mit den Teilen 1 und 2. Die Angaben „10X, 'ARTIKEL NAME', 3X" im Formatpuffer bewirkt folgendes Aussehen des entsprechenden Datensatzes im Recordpuffer:

    < 10 Leerstellen > ARTIKEL NAME < 3 Leerstellen >

3. einer Beschreibung des zu 1. und 2. gehörigen Datenfeldes. Dazu gehören der Name und evtl. die Position, die das Feld in einer Periodengruppe oder in einem Multiplen Feld einnimmt und evtl. die Länge und das Format.
Das obige Beispiel könnte also in der Form erweitert werden, daß nach den 3 nachgestellten Leerzeichen der Artikelname in den Recordbuffer gelegt wird:
„10X, "ARTIKEL NAME", 3X, AN" im Formatpuffer ergibt.

    < 10 Leerstellen > ARTIKEL NAME < 3 Leerstellen > Schrauben.

Die Längen und Formate brauchen nicht angegeben zu werden, da bei Elementarfeldern die beim Laden definierten Werte und bei Feldgruppen die Angaben der entsprechenden da-

rin enthaltenen Elementarfelder benutzt werden. *Feldgruppen, die Multiple Felder enthalten, sollten im Formatpuffer nicht spezifiziert werden.* Bei **Periodengruppen** werden
bei der Satzspezifikation der Feldname und eine Ziffer, die die lfd. Nummer der aktuellen
Ausprägung der Gruppe darstellt, angegeben. (Z.B. ist PG1 die erste Ausprägung der Periodengruppe PG und aller darin enthaltenen Felder.) Daneben kann eine Anzahl von Ausprägungen spezifiziert werden:
PG1-4 bedeutet dann die Ausprägungen 1 bis 4 der Periodengruppe mit dem ADABAS-
Namen PG.

Multiple Felder können im Formatpuffer in der Form spezifiziert werden, daß für jedes Auftreten einer Ausprägung der Feldname angegeben wird. Wenn mehr Namen spezifiziert werden als Werte in dem Satz sind, werden diese mit Leerwerten (Blank oder Null
– je nach Definition) versehen im Recordpuffer gespeichert. (Bei weniger erfolgt keine
Meldung durch ADABAS.) Analog zu der Schreibweise von Periodengruppen können die
Multiplen Felder auch mit Ziffern versehen werden, die die Reihenfolge des Auftretens
angeben (MF1 = 1. Wert usw.) Ebenso können auch Bereiche von Ausprägungen spezifiziert werden (MF1-5). Bei Multiplen Feldern, die in Periodengruppen auftreten, ist es
möglich, die beiden Bereichsangaben zusammen zu benutzen. Die Spezifikation des Multiplen Feldes wird in Klammern der Angabe zu der Periodengruppe nachgestellt. (MU1
(1-5) bedeutet, daß in dem 1. Auftreten der Periodengruppe die 5 ersten Werte des Multiplen Feldes bearbeitet werden. Entsprechend heißt MU2-3(1-5), daß in der 2. und 3.
Ausprägung der PG, die Felder MU1-5 spezifiziert sind.) Die aktuelle Anzahl Ausprägungen von Multiplen Feldern und Periodengruppen wird intern in einem Zähler festgehalten. Dieser Zähler kann in Programmen angesprochen werden, indem an den Namen
des Feldes bzw. der Gruppe ein C angehängt wird. Wenn der Artikelname in dem oben be-
nutzten Beispiel als Multiples Feld vereinbart wurde, könnte der Formatpuffer folgende
Definition enthalten:

    10X 'ARTIKEL NAME', 3X, AN1, 3X, AN2, 3X, AN3.

Der Datensatz würde danach wie folgt in dem Recordpuffer formatiert werden.

    < 10 Leerstellen > ARTIKEL NAME < 3 Leerstellen> SCHRAUBEN
    < 3 Leerstellen > MUTTERN < 3 Leerstellen > SPERRINGE

Neben den bisher beschriebenen Funktionen können mit Hilfe des Formatpuffers auch
einzelne Zahlenwerte strukturiert werden. Ähnlich wie bei COBOL können Masken definiert werden (Edit Maske), die das Aussehen einer Zahl beschreiben. Die einzelnen Masken werden mit Nummern versehen (E1 bis E15) und können damit jederzeit aufgerufen
werden. Zu beachten ist, daß bei gepackten und binären Zahlen die Länge im Editformat
(ungepackt) angegeben werden muß. Bei häufigem Gebrauch von Kommandos, die den
Formatpuffer benutzen (S1, S2, S4, L1, L2, L3, L4, L5, L6, L9, N1, N2, A1, A4), braucht
die Definition nicht jedesmal neu in den Puffer gebracht werden. Es können ADABAS-in-
terne Formatpuffer angelegt werden, die immer wieder verwendet werden können, ohne jedesmal den Programmbereich (control block) interpretieren zu müssen. Ein interner **Formatpuffer** wird automatisch eingerichtet, wenn eine neue COMMAND-ID bei einem Aufruf übergeben wird. Die Angaben werden dann in ein internes Format übersetzt und mit der
COMMAND-ID zusammen in dem internen bufferpool gespeichert. Die Verbindung zwi-

schen den ADABAS-Aufrufen wird durch das COMMAND-ID-Feld hergestellt. Die internen Puffer bleiben erhalten, bis sie entweder mit einem ET-, einem Close-Aufruf oder
mit einem RC-Kommando (Release Comand-ID) explizit gelöscht oder durch neue Definitionen überschrieben werden. (Dies geschieht immer, wenn der Platz nicht für alle Definitionen ausreicht. Es wird dann durch ein Schedulingprogramm ein Formatpuffer ausgewählt und mit neuen Angaben überschrieben. Zu beachten ist, daß dann im Benutzerprogramm wieder der externe Formatpuffer benutzt werden muß.) Der Formatpuffer muß
sowohl für lesende Zugriffe als auch zum Verändern verwendet werden. Es sind dabei jedoch 2 Punkte zu beachten: wenn eine Editmaske in der Definition enthalten ist und
wenn ein Elementarfeld (kein Multiples Feld) mehrfach auftritt wird kein Update ausgeführt. (Literale – Texte in Hochkommata – hingegen werden ignoriert.)

    Wenn kein Satz gelesen werden soll, sondern nur eine Information über die Anzahl
der Sätze gewünscht ist, muß im F.B. an der 1. Stelle ein Punkt gesetzt werden. Bei
Kommandos, die keine Angaben in dem Formatpuffer benötigen, muß ein **Dummy-
Argument** angegeben werden.

zu RECORD PUFFER:

Der Recordpuffer ist der Ein- und Ausgabebereich für die Sätze oder Felder, die aufgrund
einer Anfrage von ADABAS ausgegeben wurden oder die bei UPDATE-, LÖSCH- und
ADD-Befehlen an die Datenbank übergeben werden sollen. Das Layout der Datensätze in
dem Puffer wird in dem Formatpuffer definiert. Bei Feldern mit variabler Länge kommt
in dem Recordpuffer noch ein Längenbyte zu der Feldlänge hinzu!

zu VALUE BUFFER:

In diesem Puffer werden die Suchkriterien für die FIND- und READ-Kommandos abgelegt.

zu SEARCH BUFFER:

Hierin werden die Werte, die in dem Valuepuffer angegeben sind, spezifiziert (wie Formatpuffer bei Recordpuffer). Das heißt, es werden die Schlüsselfelder und eventuelle Verknüpfungen angegeben (**Verknüpfungsoperatoren**). Die Spezifikation umfaßt die Filenummer
(in Schrägstriche eingeschlossen), die Feldnamen evtl. mit Stellung in einer Periodengruppe oder in einem Multiplen Feld, evtl. das Format und eine Länge und die Verknüpfungsoperatoren (and, or, to, but not). Die Angaben werden durch Komma getrennt und mit
einem Komma *und* Punkt abgeschlossen. (Die Filenummer muß nur angegeben werden,
wenn sich die Anfrage auf mehrere Dateien bezieht (gekoppelte Dateien).) Angaben zur
Länge und zum Format sind nur notwendig, wenn die Definitionswerte (Standardwerte)
nicht benutzt werden sollen. Werden Syntaxfehler bei der Formatisierung der Suchkriterien entdeckt, so wird ein Returncode zurückgegeben. Außerdem wird der Name des
fehlerhaften Feldes unter ADDITIONS 2 gespeichert.

zu ISN BUFFER:

In diesem Puffer werden von ADABAS die ISN's, die aufgrund eines FIND-Aufrufes gefunden wurden, abgespeichert. Der ISN-Puffer muß immer der 6. Parameter in dem
ADABAS-Call sein. Wenn die davorliegenden Argumente nicht erforderlich sind, ist es
notwendig, Dummy-Parameter anzugeben. Wenn der Puffer nicht benutzt werden soll,

kann die Länge auf Null gesetzt werden. Es ist denkbar, daß bei verschiedenen FIND-Kommandos eine große Menge von Datensätzen die im Searchpuffer angegebenen Qualifikationen erfüllt. In diesen Fällen kann es vorkommen, daß die gefundenen ISN's in dem Puffer keinen Platz finden. Dann wird ein interner **ISN-Überlaufbereich** (in der Workdatei) verwendet. Alle ISN's, die in dem Puffer nicht untergebracht werden können, werden dann automatisch in dem Überlaufbereich gespeichert. Zur Identifikation muß bei dem FIND-Aufruf eine eindeutige COMMAND-ID angegeben werden. Nachdem alle ISN's im ISN-Puffer abgearbeitet sind, kann durch die Angabe der COMMAND-ID und der letzten ISN des ISN-Puffers in der Variablen ISN-Lower Limit eine weitere Pufferfüllung aus dem Überlaufbereich nachgeladen werden. *Nachdem alle ISN's in den Puffer gebracht sind, löscht ADABAS selbständig den Überlaufbereich und die COMMAND-ID kann neu verwendet werden.* Es besteht jedoch die Möglichkeit, das Löschen zu verhindern (Hold ISN-List Option, „H" in der Command Option 1 des Kontrollblockes). In diesem Falle bleibt der Überlaufbereich solange erhalten, bis er explizit durch ein RELEASE COMMAND-ID, ET- oder Close Kommando gelöscht wird. Damit wird es möglich, ISN-Listen mehr als einmal zu bearbeiten. Wenn bei einem FIND-Aufruf keine COMMAND-ID (Inhalt = Blank) angegeben wird, wird nur der ISN-Puffer gefüllt und die Anzahl gefundener ISN's in der Variablen ISN-QUANTITY abgelegt.

9.2.11.2 Instruktionsbeschreibung (COMMAND CODE)

Es gibt 4 Hauptgruppen von ADABAS-Kommandos:

Finden (FIND) eines Satzes,   S1, S2, S4, S5, S8, S9
Lesen (READ) eines Satzes,   L1, L2, L3, L4, L5, L6, L9, LF
Verändern (UPDATE) eines Satzes,   A1, A4, E1, E4, N1, N2
Verwalten des Ablaufes   OP, RI, HI, C1, C2, C3, C5, ET, RC, CL
Die Ausführung der Kommandos wird von dem ADABAS-Nukleus übernommen.

9.2.11.2.1 FIND-Kommandos

Mit den FIND-Aufrufen können Datensätze in der Datenbank gesucht werden. Als Antwort auf eine solche Anforderung liefert ADABAS entweder die Meldung, daß kein Satz gefunden wurde oder eine Liste mit einer oder mehreren ISN's zurück. Gleichzeitig wird automatisch der erste Datensatz oder das erste Datenfeld im Recordpuffer angeliefert. Mit einer Option kann diese Funktion außer Kraft gesetzt (1. Stelle im Formatpuffer = '.') werden.

Wenn die Kapazität des ISN-Puffers nicht ausreicht, um die gefundenen Nummern aufzunehmen, wird der ISN-Überlaufbereich in Anspruch genommen. Von dort können die ISN's durch Wiederholen des gleichen FIND-Aufrufes abgearbeitet werden. (Es muß dann die letzte ISN im ISN-Puffer in dem Feld ISN-Lower Limit angegeben werden.) Außerdem ist es möglich, die gefundenen ISN's unter der Verwendung der COMMAND-ID mit anderen Anfragen zu bearbeiten, wenn dafür gesorgt wird, daß nach der 1. Abarbeitung der Überlaufbereich nicht gelöscht wird (HOLD ISN-List Option).

Die FIND-Kommandos können auch für Anfragen, die sich auf gekoppelte Dateien beziehen, benutzt werden. Zu beachten ist dabei, daß im Recordpuffer jeweils immer nur ein Datensatz aus einer Datei gespeichert werden kann! Im Multi-User Betrieb muß bei Sätzen, die anschließend verändert werden sollen, der „FIND und HOLD"-Aufruf (S4) benutzt werden. Die ISN wird damit in eine **HOLD-QUEUE**, die jedem Aufrufer zugeteilt wird, eingetragen. Diese Warteschlangen werden dann nacheinander abgearbeitet. Falls derselbe Datensatz bereits von anderen Programmen zum Ändern angefordert ist, wird das Kommando automatisch in einen Wartezustand versetzt. Wenn der Satz von dem anderen Benutzer freigegeben wird, ordnet ADABAS ihn ohne zusätzliche Eingriffe dem Programm zu und fährt mit der Bearbeitung fort. Die gefundenen ISN's können entweder vor der Ausgabe oder nachträglich sortiert werden (S2/S9). Dazu können bis zu 3 Deskriptoren oder die ISN's selbst als Sortierkriterien abgegeben werden. Zusätzlich können auf den von ADABAS erzeugten ISN-Listen verschiedene Operationen durchgeführt werden (S8).

Der formale Aufbau der logischen Anfrage muß vom Benutzer im Searchpuffer abgelegt werden. Die entsprechen Kriterien (Deskriptorwerte) sind parallel dazu im Valuepuffer anzugeben.

Die Deskriptoren, die in den Searchpuffer gebracht werden, können zum Aufbau komplizierter Anfragen durch **Operatoren** verknüpft werden. Solche Operatoren werden durch einen Buchstaben bezeichnet (D = and, O = or, S = to, N = but not). ADABAS baut selbständig eine optimale Anfragestruktur (-reihenfolge) auf. Das heißt, bei verknüpften Abfragen wird zuerst die bearbeitet, die weniger Antwort-ISN ergibt. Ein Beispiel dafür ist die Anfrage „Gib mir alle männlichen Mitarbeiter, die ein Chemiestudium absolviert haben!" Bei dieser Formulierung würden automatisch als erstes über die Invertierte Liste AUSBILDUNG alle Mitarbeiter mit Chemiestudium und danach der männliche Teil abgespalten. Die andere Reihenfolge wäre wesentlich aufwendiger, da es sicherlich mehr männliche Mitarbeiter als Chemiker gibt.

S1/S4 einfaches Suchen (normal FIND) von Sätzen

Mit diesen beiden Instruktionen kann eine Datei nach bestimmten Kriterien durchsucht werden. Die ISN's der Sätze, die der Qualifikation genügen, werden in dem ISN-Buffer bzw. in dem ISN-Überlaufbereich zurückgegeben. Die Anzahl der Sätze steht in der Variablen ISN-Quantity. ADABAS gibt in jedem Falle den Returncode 0 zurück, unabhängig davon, ob ein Satz gefunden wurde. Es muß deshalb nach der Prüfung des Responsecodes die Anzahl der gefundenen Sätze geprüft werden.

Angegeben werden von dem Benutzer der Command Code, evtl. die Command-ID, die Filenummer, das Lower Limit (entweder „0" oder eine Start ISN), die Command Option 1 (= 'H', um den ISN-Überlaufbereich vor dem automatischen Löschen zu schützen), evtl. das Passwort, die Angaben zur Formatierung des Datensatzes (Formatpuffer), die Pufferlängen, die Anfrage (Searchpuffer) und evtl. die Kriterien der Anfragen (Valuepuffer)

S2 einfaches Suchen mit Sortiern

Die Anwendung dieses Befehles entspricht der des einfachen Suchens mit S1 oder S4. Die ISN's werden nach der Suche sortiert. Als Sortierkriterien können bis zu 3 Deskriptoren in dem Additions Feld angegeben werden.

Für jeden Schlüssel wird ein Bereich festgelegter Größe zur Sortierung bereitgestellt (ISN Sort Limit, z.B. 1. Deskr. 6100 ISN's, 3. Deskr. 3400 ISN's). Wenn diese Bereiche nicht ausreichen, wird der Returncode 01 zurückgegeben und das S2 Kommando ohne Sortierung beendet. (S1).

AUFGABE :
Aus der Personaldatei soll aus der Abteilung XYZ der Mitarbeiter
Maier, der entweder 40 oder 42 Jahre alt ist, ausgegeben werden.

SEARCHBUFFER :
AB,D,MN,D,AL,S,AL,N,AL,.

VALUEBUFFER :
XYZMAIER404241

oder

SEARCHBUFFER :
AB,D,MN,D,AL,O,AL,.

VALUEBUFFER :
XYZMAIER4042

AUFGABE :
Es sollen alle Vertreter aus der Vertreterdatei (NR = 2) gefunden
werden, deren Umsatz größer als 100 000.-DM ist. Es dürfen jedoch
nur Hamburger berücksichtigt werden (Adressdatei = Nr. 7).

SEARCHBUFFER :
/2/VU,6,S,VU,7,/7/VW,.

VALUEBUFFER :
1000009999999HAMBURG

AUFGABE :
Es sollen alle Mitarbeiter gefunden werden, die 60 Jahre alt
und männlich sind.

SEARCHBUFFER :
AL,D,GE,.

VALUEBUFFER :
60M

Bild 85: Beispiele für Suchbefehle (FIND − S.)

S5   Suchen von gekoppelten Sätzen

Mit diesem Kommando können alle Sätze einer Datei gefunden werden, die mit einem bestimmten Satz einer anderen Datei gekoppelt sind. Bei diesem Befehl wird kein Satz in den Recordpuffer geschrieben. Als Angaben von dem Benutzer werden der Command Code, evtl. eine Command-ID, die Nummer der Datei, aus der die ISN's gefunden werden sollen, die ISN des Satzes, für den die gekoppelten ISN gefunden werden sollen (im ISN-Feld), die Anfangs-ISN im Feld ISN Lower Limit, die ISN-Bufferlänge, evtl. ein 'H' in der Command Option 1, wenn die ISN-Liste in der Workdatei gehalten werden soll, in dem Additions 1-Feld die Dateinummer, in der sich die angegebene ISN befindet, für die die gekoppelten ISN's gefunden werden sollen und evtl. ein Passwort in Addition 3.
Die verschiedenen Puffer (außer ISN) werden für dieses Kommando nicht benötigt und können deshalb auf "dummy" gesetzt werden.
Zurückgegeben wird von ADABAS ein Responsecode, die Anzahl der gefundenen ISN's und im ISN-Puffer die ISN-Liste der gekoppelten Sätze.

S8   Vergleichen von ISN-Listen

Das Kommando vergleicht 2 ISN-Listen, die aufgrund vorhergegangener Suchbefehle von ADABAS erzeugt wurden. Als Vergleichskriterien stehen die logischen

Operationen „und", „oder" und „nicht", zur Verfügung. Als Ergebnis der Bearbeitung wird von ADABAS eine neue ISN-Liste in dem ISN-Puffer zurückgegeben. Beim Aufruf brauchen die Pufferbereiche nicht mit Werten gefüllt zu sein. Im Kontrollblock müssen jedoch verschiedene Angaben bereitgestellt werden, der Command Code, eine Command-ID, eine Filenummer (die beiden ISN-Listen müssen zu einer Datei gehören), das ISN Lower Limit (Start ISN), die ISN Pufferlänge, evtl. die Command Option 1 (HOLD), die Command Option 2 (mit dem Vergleichsoperator), in Additions 1 die beiden Command-ID's der ISN-Listen und evtl. ein Password in Additions 3.

Die Funktion der ISN-Listenausgabe ist etwas verändert: Die ISN werden wie bei den anderen S-Instruktionen in den ISN-Puffer und der Überlauf in den internen Bereich gelegt. Bei der Verwendung der Command Option 1 („H") wird die *gesamte* Liste ohne Berücksichtigung des ISN-Puffers in der Workdatei gespeichert und kann von dort abgerufen werden.

Wie bei den anderen FIND-Befehlen wird von ADABAS ein Returncode, die ISN-Liste, die Anzahl der gefundenen ISN's und die 1. ISN der gefundenen Liste an das Programm übergeben.

S9   Sortieren von ISN-Listen

ISN-Listen, die durch FIND-Kommandos erzeugt wurden, können mit diesem Befehl nachträglich in eine andere Reihenfolge gebracht werden. Dabei kann die Umsortierung auf zwei Arten vorgenommen werden:
Zum einen kann die ISN selbst als Sortierkriterium benutzt werden, zum anderen kann die Sortierung nach 1 bis 3 Deskriptoren ausgeführt werden. Die Reihenfolge kann aufsteigend oder absteigend gewählt werden.
Als Eingabe für den ADABAS-Aufruf werden der Kommandocode, die Command-ID, eine Filenummer (die ISN-Listen müssen wie bei S8 aus einer Datei stammen), das ISN Lower Limit (entweder 0 oder 1 oder eine Start-ISN), die ISN-Pufferlänge, evtl. die Command Option 2 (Form der Sortierung, „D" = absteigend), die Additions 1 (hier werden der (die) Deskriptorfeldname(n) bzw. „ISN" angegeben), evtl. unter Addition 3 das Passwort und im Feld Additions 4 die Command-ID (wenn die ISN-Listen im internen ISN-Überlaufbereich) bzw. Blank (wenn die Liim ISN-Puffer liegen). Die erste ISN der sortierten Liste steht nach dem Aufruf in der Variablen ISN, die Liste selbst im ISN-Puffer bzw. dem Überlaufbereich. Im Fehlerfalle steht der Returncode im Response Code Feld.

9.2.11.2.2 READ-Kommandos

Die READ-Aufrufe dienen zum Lesen der Sätze aus der Datenbank, z.B. wenn eine Anfrage mehr als einen Datensatz ergibt. (Der erste Record wird beim Suchen mit FIND-Befehlen automatisch geliefert, während alle weiteren anhand der ISN's nacheinander in den Recordpuffer gelesen werden müssen. Die Sätze können dabei auf unterschiedliche Weise angefordert werden, entweder einzeln (L1/L4) oder in physischer (L2/L5) oder logischer Reihenfolge (L3/L6). Der erste Command Code bezieht sich immer auf eine Bearbeitung, die kein festes Zuordnen der Sätze erfordert. Bei den anderen Befehlsarten (L4, L5, L6) wird der Datensatz in einen Holdstatus versetzt; D.h. er wird dem Programm exklusiv zugeordnet. Das ist immer dann notwendig, wenn Felder in einem Satz verändert oder der Satz gelöscht werden soll. Befindet sich ein Satz bereits in einem Holdstatus eines anderen Programmes, wird das Kommando in einen Wartezustand versetzt und automatisch weiterverarbeitet, wenn der Satz freigegeben ist. Der Datensatz wird dann in die Holdqueue des neuen Programmes eingetragen. Der Holdstatus bleibt solange erhalten, bis er durch andere Kommandos aus dem Programm (RI, CL, ET) aufgehoben wird. Andere Möglichkeiten zum Freigeben eines Satzes sind Synchronisationscheckpunkte. Außerdem kann bei Zuordnung von zu vielen Sätzen ein **Überlauf der Holdqueue** auftreten, bei dem dann alle Sätze freigegeben werden.

L1/L4 Lesen von ISN's

Mit diesen beiden Befehlen können Sätze *aufgrund bekannter ISN's* aus der Datenbank in den Recordpuffer gelesen werden. Das Layout der Daten muß in dem Formatpuffer definiert sein. Die ISN's sind von vorangegangenen FIND-Aufrufen im ISN-Puffer bzw. dem ISN-Überlaufbereich dem Programm übergeben worden und deshalb bekannt.

Es gibt bei diesen beiden ADABAS-Befehlen eine Option (,,I''), mit der angegeben werden kann, daß bei Fehlen der spezifizierten ISN der Satz mit der nächst höheren ISN geliefert werden soll. Wenn die gesuchte ISN und keine nächsthöhere in der Datei gefunden werden können, wird dies dem Programm durch den Responsecode 03 (Dateiende) mitgeteilt. Soll die ganze Datei gelesen werden, kann dies einfach gelöst werden, indem mit der ISN ,,1'' begonnen und diese zwischen den Aufrufen um 1 erhöht wird, bis die Datei abgearbeitet ist (Returncode 3).

Um die Abarbeitung beim Lesen von Sätzen mit gleichem Format zu optimieren, kann eine Command-ID angegeben werden. Unter dieser ID wird dann der Inhalt des Formatpuffers intern gespeichert und automatisch für jeden L1/L4-Aufruf benutzt. Dies wird solange durchgeführt, bis ein neues Format ohne Command-ID spezifiziert wird. Daneben gibt es noch die sogenannte GET NEXT Option. Damit können automatisch alle Sätze gelesen werden, die in einer ISN-Liste enthalten sind. Es muß dann nur die CID der ISN-Liste bei dem READ-Aufruf angegeben werden.

Es sind für einen L1/L4 Aufruf die Belegung des Command Codes, des Command-ID Feldes (entweder mit Blank oder einem alphanumerischen Namen), der Filenummer, des ISN-Feldes mit der Nummer des gewünschten Satzes, der Format- und Recordpufferlängen, evtl. der Command Option 2 (entweder mit Blank oder mit ,,I'' wenn beim Fehlen der ISN die nächste Nummer bearbeitet werden soll), evtl. des Passwords in Addition 3 und des gewünschten Layouts des Datensatzes im Formatpuffer (bei Verwendung der Command-ID nur beim 1. Aufruf) nötig. Der Satz wird von ADABAS im angegebenen Format im Recordpuffer abgelegt. Wenn ein Fehler auftrat, wird der entsprechende Returncode an das Programm übergeben.

L2/L5 Lesen von Sätzen in physischer Reihenfolge

Dieser Befehl sollte verwendet werden, wenn sehr viele oder alle Datensätze einer Datei bearbeitet werden sollen. Die Sätze werden dabei in Blöcken von 10 - 20 gelesen, so daß eine höhere Verarbeitungsgeschwindigkeit erreicht wird. Außerdem werden die Sätze *direkt* gelesen, ohne den Umweg über die Invertierten Listen und den Addresskonverter.

Bei der Benutzung von L5 muß darauf geachtet werden, daß nicht zu viele Sätze im Holdstatus gehalten werden, da sonst ein Überlauf der Holdqueue auftreten kann. Wenn zwar alle Records gelesen, aber nur einige verändert werden sollen, so kann dies mit den Befehlen L2 (nur zum Lesen) und anschließend L4 (bei denen, die verändert werden sollen), optimal gelöst werden.

Beim Aufruf mit L2 oder L5 müssen jedesmal der Command Code, eine Command-ID, die Pufferlängen (Format- und Recordpuffer) und wenn nötig das Passwort in Addition 3 angegeben werden. Beim 1. Readaufruf einer Sequenz muß das ISN-Feld entweder eine 0 oder eine Satznummer größer 0 enthalten. Bei „0" beginnt die Bearbeitung am Anfang der Datei, andernfalls bei dem Satz mit der angegebenen Nummer +1. (Während der Bearbeitung enthält die Variable die Nummer des angelieferten Satzes.) Das Feld Additions 1 muß beim 1. Call mit Blank gelöscht werden, da es als Systempuffer benutzt wird. Das Aussehen des Satzes im Recordpuffer ist im Formatpuffer anzugeben.

Die Sätze selbst werden wie bei allen Aufrufen im Recordpuffer und die aktuelle ISN im Feld ISN abgelegt. Bei Fehlern gibt ADABAS einen Returncode im Feld Response Code zurück.

```
AUFGABE :

Es sollen alle Mitarbeiter aus der Personaldatei bearbeitet werden.

(Auflisten der Nr., des Names, der Adresse und der Abteilung)

Schlüsselfeld ist die Personalnummer.



FORMATBUFFER :

PN,NA,NW,AB.                                    = 12 Byte



RECORDBUFFER :

01 PERSONAL-SATZ.

    05  PERSONAL-NR           PIC X(6).

    05  PERSONAL-NAME         PIC X(30).

    05  PERSONAL-WOHNORT      PIC X(50).

    05  PERSONAL-ABTEILUNG    PIC X(4).
                              -----------
                              = 90 Byte
ADDITIONS 1 :

PN

Die Suche beginnt mit der ersten Personalnummer !
```

Bild 86: Beispiel für Lesebefehle (READ = L.)

L3/L6 **Lesen von Sätzen in logischer Reihenfolge**

Mit diesen Aufrufen können alle oder sehr viele Datensätze einer Datei optimal bearbeitet werden. Anders als bei L2/L5 werden die Sätze *in der logischen Folge, bezogen auf ein Schlüsselfeld* (einschließlich Sub- und Superdeskriptoren), angeliefert. Der Deskriptor kann ein Elementarfeld oder ein Multiples Feld, jedoch kein
Teil einer Periodengruppe sein. Phonetische Deskriptoren sind ebenfalls nicht zugelassen. Die Funktionsweise entspricht der der L2/L5 Aufrufe.

Neben dem Kommandocode, einer Command-ID, der Filenummer, den Pufferlän-
gen (Format-, Record-, Search- und Valuepuffer) müssen das Deskriptorfeld in der
Variablen Additions 1 (2 Byte), wenn verlangt ein Passwort (Addition 3) und die
Definition des Satzlayouts im Formatpuffer angegeben werden. (Der Rest des
Additions 1 Feldes wird während der Bearbeitung von ADABAS als Puffer be-
nutzt.)

Das Feld ISN muß beim 1. Readaufruf einer Sequenz eine 0 oder ein Start-ISN
enthalten. Das Lesen beginnt mit der nächsten ISN nach dieser Nummer. Nach jedem Aufruf enthält das Feld die Satznummer des gerade übergebenen Satzes. In
der Command Option 2 kann ein „V" angegeben werden. Damit wird angezeigt,
daß Search- und Valuepuffer zur Spezifikation eines **Anfangsschlüsselwertes** benutzt werden sollen. In diesem Falle muß im Searchpuffer das Deskriptorfeld spezifiziert (Name, evtl. Länge und Format) und der entsprechende Wert im Valuepuffer gespeichert werden. (Der Deskriptor muß der gleiche sein wie im Addition
1 Feld!) Der Lesevorgang beginnt dann an dem Satz mit dem angegebenen Schlüsselwert.

Zurückgegeben wird außer der ISN in der Variablen ISN der Datensatz im Recordpuffer (entsprechend dem Formatpuffer) bzw. ein Returncode im Fehlerfalle.

```
AUFGABE :

Es sollen alle Mitarbeiter ab der Personalnummer 1000 bearbeitet werden.

(Satzaufbau wie im vorigen Beispiel !)

FORMATBUFFER :

PN,NA,NW,AB.                                    = 12 Byte


RECORDBUFFER :

wie im vorigen Beispiel !


ADDITIONS 1 :

PN


COMMAND OPTION 2 :

V


SEARCHBUFFER :

PN,.


VALUEBUFFER :

1000
```

Bild 87: Beispiele für Lesebefehle (READ - L.)

L9   Lesen von Deskriptorwerten

Dieser Aufruf dient im wesentlichen zur Erstellung einer Übersicht über die auftretenden Werte eines Deskriptorfeldes und ihrer Häufigkeiten (Histogramm). Die Werte dazu können ohne Datentransport aus den Invertierten Listen entnommen werden.

Beim Aufruf erwartet ADABAS den Kommandocode „L9", eine Command-ID (für alle Aufrufe), die Filenummer, die Pufferlängen (Format-, Record-, Search- und Valuepuffer), evtl. ein Password, das Format der jeweiligen Schlüsselfeldwerte (Formatpuffer) und die Spezifikation des Deskriptors für den das Histogramm angefertigt werden soll, im Searchpuffer. Im Valuepuffer kann ein Wert angegeben werden, bei dem die Bearbeitung beginnen soll. Additions 1 muß beim 1. Aufruf einer Sequenz auf Blank gesetzt werden, da das Feld als Systempuffer benutzt wird. Wenn der Schlüssel Mitglied einer Periodengruppe ist, wird in der Variablen ISN von ADABAS die Stelle des Feldes innerhalb der Gruppe (Index) gespeichert. Der Recordpuffer enthält nach einem Call den Wert des Deskriptorfeldes, der gerade bearbeitet wird. Die Anzahl der Datensätze, in denen der aktuelle Deskriptorwert (Recordpuffer) vorkommt, wird von ADABAS in der Variablen ISN QUANTITY abgelegt.

LF   Lesen der Feldbeschreibungen für alle Felder einer Datei

Die Beschreibungen (Anzahl der definierten Felder, Levelnummer, Feldname, Länge, Format, Options) werden aus der Feldbeschreibungstafel entnommen und dem Benutzer in einem zusammenhängenden Block im Recordpuffer zur Verfügung gestellt.

Spezifiziert werden für diesen Call der Command Code, die Filenummer, die Länge des Recordpuffers und wenn nötig, das Passwort.

Im Fehlerfalle kann die Fehlerursache dem Responsecode-Feld entnommen werden.

9.2.11.2.3 UPDATE-Kommandos

Diese Gruppe umfaßt Befehle zum Verändern von Feldwerten (A1/A4), zum Löschen von Sätzen (E1/E4) und zum Einfügen eines Satzes in eine Datei (N1/N2). Wie bei den anderen Befehlsgruppen gibt es die meisten Instruktionen doppelt. Sie unterscheiden sich nur darin, daß die MPM-Instruktionen (A4,E4) über die Holdlogik verfügen. Ist ein Satz bereits einem anderen Programm zugeordnet, gibt ADABAS den Returncode 145 zurück. Wenn der zu verändernde Satz nicht vorher in die Holdqueue des Programmes eingetragen wurde, wird der Returncode 144 zurückgegeben. (Bei ET-Logik Usern wird beim Modifizieren und Löschen der Satz zum Lesen freigegeben.) Der Satz, der zurückgeschrieben oder gelöscht werden soll, muß durch seine ISN spezifiziert werden. Diese wurde vorher mit einem FIND- oder READ-Aufruf zusammen mit dem Satz an das Programm übergeben (ISN-Feld).

A1/A4   Ändern eines Datensatzes

Hiermit können ein oder mehrere Datenfelder eines existierenden Satzes verändert werden. Der Datensatz mit den modifizierten Feldern bzw. ein zu veränderndes Feld wird im Recordpuffer für ADABAS bereitgestellt. Das Format des Satzes (bzw. Feldes) muß im Formatpuffer beschrieben sein (eingefügte Texte und Leerstellen werden überlesen, Edit Masken dürfen nicht angegeben werden).

Außer diesen Angaben müssen der Kommandocode, die Filenummer, die ISN des Satzes, die Längen der beiden Puffer und das Passwort (wenn erforderlich), für den Aufruf bereitgestellt werden. Weiterhin kann eine Command-ID spezifiziert werden. Dies ist von Vorteil, wenn mehrere Sätze mit dem gleichen Layout *hintereinander* in die Datenbank geschrieben werden sollen. Die Verarbeitung kann dann intern besser organisiert werden (siehe L1/L4). Bei der Bearbeitung von einzelnen Sätzen oder Sätzen mit unterschiedlichem Aussehen muß die Variable ein Blank enthalten. In der Command Option 1 kann Blank oder „W" übergeben werden. „W" bedeutet, daß die sogenannte Status Protection-Methodik beim Ändern benutzt werden soll. Damit wird sichergestellt, daß die Veränderung sofort in die Datenbank bzw. Workdatei übernommen wird. Andernfalls (bei Blank) wird durch die interne Pufferung die Modifikation mit einer Verzögerung (wenn der Puffer voll ist) in die DB eingebracht. (Bei einem Aufruf des erhält man jedoch trotzdem den modifizierten Inhalt.) Das sofortige Ändern der Workdatei erfordert selbstverständlich einen höheren I/O-Aufwand, garantiert aber eine höhere Sicherheit (siehe dazu auch Kap. 9.2.14).

Zur Kontrolle, ob die Ausführung des Calls erfolgreich war, muß der Response Code abgefragt werden.

E1/E4   Löschen von Datensätzen

Beim Löschen von Datensätzen wird der Speicherplatz, den ein Satz innerhalb eines Blockes einnimmt, physisch sofort freigegeben, in dem er in die Freiplatztabelle aufgenommen wird. Er steht damit zur Erweiterung anderer Sätze oder zum Einfügen neuer Sätze in den Datenblock zur Verfügung. Außerdem wird die ISN aus allen Invertierten Listen und dem Adresskonverter entfernt.

Beim Aufruf von ADABAS mit den Kommandos E1/E4 wird nur der Command Code, die Filenummer, die ISN des Satzes, evtl. die Command Option 1 (entweder „W" oder Leerstelle) und u.U. ein Passwort (Additions 3) erwartet.

Das Feld Response Code enthält nach dem Call entweder eine 0 (Bearbeitung o.k.) oder einen Fehlercode.

N1/N2   Eingabe eines Satzes

Die beiden Befehle unterscheiden sich dadurch, daß bei N2 eine Interne Satznummer vorgegeben werden kann, während bei N1 die ISN von ADABAS ermittelt und dem Benutzer mitgeteilt wird. (Wenn eine Nummer angegeben wird, die sich außerhalb des Addresskonverters befindet, wird der Satz nicht in die Datenbank eingefügt, sondern ein Returncode zurückgegeben.) Bei der Übernahme eines neuen Datensatzes in die Datenbank erhält er eine ISN zugewiesen. Diese wird dann in alle Invertierten Listen, an denen die Deskriptoren (-werte) beteiligt sind (einschließlich Dateikopplung), und in den Addresskonverter eingetragen. Wenn Deskriptoren, die nicht mit der Nullunterdrückung vereinbart wurden, bei der Eingabe keine Werte besitzen, werden in den Verwaltungslisten entweder Nullen eingetragen (wenn die Deskriptoren vor dem letzten Datenfeld im Formatpuffer liegen) oder das Feld ignoriert (wenn der Deskriptor nach dem letzten Datenfeld liegt).

Bei eindeutigen Schlüsseln (Nummer) weist ADABAS doppelte Schlüsselwerte ab! Bei der Online-Verarbeitung muß durch einen nachfolgenden FIND kontrolliert werden, ob ein anderes Programm zur gleichen Zeit einen Satz mit demselben Schlüsselwert eingerichtet hat.

Folgende Felder müssen für den Aufruf mit Werten gefüllt sein; der Command Code, die Command-ID (entweder Blank oder eine Identifikation wenn viele Records gleichen Formats eingegeben werden sollen — siehe L1/L4), die Filenummer, evtl. eine ISN (bei N2-Aufruf), die Längen für den Format- und Recordpuffer, wenn nötig die Command Option 1 („W"), ein Passwort in Addition 3, das Format des Satzes (Texte und Leerzeilen werden ignoriert. Editmarken dürfen hier nicht verwendet werden) und die Datenfelder des neuen Satzes im Recordpuffer.

ADABAS gibt die errechnete ISN (bei N1) und den Returncode 0 oder eine Fehlermeldung (Response Code) zurück.

9.2.11.2.4 Ablaufsteuerungskommandos

Unter diesem Begriff sind alle Kommandos zusammengefaßt, die zum Bearbeiten von Dateien, zur Datensicherung und dem störungsfreien Ablauf beim MPM-Betrieb benötigt werden. Dazu gehören u.a. die Open- und Close-Aufrufe, Checkpunkte, das Freigeben von Command-ID's und das End-of-Transaction-Kommando.

Die Bearbeitung dieser Aufrufe wird sowohl vom ADABAS-Nukleus als auch von dem Multi-Processing Modul (ADAMPM) übernommen.

OP   Eröffnen (open) einer Datei

Ein OP-Kommando muß nur von solchen Benutzern angegeben werden, die eine File Cluster Bearbeitung oder eine exklusive Dateizuordnung wünschen, oder die ET- oder C3-Daten für eine nachfolgende Verarbeitung speichern wollen. Das Open-Kommando muß dann der 1. ADABAS-Aufruf eines Programmes sein. Es werden damit alle Dateien, die benutzt werden sollen und die Form des Zugriffs spezifiziert (Update, Lesen). Außerdem wird die Bearbeitungsform (ET-Logik User, File Cluster, Exclusive File Control) angegeben. Die Nummern der Dateien werden getrennt nach Zugriffsart im Recordpuffer angegeben. (Ändern schließt das Lesen selbstverständlich mit ein). User, die passwortgeschützte Dateien bearbeiten wollen, brauchen kein Open anzugeben, es genügt wenn bei jedem Zugriff das Passwort übergeben wird.

Beim Aufruf muß der Command Code, die Länge des Recordpuffers, evtl. das Passwort (Additions 3) und die Liste(n) mit den Dateien (ACC = NR, UPD = NR) übergeben werden. Eine eindeutige User-ID muß zusätzlich angegeben werden, wenn mit dem Open ET- oder C3-Daten geschrieben und/oder gelesen werden sollen.
Über das Feld Response Code kann die Ausführung auf Richtigkeit kontrolliert werden.

C1   User Checkpoint

Mit diesem Kommando kann ein Checkpunkt abgesetzt werden, an dem das Programm im Fehlerfalle wieder gestartet werden kann. Die verschiedenen User-Checkpoints eines Programmes müssen zur Identifikation einen eindeutigen Naman (4 Byte alphanumerisch) besitzen. Ein User-Checkpoint sollte nur in Batchprogrammen, die im Single-User Modus laufen und deshalb alleinigen UPDATE-Zugriff auf Dateien besitzen, oder bei exklusiver Dateizuordnung im MPM-Betrieb verwendet werden.
Das Auftreten eines Checkpunktes wird in dem Sicherungsband vermerkt, so daß im Fehlerfalle die Daten bis zu dem Punkt wiederhergestellt werden können.
Beim Call müssen der Kommandocode und in der Variablen Command-ID ein Name für den Checkpunkt an ADABAS übergeben werden.
Nach dem Aufruf steht in der Variablen Response Code entweder eine 0 oder ein Fehlercode.

C2/C3   Synchronisations Checkpoints

Ab der Version 4 von ADABAS sind diese Checkpunkte gemeinsam nur bei der Bearbeitung mit exklusiver Dateizuordnung sinnvoll. Es nimmt dabei allerdings nur ein Programm an der Synchronisation teil. C3 allein dient bei der File Clusterbearbeitung und der exklusiven Verarbeitung als Antwortaufruf auf einen Synchronisierten Checkpunkt und zum Absetzen von C3-Daten.
Beim C2 Aufruf von ADABAS ist lediglich der Kommandocode erforderlich.
Nach dem Call liefert ADABAS bei C3 Aufrufen eine eindeutige (lfd.) Nummer zurück. Außerdem enthält das Feld Responsecode den Returncode.
Mit dem C3 Kommando können die C3-Daten, z.B. die Nummer des letzten Checkpunktes, gespeichert werden. Diese Daten, die in einer ADABAS Systemdatei abgelegt werden, können als Restart-Informationen benutzt werden. Sie können bei dem OPEN oder einem RS (Read Sync. Data) gelesen werden. Zu beachten ist, daß Synchronisations Checkpoints nur bei Nicht-ET-Logik User Programmen, die ein Datenbankupdate enthalten, nötig und erlaubt sind. Bei ET-Logik User Programmen wird die Synchronisation und die Restartbehandlung mit Hilfe der Transaktionslogik (ET) geregelt (Autorestart).

C5   Schreiben in die Logdatei (SIBA)

Mit dem Kommando können Userdaten in die Logdatei geschrieben werden.
Die Daten müssen in dem Recordpuffer bereitgestellt werden. Die Länge des Re-

cordpuffers wird im Längenfeld definiert und darf 2000 Byte nicht überschreiten. Mit der Command Option 1 („W") kann gefordert werden, daß sofort eine Sicherung in die Workdatei ausgeführt wird.

Die Meldung, ob die Daten geschrieben wurden, oder ob bei der Bearbeitung ein Fehler auftrat, kann nach dem Aufruf dem Feld Responsecode entnommen werden.

ET   Ende einer Transaktion

Mit dem „End of Transaktion"-Aufruf wird ADABAS über das Ende einer oder einer Reihe logisch zusammengehöriger Aktionen informiert. Aufgrund der ET-Meldung werden alle Sätze und CID's, die sich der User zugeordnet hat, freigegeben Außerdem wird dem Benutzer eine lfd. Transaktionsnummer übergeben, die ihm mitteilt welche Transaktion als letztes erfolgreich bearbeitet wurde. Weiterhin wird durch die ET-Meldung sichergestellt, daß bei einer Recovery-Aktion nur die Transaktionen benutzt werden, die tatsächlich erfolgreich durchgeführt wurden. Beim Aufruf braucht nur der Kommandocode angegeben zu werden.

Wenn mit dem Kommando Daten bzw. Texte übergeben werden sollen (ET-Daten), müssen diese im Recordpuffer bereitgestellt werden. Außerdem muß ein Dummy-Formatpuffer und die Längenangaben zu den beiden Puffern übergeben werden. Die ET-Daten können z.B. beim Neuanfang eines Online Programmes gelesen und dem Benutzer auf dem Bildschirm zur Verfügung gestellt werden. ADABAS gibt im Feld Command-ID die lfd. Nr. der Transaktion und den Responsecode zurück.

RC   Freigeben einer Command-ID

Die Command-ID hat für die verschiedenen Befehlsgruppen (FIND, READ, UPDATE) unterschiedliche Funktionen. Für jede dieser Funktionen wird intern eine Liste angelegt, die alle entsprechenden CID's enthält. Das RC-Kommando löscht eine CID aus diesen Listen. Es kann dabei über die Command Options 1 und 2 gesteuert werden, aus welcher Liste die CID gelöscht werden soll, „F" bedeutet, daß ein interner Formatpuffer, „S", daß die Angaben für eine sequentiellen Befehl und „I", daß eine ISN-Liste freigegeben werden soll. Das RC-Kommando ohne eine dieser Angaben löscht eine Command-ID aus allen Listen.

Beim Aufruf wird nur der Command Code, evtl. eine Command Option und die zu löschende Command-ID im Command-ID-Feld erwartet.

Als Antwort wird von ADABAS ein Returncode zurückgegeben.

BT   Backout Transaktion

Hiermit können alle Kommandos die zu einer noch nicht abgeschlossenen Transaktion gehören, ungültig gemacht werden.

Der Aufruf darf nur von ET-Logik Usern benutzt werden. Es braucht nur der Kommandocode übergeben werden.

ADABAS gibt nach dem Call einen Returncode zurück.

CL   Schließen der Bearbeitung von ADABAS

Mit diesem Kommando teilt der Benutzer der Datenbank mit, daß die Bearbeitung beendet werden soll. ADABAS schreibt daraufhin z.B. alle noch nicht gefüllten Blöcke in die Dateien, löscht den User aus allen internen Listen und Tabellen, gibt Dateien frei u.a.m.
Als Eingabe ist nur der Command Code nötig.
ADABAS gibt die Ausführungsmeldung im Responsecode zurück.

HI   Halten einer ISN

Dieses Kommando verhindert im Multi-User Mode, daß die mit Hold zugeordneten ISN's nicht freigegeben werden. Dies birgt die Gefahr einer Blockierung des Ablaufs, wenn der Satz nicht mehr freigegeben wird! Der HI-Befehl sollte nicht benutzt werden, wenn statt dessen ein L4, L5 oder L6 Aufruf verwendet werden kann. ET-Logik Benutzer sollten den Befehl ebenfalls nicht verwenden.
Als Eingabe für den Aufruf werden nur der Command Code, eine Filenummer und die ISN erwartet.
Zurückgegeben wird der Returncode.

RI   Freigeben einer ISN

Mit diesem Aufruf wird eine Satznummer und damit der Satz aus dem Holdstatus eines Programmes freigegeben.
Beim Call auf ADABAS müssen der Command Code, die Dateinummer und die im Holdstatus befindliche ISN übergeben werden.
ADABAS gibt als Antwort einen Returncode zurück.

9.2.12 Einfaches COBOL-Beispielprogramm

zum Lesen der ersten 100 Sätze einer Datei mit der Nummer 1. Die Felder AN bis AL werden ausgedruckt. Das Programm arbeitet im Single User Modus und führt keine Änderungen durch.

```
IDENTIFIKATION DIVISION.
PROGRAM-ID.
ENVIRONMENT DIVISION.
CONFIGURATION SECTION.
DATA DIVISION.
WORKING-STORAGE SECTION.

77   SAETZE-GELESEN        PIC   999              VALUE 0.

01   CONTROL-BLOCK.
     05   LANGUAGE          PIC   X                VALUE 'C'.
     05   FILLER            PIC   X                VALUE ' '.
     05   COMMAND-CODE      PIC   XX.
     05   COMMAND-ID        PIC   X (4).
```

```
    05  FILE-NR              PIC  S999   COMP.
    05  RESPONSE-CODE        PIC  S999   COMP          VALUE 0.
    05  ISN                  PIC  S9 (7) COMP          VALUE 0.
    05  ISN-L-LIMIT          PIC  S9 (7)    COMP       VALUE 1.
    05  ANZAHL-ISN           PIC  S9 (7)    COMP       VALUE 0.
    05  LAENGE-FORMAT-BUF    PIC  S999      COMP       VALUE 40.
    05  LAENGE-RECORD-BUF    PIC  S999      COMP       VALUE 100.
    05  LAENGE-VALUE-BUF     PIC  S999      COMP       VALUE 40.
    05  LAENGE-SEARCH-BUF    PIC  S999      COMP       VALUE 40.
    05  LAENGE-ISN-BUF       PIC  S999      COMP       VALUE 40.
    05  COMMAND-OPTION-1     PIC  X.
    05  COMMAND-OPTION-2     PIC  X.
    05  ADDITIONS-1          PIC  X (8)                VALUE SPACES.
    05  ADDITIONS-2          PIC  X (4).
    05  ADDITIONS-3-PWD      PIC  X (8).
    05  ADDITIONS-4          PIC  X (24).

    01  FORMAT-BUF           PIC  X (40)               VALUE SPACES.
    01  RECORD-BUF           PIC  X (100)              VALUE SPACES.
    01  SEARCH-BUF           PIC  X (40)               VALUE SPACES.
    01  VALUE-BUF            PIC  X (40)               VALUE SPACES.
    01  ISN-BUF              PIC  X (40)               VALUE SPACES.


01  FORMAT-BUF              PIC  X (40)               VALUE SPACES.
01  RECORD-BUF              PIC  X (100)              VALUE SPACES.
01  SEARCH-BUF             PIC  X (40)               VALUE SPACES.
01  VALUE-BUF              PIC  X (40)               VALUE SPACES.
01  ISN-BUF               PIC  X (40)               VALUE SPACES.
PROCEDURE  DIVISION.
*                    OPEN ADABAS:
    MOVE  'OP'            TO COMMAND-CODE,
    MOVE  'XXXXXXXX'      TO ADDITIONS-3-PWD,
    MOVE  'ACC = 1.'      TO RECORD-BUF.
*

    CALL 'ADABAS' USING CONTROL-BLOCK, FORMAT-BUF, RECORD-BUF.
```

```
*
      IF  RESPONSE-CODE        NOT = 0      GO  TO  M150.
*
*                    SAETZE IN PHYSISCHER REIHENFOLGE LESEN:
*
M050
      MOVE  'L2'              TO  COMMAND-CODE,
      MOVE  'A'              TO  COMMAND-ID,
      MOVE  1               TO  FILE-NR,
      MOVE  'XXXXXXXX'         TO  ADDITIONS-3-PWD,
      MOVE  'AN-AL.'          TO  FORMAT-BUF.
*
M100.
      CALL 'ADABAS' USING  CONTROL-BLOCK, FORMAT-BUF, RECORD-BUF.
*
      IF  RESPONSE-CODE        NOT = 0      GO  TO  M150.
*
*                   SAETZE  AUSGEBEN  UND ZAEHLER  ERHOEHEN:
*
      ADD    1               TO SAETZE-GELESEN.
      DISPLAY  SAETZE-GELESEN,' ',RECORD-BUF.
*
      IF  SAETZE-GELESEN       = 100       GO  TO  M200.
      GO  TO  M100.
*
*                 BEHANDLUNG  DER RESPONSE  CODES:
*
M150.
      IF  RESPONSE-CODE       = 3
          DISPLAY 'DATEIENDE  VORZEITIG ERREICHT'
          GO  TO  M200.
      DISPLAY 'FEHLER  BEI EINEM  ADABAS-CALL'.
*
      EXHIBIT NAMED COMMAND-CODE, COMMAND-ID, FILE-NR,
      RESPONSE-CODE, ISN.
*
*                   CLOSEN ADABAS:
*
```

M200.

    MOVE 'CL'   TO COMMAND-CODE,
    CALL   'ADABAS' USING CONTROL-BLOCK.

*

    STOP RUN.

9.2.13 Verbindung zwischen Anwenderprogramm und ADABAS

Wie bei IMS gibt es bei ADABAS ebenfalls von beiden Seiten (Benutzer und DB) Verbindungsteile. Von der Benutzerseite ist dies zum einen die Communication Area mit dem Kontrollblock und den Kontrollpuffern und zum anderen das Multi-User-Interface ADALINK. (Im Single-User Betrieb ist kein Interface notwendig, da der Nukleus direkt mit dem Programm zusammengebunden ist.)

Von der ADABAS-Seite wird im Multi-User Betrieb, die Verbindung über das Interface ADAMPM hergestellt.

Die eigentliche Kommunikation findet durch den Transport der Communication Area zwischen dem Benutzer und ADABAS statt. Die C.A. entspricht von der Funktion her den PCB-Masken und den DB-Calls bei IMS. Die Verbindung zwischen der ADABAS-Region/Partition und der Benutzer-Region/Partition führt das SVC-Modul ADASVC durch **(Interregion/Interpartition-Kommunikation)**.

Da die Benutzerprogramme als selbständige Jobs bearbeitet werden, also nicht unter der Kontrolle von ADABAS, sind keine speziellen Eintritts bzw. Austrittsstellen erforderlich.

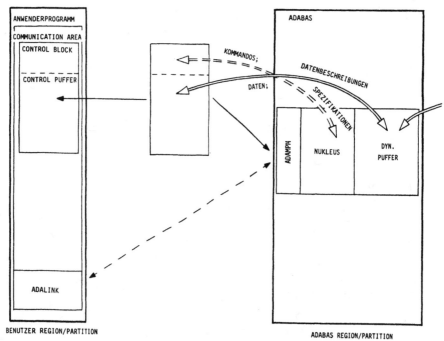

Bild 88: Verbindung Anwenderprogramm – ADABAS

9.2.14 Vergleich ADABAS Single-User, Multi-User-, Teleprocessing-Verarbeitung

ADABAS kann in der Batchverarbeitung sowohl als Single-User als auch im Multi-User Modus angewendet werden. Zur Online-Bildschirmverarbeitung (Teleprocessing Mode) muß anders als z.B. bei IMS ein Teleprocessing Monitor (TP-Monitor) zwischengeschaltet werden. ADABAS enthält zu diesem Zweck Interfaces zu verschiedenen Monitoren wie COM-PLETE, CICS, SHADOW, INTERCOM, TSO, COSMOS u.a.m.

9.2.14.1 ADABAS Single-User Version (SPM)

Diese Form der Bearbeitung entspricht der IMS-DB Version (9.1.8.1).

Das Benutzerprogramm wird mit dem ADABAS-Nukleus und dem ADABAS-E/A-Puffer (Nukleus-Puffer, Dynamischer Puffer), zu einem Lademodul zusammengebunden und in einer Region/Partition bearbeitet. Die Kommunikation des Benutzers läuft immer über den Nukleus. Er enthält die Funktionen zum Finden, Lesen, Ändern und der im Single-User Betrieb benötigten Ablaufsteuerungskommandos.

Als Verbindung zwischen dem Benutzerprogramm und ADABAS dient die Communication Area, die in jedem Programm enthalten sein muß. Sie gehört *logisch* sowohl zu dem Benutzer als auch zu dem Datenbanksystem.

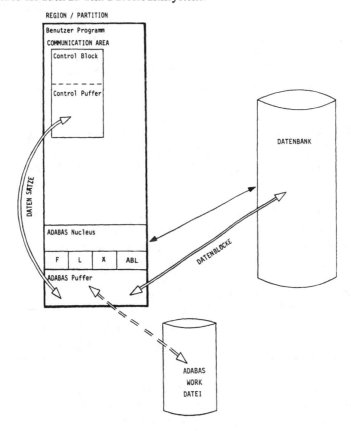

Bild 89: ADABAS Single User Modus (SPM)

Wenn die Datensätze, die der Benutzer verarbeiten will, bereits in dem ADABAS-Puffer vorhanden sind, wird der 1. Satz in den Recordpuffer geladen und die anderen Variablen und Felder des Kontrollblockes, wie ISN-Puffer oder der ISN-Überlaufbereich (in der ADABAS-Workdatei) mit den entsprechenden Werten versehen.

Kann ein Datensatz in dem Puffer nicht gefunden werden, so wird der entsprechende Block von dem Sekundärspeicher (Platte) in den Nukleuspuffer nachgeladen. Dort kann der Satz isoliert werden.

Die Bearbeitung wird abgeschlossen, wenn das Benutzerprogramm ein Close-Kommando abschickt.

9.2.14.2 ADABAS Multi-User Version (MPM)

In der Multi-User Version von ADABAS wird wie bei IMS der ADABAS Nukleus getrennt von den Benutzerprogrammen in eine eigene Region/Partition gespeichert. Die Kommunikation zwischen ADABAS und dem Benutzer erfolgt über einen SVC (Supervisor Call = Betriebssystemaufruf ADASVC), mit dem Informationen von einer Region/Partition zu einer anderen geschickt werden können. Es muß dazu an das Userprogramm ein Interface Modul (ADALINK) angehängt werden. An den Nukleus wird ebenfalls ein zusätzliches Interface-Modul (ADABAS Multi-User-Interface, ADAMPM) angehängt, das die von den verschiedenen Benutzern ankommenden Anforderungen kontrolliert und weitergibt. Ankommende ADABAS-Calls werden von ADALINK kontrolliert, d.h. die Parameterliste wird auf Richtigkeit geprüft. Nach dieser Kontrolle ruft das Programm die SVC-Routine ADASVC auf. Diese informiert das Nukleus-Interface ADAMPM über die Anwesenheit eines Aufrufes und transportiert die Communication Area Bereiche von der Benutzer Region in die ADABAS Region (und später wieder zurück). Nach dem ADASVC-Aufruf versetzt ADALINK das Benutzerprogramm in einen Wartezustand (OS WAIT-Macro), bis der Aufruf bearbeitet und damit die Ergebnisse zurückgeliefert wurden. ADAMPM reiht die ADABAS-Aufrufe in eine Warteschlange (command queue, CO) ein, und arbeitet diese dann nach bestimmten Prioritäten ab (scheduling). Außerdem werden die durch Hold-Kommandos angeforderten ISN's in einer besonderen Hold Queue (HQ) gespeichert.

Nach der Ausführung der Modifikation oder der Löschung wird die ISN automatisch aus der Hold Queue entfernt und ist damit für die anderen Benutzer frei. Wenn ein User vermeiden will, daß ein Satz freigegeben wird, so kann er den Hold-ISN-Befehl benutzen. Es kann dabei dann allerdings zu einer Blockierung des Ablaufes kommen, wenn der Satz sehr lange zugeordnet bleibt (resource interlock).

Der ADABAS-Nucleus bearbeitet die verschiedenen Datenbankaufrufe in einer überlappenden Form (multi threading). Das bedeutet, daß mehrere lesende bzw. 1 Update und mehrere lesende Zugriffe gleichzeitig parallel verarbeitet werden. Zugriffe, die Veränderungen in der Datenbank verursachen, werden seriell behandelt. Threads sind Hauptspeicherbereiche im Nukleus, in denen die einzelnen ADABAS Funktionsprogramme liegen. (Eine ausführliche Beschreibung des Begriffes ist im Teil TP-Monitore, Kap. 2.1 enthalten.) Die Anzahl der Threads, also die Anzahl der Kommandos die parallel bearbeitet werden können, werden von dem Datenbankadministrator angegeben. Die Sätze, die angefordert werden, werden, sofern sie noch nicht darin enthalten sind, blockweise in den Nukleus-Puffer gelesen. In dem Puffer wird der gesuchte logische Satz extrahiert und in den Recordpuffer des Programmes transportiert. Daneben werden die anderen Communication Area Bereiche (ISN-Puffer, Response Code usw.) und evtl. der ISN-Überlaufbereich mit den Werten gefüllt. ADAMPM gibt dann die Communication Area über ADASVC an das Programm zurück. ADALINK holt das Programm aus dem Wartezustand zurück, und die Bearbeitung geht weiter. Wenn ein Close-Kommando erkannt wird, wird die Bearbeitung beendet.

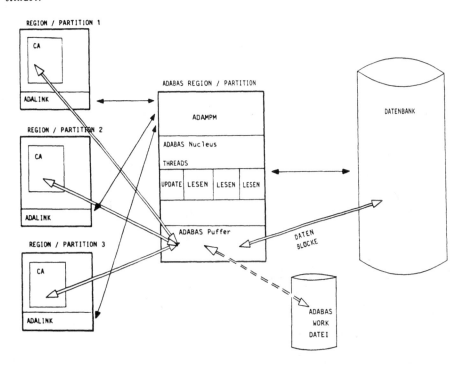

Bild 90: **ADABAS** Multi User Modus (MPM)

9.2.14.3 ADABAS TP-Verarbeitung

Anders als z.B. bei IMS, ist für diese Art der Datenverarbeitung bei ADABAS entweder die Querysprache ADASCRIPT+ bzw. NATURAL oder ein **Bildschirmverwaltungsprogramm (TP-Monitor)** erforderlich. Ein **Teleprocessing Monitor** regelt die gesamte Terminalverwaltung wie Bildschirmaufbau (Masken), Benutzeridentifikation, Fehlerprüfungen, Logging von Dateimodifikationen für Nicht-DB Dateien, Restart von Programmen, Transaktionszuordnung und vieles andere mehr (siehe Teil II).

ADABAS verfügt über eine Reihe von Interfaces zu verschiedenen Monitoren wie

- COM-PLETE
- SHADOW II
- CICS
- INTERCOMM
- TSO u.a.

Der TP-Monitor nimmt die eingehenden Befehle entgegen und sortiert sie nach DB-Calls und Nicht-DB-Calls. Die Datenbankaufrufe werden an ADABAS übergeben, und dort wie im vorigen Kapitel beschrieben, bearbeitet.

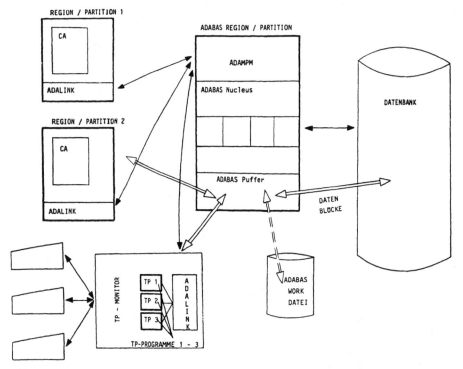

Bild 91: ADABAS Multi User Modus/TP

9.2.15 Datensicherung bei ADABAS

Alle Aktivitäten im Zusammenhang mit der Datensicherung und der Wiederherstellung werden bei ADABAS in der Hauptsache von den Utilities ausgeführt.

Neben den bereits vorgestellten Methoden (Kap. 7 und 9.1.9) verfügt ADABAS über einige zusätzliche Mechanismen, die eine flexiblere und komfortablere Sicherung und Wiederherstellung der Daten erlauben.

— Restart/Autorestart
— Save (Backup)-Restore
— Status protection
— Autobackout.

Die unterschiedlichen Mechanismen können in verschiedenen Kombinationen angewendet werden. Es ist bei ADABAS jedoch so, daß die Datensicherung unmittelbar mit der Art des Programmes verknüpft ist:
Es wird in diesem Zusammenhang zwischen ET-Logik Usern und Nicht-ET-Logik Usern unterschieden. Zu der 1. Gruppe gehören alle Benutzer, die keine exklusive Dateizuordnung und keine File Cluster Zuordnung besitzen (siehe dazu auch Kap. 9.2.9).

Diese beiden Benutzergruppen werden von ADABAS bei der Datensicherung und der Wiederherstellung der Daten unterschiedlich behandelt. Es ist deshalb nicht erlaubt, daß ET-Logik User parallel zu Nicht-ET-Logik Usern die gleiche Datei verändern können. Oder anders gesagt, es können nur Angehörige einer Gruppe zur selben Zeit konkurrierend auf die gleiche(n) Datei(en) verändernd zugreifen.

Die Zuordnung der Programme zu den beiden Usergruppen erfolgt durch den Datenbankadministrator und hängt z.B. davon ab, ob ein Programm im Online- oder Batch-Modus arbeitet.

9.2.15.1 Restart/Autorestart

Der Restartmechanismus läuft bei ADABAS auf 2 Ebenen ab, **Autorestart** und **Restart**. Mit der Autorestartfunktion, die ein Teil des ADABAS-Nukleus ist, wird sichergestellt, daß keine Differenzen zwischen Verwaltungslisten (Invertierte Listen, Adresskonverter) und den gespeicherten Daten auftreten. Solche Unterschiede können entstehen, wenn nach dem **Aktualisieren** der Invertierten Listen und bevor alle entsprechenden Veränderungen in den Datenblöcken abgeschlossen sind, ein Systemzusammenbruch erfolgt. Es werden *beim Neustart des Systems* zuerst *automatisch* alle Modifikationen, die durch den unterbrochenen Aufruf in der Datenbank ausgeführt wurden, rückgängig gemacht. Die dazu notwendigen Informationen sind in der ADABAS Arbeitsdatei (work file) gespeichert. Es ist für diesen Vorgang kein manueller Eingriff und kein Gebrauch des Logbandes erforderlich.

Neben dieser automatisch ablaufenden Funktion, gibt es das *Restart*-Utility (ADARES). das mit verschiedenen Optionen ausgeführt werden kann:

Backout, hiermit werden *eine oder mehrere Dateien* in den Zustand eines *angegebenen Checkpunktes* zurückversetzt. Die Angaben zu den Dateien und dem Checkpunkt werden auf einer Kontrollkarte angegeben.

Backout Cluster, diese Funktion löscht alle Veränderungen in Datei(en), die zu einem File Cluster gehören, bis zu dem letzten gemeinsamen Synchronisations Checkpunkt aller beteiligten Programme.

Regenerate, mit dieser Funktion kann eine *zerstörte Datenbank* bis zu einem *angegebenen Checkpunkt* wiederhergestellt werden. Dies erfolgt in zwei Schritten: als erstes wird die Logdatei durch COPY ordnungsgemäß beendet (bei einem Systemzusammenbruch fehlt die Enderkennung der Datei). Der Copy-Befehl wird zusammen mit der Nr. des Laufwerkes, auf dem das Sicherungsband liegt, auf einer Kontrollkarte angegeben.

Als zweiter Schritt wird mit der Restore-Funktion des DUMP/RESTORE Utilities die Datenbank neu geladen und danach mit Hilfe des Logbandes die durchgeführten Änderungen bis zu dem angegebenen Checkpunkt wiederholt. Die Vorgehensweise entspricht der bei Backout, mit dem Unterschied, daß das Logband nicht rückwärts sondern vorwärts verarbeitet wird.

9.2.15.2 Save-Restore

Die Funktion Save entspricht in der Arbeitsweise der bereits besprochenen Backup (image copy) Methode. Das Kopieren (save) und Wiederherstellen (restore) der Daten wird durch das Utility DUMP/RESTORE ausgeführt. Es ist dabei möglich, sowohl eine ganze Datenbank als auch einzelne Dateien auf eine Banddatei zu speichern. Entsprechend können einzelne Dateien und Datenbanken im Falle einer Zerstörung wieder hergestellt werden. Das Wiederherstellen der Daten kann entweder bis zu einer bestimmten Backup-Kopie oder darüber hinaus bis zu einem bestimmten Checkpunkt (RECOVERY) durchgeführt werden. Dazu muß dann jedoch das Restartutility (ADARES) mit der Funktion „Regeneration" hinzugezogen werden. Daneben besteht noch die Möglichkeit, einzelne Blöcke, die zerstört wurden, mit der **„Repair-Block"-Funktion** des Restart-Utilities wiederherzustellen.

9.2.15.3 Checkpoint-Recovery

Diese Datensicherungsmethoden entsprechen den bereits in Kapitel 7 und 9.1.9.2 beschriebenen Verfahren.

ADABAS unterscheidet 2 Arten von Checkpunkten, Single-User Mode = C1 und Multi-User Mode = C2. Beim Abschicken eines Checkpoints werden verschiedene Informationen wie USER-ID, Checkpunktname und evtl. ET- oder C3-Daten auf das Logband geschrieben. Ein Single-User Checkpunkt wird vom Benutzerprogramm durch einen C1-Aufruf generiert. Die C1-Checkpunkte können auch im Multi-User Modus benutzt werden, wenn eine oder mehr Dateien exklusiv bearbeitet (verändert) werden.

Die 2. Art, Synchronisations Checkpunkte, werden nur im Multi-User Mode (Batch- und Online-Anwendungen) benutzt. Wenn ADABAS einen Synchronisations Checkpunkt generiert, müsse *alle* Programme, *die die gleiche(n) Datei(en) bearbeiten* (File Cluster) sich in einem bestimmten Zeitraum mit einem C3-Kommando melden. Die Programme erkennen das Absetzen eines Checkpunktes an dem Returncode 05. Wenn sich alle beteiligten Programme melden, wird die Bearbeitung fortgesetzt. Andernfalls erfolgt ein Ausdruck der/des fehlenden Programme(s) an der Operatorkonsole.

Bei einem Systemzusammenbruch können alle Veränderungen in der Datenbank bis zu dem letzten gemeinsamen Synchronisationspunkt rückgängig gemacht und die Programme, die zu dem File Cluster gehören, an dem Punkt wieder neu gestartet werden (Restart Utility). TP-Programme oder Programme, die keine DB-Änderungen enthalten, benötigen überhaupt keine Checkpunkte. Es braucht deshalb auch nicht auf den Responsecode geachtet zu werden.

9.2.15.4 Statusprotektion

Die Statusprotektion ist eine Option („W"), die bei den UPDATE- Kommandos in dem Feld „Command Option 1" angegeben werden kann. Sie stellt die Übereinstimmung der Datenbestände mit den durchgeführten Änderungskommandos sicher:
Es besteht die Möglichkeit, daß – verursacht durch die Pufferung und Blockung der Daten – zwar die Kommandos erfolgreich von dem Programm bearbeitet wurden, jedoch vor oder während der Pufferabarbeitung eine Unterbrechung, z.B. durch Systemfehler erfolgt.

Wenn aus verschiedenen Gründen ein Programm nicht angehalten werden kann, um die Datenbank zu restoren und das Programm an einem Checkpunkt neu zu starten, werden die Veränderungen am Datenbestand nie ausgeführt.

Bei dem Gebrauch der Statussicherung werden für jede ausgeführte Updateoperation alle nötigen Informationen in die Work- *und* in die Logdatei geschrieben. Da diese Informationen normalerweise ebenfalls geblockt werden, entstehen durch das sofortige Schreiben für jeden Änderungbefehl mehr I/O- Aktivitäten. Die Statussicherung sollte deshalb nur in solchen Fällen benutzt werden, wo Programme (z.B. Online-Verarbeitungen) zeitkritisch arbeiten müssen.

9.2.15.5 Autobackout (ET-Logik User)

Es wird vorausgesetzt, daß alle logischen Transaktionen (dies kann eine Reihe von einzelnen Transaktionen wie FIND, UPDATE eines Satzes beinhalten) mit einem ET (End of Transaction)-Kommando abgeschlossen werden. Alle Veränderungen, die mit einer logischen Transaktion in der Datenbank durchgeführt wurden, werden in der Arbeitsdatei (ADABAS work file) gespeichert. Mit Hilfe dieser beiden Informationen können im Falle eines Systemzusammenbruches alle Veränderungen bis zu der letzten vollständig ausgeführten logischen Transaktion (letztes ET-Kommando) rückgängig gemacht werden, so daß die Datenbank nur Änderungen von kompletten logischen Transaktionen enthält. Dem Benutzer wird eine lfd. Transaktionsnummer zurückgegeben, so daß er an der richtigen Stelle mit der Bearbeitung fortfahren kann. Die Funktionsweise kann durchaus mit der von Checkpunkten verglichen werden. Der Unterschied liegt jedoch darin, daß kein Zugriff auf die Logdatei erforderlich ist und der gesamte Ablauf automatisch von ADABAS gesteuert wird.

Beispiel:

User 1: L4, A4, L4, A4, ET L4, A4, L4, A4, ET L4, A4, L4, A4

logische Transaktion

User 2: S4, E4, ET S4, E4, ET S4, E4, ET S4, EA

logische Transaktion

Es werden automatisch bei dem User 1 die beiden A4-Kommandos der logischen Transaktion 3 und bei dem User 2 das E4-Kommando der 4. logischen Transaktion gelöscht.

User, die keine ET-Logik benutzen, bleiben herbei unberücksichtigt!

9.2.15.6 Autobackout Cluster (File Cluster User)

Während der Bearbeitung werden von ADABAS Synchronisations-Checkpunkte abgesetzt, an denen alle File Cluster Programme teilnehmen müssen. Bei einem Systemzusammenbruch oder „Absturz" eines File Cluster Programms werden, wie bei Autobackout beschrieben, alle Veränderungen bis zu dem letzten gemeinsamen Synchronisationspunkt automatisch gelöscht. Wenn nur ein Programm mit Fehler abgebrochen ist, werden die anderen Cluster-Benutzer von ADABAS über einen Returncode benachrichtigt. Dann werden alle Programme abgeschlossen (close) und auf der Operatorkonsole eine Nachricht ausgedruckt.

9.2.15.7 Backout (Exklusive Dateizuordnung)

Bei Exklusiven Dateizuordnungen werden die Änderungen im Fehlerfalle nicht automatisch ausgelöscht. Benutzer, die im Exclusive Update Modus arbeiten, benötigen keine Synchronisationspunkte. Es werden deshalb nur C1-Checkpoints initialisiert (ADABAS und User), die auf dem Logband vermerkt werden. Das Programm kann dann an dem letzten Checkpunkt, bzw. am Programmanfang neu gestartet werden.

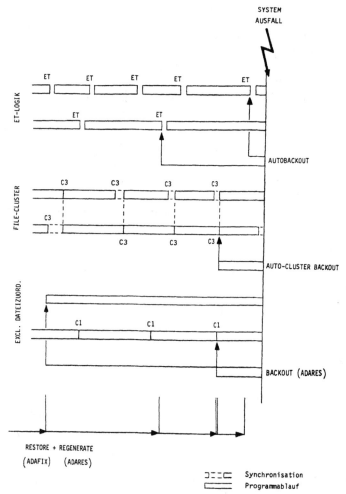

Bild 92: Übersicht über die ADABAS-Datensicherung

9.2.16 Datenschutz bei ADABAS

Der Schutz der Daten läuft bei ADABAS auf 2 Ebenen ab. Zum einen erfolgt eine Passwortprüfung beim Anmelden einer Datei zur Bearbeitung (**Datenschutz auf Dateiebene**) und zum anderen muß bei jedem Aufruf (außer bei einigen Ablaufkommandos) im Kontrollblock ein Passwort angegeben werden. Anhand dieses Passwortes wird geprüft, ob der

Anwender ein Feld oder einen Satz bearbeiten darf (**Datenschutz auf Feldebene**). Darüberhinaus **kann** der Zugriff auf ein Feld von den aktuellen Belegungen abhängig gemacht werden (**dynamischer Datenschutz auf Feldwerten**). Das heißt, daß ein Datensatz, der z.B. persönliche Daten enthält nur von den Mitgliedern der Personalabteilung (Abteilungscode P) gelesen werden kann.

Es wird bei der Bearbeitung einer Datei und eines Feldes zwischen einem einfachen Zugriff und einem veränderndem Zugriff unterschieden. Dadurch ist es z.B. möglich, daß ein **Benutzer Sätze** in einer Datei verändern darf, in einer anderen Datei jedoch nur Teile der Daten modifizieren und andere Teile nur lesen darf. Die Zugriffserlaubnis auf die Daten kann in sogenannten **Sicherheitsstufen** (bis zu 15) gestaffelt werden. Jeder Datei und jedem Feld werden ein Paar **Sicherheitsstufennummern** zugeordnet, jeweils eine Zahl für Zugriff und Update. (Dateien mit der Nr. 15 sind absolut geschützt, denn die höchste erlaubte **Zugriffsnummer** ist 14.) Die Sicherheitsstufennummern werden im Assoziator gespeichert (**file security table**). Ein Befehl wird von ADABAS nur ausgeführt, wenn die Stufennummer des Programmes (**Zugriffsstufennummer**) gleich oder größer der Sicherheitsstufennummer der Datei bzw. des Feldes ist. Die Zugriffsnummern werden von ADAMPM automatisch aus dem beim Open angegebenen Passwort ermittelt, so daß der Anwender mit dieser Methodik nicht belastet wird. Es besteht zu diesem Zweck eine Datei, in der die Verbindung zwischen Passwort und Stufennummern definiert sind (**security file**).

Zum besseren Verständnis des Mechanismus soll das folgende Beispiel beitragen: Die Dateien A, B, C sind mit verschiedenen Sicherheitsstufennummern belegt:

	Zugriff	Veränderung
Datei A	10	14
Datei B	11	11
Datei C	3	10

Die Datei A kann von allen Programmen mit der Zugriffsnummer größer gleich 10 gelesen und entsprechend nur von solchen Programmen mit der Zugriffsstufennummer 14 oder 15 verändert werden. Entsprechendes gilt für die anderen beiden Dateien.

Wenn ein Benutzer mit der folgenden Passwort-Zuordnung auf die drei Dateien zugreifen will,

Passwort	Datei A	B	C
XYZ	11/15	13/10	2/13

so kann er die Datei A lesen und verändern, die Datei B nur lesen und die Datei C überhaupt nicht bearbeiten. Ein Open auf Datei C würde dann mit dem Returncode 209 beantwortet werden. Auf dieselbe Weise wird der Feldschutz bearbeitet.

Die Zuordnung zwischen den Passwörtern der verschiedenen Benutzer wird in der Regel von dem Datenbankadministrator durchgeführt. Als Werkzeug steht ihm dazu das Utility **ADASCR** zur Verfügung. Mit diesem Programm können sowohl neue Passwörter eingerichtet, bestehende verändert und gelöscht, sowie die dazugehörigen Zugriffsstufennummern verändert werden. Das Einrichten und Ändern der Sicherheitsstufennummern wird ebenfalls mit diesem Modul ausgeführt.

Die Bearbeitung der Passwörter mit ADASCR ist relativ einfach. Die verschiedenen Funktionen werden durch Befehle, die formatfrei eingegeben werden können, aufgerufen.

Vorhanden sind die Funktionen INSERT, DELETE, PRINT. Die ersten beiden Befehle werden jeweils mit einem Passwort (1-8 alphanum. Zeichen), der Dateinummer und den Sicherheitsstufennummern parametriert. Z.B.:

INSERT   PW = MAI, FILE = 1, ACCESS = 10, UPDATE = 5

INSERT   PW = MAUSI, F = 2, ACC = 5, UPD = 10

DELETE   PW = HALLO /Löschen des Passwortes einschließlich aller Zugriffsnummern

DELETE   PW = HALLO, F = 2, /Löschen der Zugriffsnummern für die Datei 2

DELETE   ALL

INSERT   FILE = 3, AR, ACC = 5, U = 15 /Zuordnung der Sicherheitsstufennummern
5 und 15 zu dem Feld AR in der Datei 3

INSERT   F = 3, A = 0, U = 0 ⎫   / Nullsetzen der Sicherheitsstufennummern für

DELETE   FILE = 3   ⎬   die Datei 3, damit kann dieses File von jedem

INSERT   FILE = 3,0,0   ⎭   Programm gelesen und upgedatet werden.

Der Datenschutz bei ADABAS erscheint auf den ersten Blick sehr gut gelöst, vor allem, da die Feldnummern einzeln geschützt werden können. Aber gerade an dieser Stelle liegt ein Nachteil:

Da bei jedem Aufruf das Passwort angegeben werden muß, ist es nötig, das Wort im Programm als Konstante abzulegen. Dadurch ist es relativ leicht erreichbar. Dies ist eine Lücke in dem Sicherheitssystem, die nur sehr schwer zu schließen ist, da auch bei einer Verschlüsselung oder einer getrennten Abspeicherung des Passworts, immer im Programm ein Hinweis (Entschlüsselungsalgorithmus, Dateienname o.ä.) enthalten sein muß. Auch das zusätzliche Verschlüsseln der Daten kann hier keine Abhilfe schaffen, da die Entschlüsselung ebenfalls von dem Passwort abhängig ist.

Teil II: TP-Monitore

1. Überblick über die Entwicklung von der Stapelverarbeitung bis zum Onlinebetrieb

1.1 Batch-Verarbeitung (Stapelbetrieb)

Ein Computer verarbeitet Programme, die in einer Maschinensprache vorliegen. Diese ist für **Menschen** im allgemeinen nicht lesbar, da sie aus einer Folge von Bitkombinationen besteht. Man bezeichnet diese Form der Programme als **Objektprogramme**. Ein solches Objektprogramm entsteht im allgemeinen durch die **Übersetzung (Umwandlung)** eines in einer höheren Programmiersprache oder Assembler codierten Quellenprogrammes durch ein entsprechendes Umwandlungsprogramm (**Compiler**). (Dem Objektprogramm kann man nicht mehr ansehen, aus welcher Programmiersprache es entstanden ist.) Um das Programm auf dem Rechner zum Laufen bringen zu können, muß es

– in den **Arbeitsspeicher (Hauptspeicher) geladen** und an einer Anfangsadresse **gestartet** werden.

Dies erfolgt bei den heutigen Rechnern automatisch durch das Betriebssystem.

Die Benutzerprogramme befinden sich entweder auf den verschiedenen Sekundärspeichern oder u.U. auch auf Lochkarten oder -streifen. Das Betriebssystem, das ein sehr umfangreiches Programm ist, lädt die Programme nacheinander in den Arbeitsspeicher, bearbeitet sie und sorgt für die Ein- und Ausgabe der Daten, die von den Programmen verar-

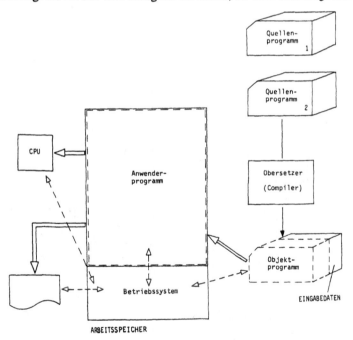

Bild 93: Batch Verarbeitung

beitet werden. Bei den früheren Rechnermodellen geschah dies in einer streng seriellen Art und Weise: Ein Programm wurde geladen, bearbeitet und die damit verbundenen Ein-Ausgabeaktionen ausgeführt. Erst nach der vollständigen Beendigung aller dieser Tätigkeiten wurde das nächste Programm in derselben Weise verarbeitet.

Diese Methode ist die ursprüngliche Form des Stapel- oder Batchbetriebes.

1.1.1 Nachteile des Batchbetriebes

Die Nachteile sind leicht einzusehen. Es besteht auch bei den heutigen Rechnern ein extremes Mißverhältnis zwischen den langsamen Ein/Ausgabegeräten und dem schnellen Rechnerkern (CPU). Die Ausnutzung des Rechnerkerns ist sehr schlecht, da er die meiste Zeit mit Warten auf die Ausführung der Ein/Ausgabeoperationen verbringt. Dies wirkt sich besonders nachteilig bei sehr ein/ausgabeintensiven Programmen aus.

Zur besseren Auslastung der CPU werden die Ein- und Ausgabedaten auf schnellen Peripheriegeräten wie Magnetplatte oder -trommel zwischengespeichert. Das langsamere Ein-

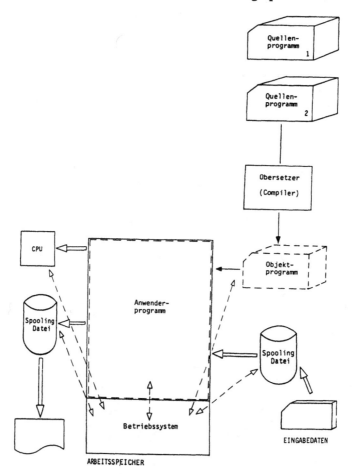

Bild 94: Batch-Verarbeitung mit E/A-Spooling

oder Ausgabegerät holt sich die Daten dann von diesen Zwischenspeichern bzw. liefert sie
dort ab. Der Rechnerkern wird also besser ausgenutzt, da er nur noch mit den relativ
schnellen Geräten wie Platten oder Trommeln zusammenarbeitet. Die Technik des Zwi-
schenspeicherns der Ein/Ausgaben wird als **Spooling** bezeichnet.

Da jedoch selbst die Magnettrommel im Vergleich mit dem Rechnerkern immer noch
sehr langsam ist, treten besonders bei E/A-intensiven Programmen immer noch große Wartezeiten auf. Die Auslastung des Rechnerkerns wird also durch das Spooling zwar erheblich verbessert, eine befriedigende Lösung des Problems kann dadurch jedoch nicht erreicht werden.

1.1.2 *Multiprogramming (Mehrprogrammbetrieb)*

Das **Multiprogramming** ist eine Betriebstechnik, mit der die Batchverarbeitung besser
realisiert werden kann.

Beim Multiprogramming werden die Wartezeiten der CPU, die durch Ein- oder Ausgaben entstehen, dazu benutzt, andere Programme zu bearbeiten. Zu diesem Zweck ist es

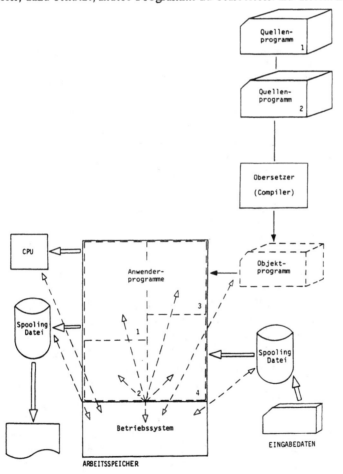

Bild 95: Batch-Verarbeitung mit Multiprogramming

notwendig, mehrere Programme gleichzeitig in den Arbeitsspeicher zu laden. Eine Wartezeit entsteht für die CPU jetzt nur noch, wenn für alle Programme, die im Kernspeicher
liegen, Ein- oder Ausgabeoperationen ausgeführt werden, wobei die des ersten Programmes noch nicht beendet sind, wenn die des letzten gestartet werden.

Durch das Multiprogramming wird die Ausnutzung der CPU noch einmal drastisch verbessert. Für die letzten Lücken können rechenintensive Programme als Lückenfüller (**Hin-
tergrundprogramme**) im Arbeitsspeicher gehalten werden.

Der Mehrprogrammbetrieb hat zwar den Vorteil, daß die CPU gut ausgenutzt ist, es
sind jedoch damit erhebliche Verwaltungsaufgaben verbunden, auf die hier nicht näher
eingegangen werden soll. Dazu gehören z.B. die Auswahl des nächsten zu bearbeitenden
Programmes (**scheduling**), Abgrenzung der Programme untereinander, Verteilung des
Speicherplatzes auf die Programme, Anzahl der Programme im Speicher u.v.a.m.

1.2 Online-Verarbeitung

Bei der Lösung von Problemen durch Batchprogramme ist der Anwender dazu gezwungen, solange auf die Ergebnisse des Programmlaufes zu warten, bis der Drucker den Ausga-
bevorgang beendet hat. Durch das Spooling ist dieser Zeitpunkt völlig unabhängig vom Ende des Programmes. Es ist auch in den heutigen Rechenzentren durchaus üblich, daß Er-
gebnis- oder Programmlisten erst Stunden nach Beendigung des eigentlichen Programmlaufes zu dem Benutzer gelangen. Für Programmierer hat dies den Nachteil, daß aufgrund dieser langen Wartezeiten die Programmerstellung verzögert und damit ineffizient wird. Für
die Fachabteilungen und die Geschäftsleitung stellt sich das Problem, daß die Daten (Statistiken o.ä.) beim Eintreffen in der Abteilung u.U. nicht mehr dem neuesten Stand entsprechen. Diese Probleme nehmen mit wachsender Programmanzahl und mit Größe der
Anforderungen, die an die EDV-Abteilungen gestellt werden, stark zu.

Durch den Online-Rechnergetrieb ist es möglich, daß jeder Benutzer direkt mit dem
Rechner in Verbindung steht (**Dialog-Verarbeitung**). Dies gilt sowohl für den Programmierer, der sein Programm nicht mehr auf Lochkarten stanzen muß, als auch für die Fachabteilungen und das Management, die über die Terminals ihre Informationen erhalten
können.

Mit dem Einsatz von **Bildschirmmasken** kann der Dialogbetrieb in einer eleganten und
sicheren Weise organisiert werden:
Die Kommunikation mit dem Rechner über fest vorgegebene Bildschirme hat den Vorteil,
daß eine genau definierte Auswahl von Feldern in einprägsamer, gut lesbarer Form angezeigt und bearbeitet werden kann. Es können Felder schreibgeschützt, blinkend, mit stär-
kerer Leuchtkraft und/oder als Muß-Eingabe- oder Kann-Eingabefelder definiert werden.

Mit Bildschirmmasken können die Benutzer auf einem vorgegebenen Weg, den sie nicht
verlassen können, durch die Verarbeitung geführt werden. Die Qualität eines Online-Pro-
grammes mit Bildschirmformaten hängt davon ab, wie sicher diese Führung des Anwenders ist. Das Programm muß in der Lage sein, alle Eingaben einschließlich Terminalfunk-
tionstasten abzufangen und zu verarbeiten. Dies kann auch in der Form von Fehlermeldungen geschehen. Die meisten Online-Systeme verfügen über eine Help-Funktion, mit der
der Benutzer Informationen abrufen kann, die ihm die Funktion von Befehlen, Tasten

usw. erläutern. Damit kann sich auch ein unkundiger Terminalbenutzer in vielen Fällen selbst durch ein System helfen.

Aufgrund dieser Vorzüge der Bildschirmverarbeitung bestimmen heute Ein-Ausgabemasken weitgehend die Online-Verarbeitung.

Alle anderen Formen sind in der Regel den Programmierern vorbehalten. Dies sind im wesentlichen ein Programmsystem zur Eingabe und Veränderung von Texten (**Editor**), sowie **Testhilfen** zum Online-Testen von Programmen.

Bei all diesen Vorteilen der Dialogverarbeitung soll nicht verschwiegen werden, daß mit der Einführung dieser Bearbeitungsform einige gravierende Nachteile verbunden sind. Dies beginnt mit dem Mangel an qualifiziertem DV-Personal und endet mit dem Aufwand bei der Umstellung von vorhandenen Daten und Batchprogrammen auf die Online-Verarbeitung.

Um deutlich zu machen, welche rechnerinternen Voraussetzungen nötig sind, um den Online-Betrieb zu ermöglichen, sollen in den folgenden Kapiteln kurz die verschiedenen Grundlagen vorgestellt werden.

1.2.1 Der Timesharing-Betrieb

Eine der konzeptionellen Grundlagen, die den heute in den meisten größeren Unternehmungen schon fast üblichen Online-EDV-Betrieb ermöglichen, ist das sogenannte **timesharing (Teilnehmerbetrieb)**.

Bei der bereits vorgestellten Multiprogrammingverarbeitung wird der Rechnerkern nach bestimmten Gesichtspunkten reihum an die im Hauptspeicher liegenden Programme verteilt. Wenn eines dieser Programme beendet ist, wird es aus dem Speicher entfernt und dafür ein anderes nachgeladen.

Beim Timesharing-Betrieb wird die Methode der Rechnerkernverteilung auf den Arbeitsspeicher erweitert. Das bedeutet, daß ein Programm nicht vom Anfang bis zum Ende der Bearbeitung ständig im Arbeitsspeicher liegt, sondern daß es zwischendurch komplett ausgelagert und wieder eingelagert wird. Dieser Prozeß des Ein- und Auslagerns wird **swapping** genannt. Dem Swapping sind normalerweise außer dem Betriebssystem alle Programme, die im Speicher liegen, unterworfen. Beim Auslagern eines Programmes auf einen Hintergrundspeicher (Platte oder Trommel) wird der momentane Zustand aller Variablen und Felder festgehalten, so daß nach der Einlagerung die Verarbeitung nahtlos weitergeführt werden kann. Der Grund zur Auslagerung kann eine Ein/Ausgabe des Programmes und/oder das Verstreichen einer Zeitspanne sein.

Der relativ zeitaufwendige Vorgang des Swapping wird bei den modernen Rechenanlagen dadurch verkürzt, daß nur solche Teile eines Programmes ausgelagert werden, die seit dem letzten Einlagern verändert wurden. Die anderen Teile werden in diesem Falle einfach überschrieben.

Die Anzahl der Programme, die gleichzeitig im Arbeitsspeicher liegen, ist theoretisch unbegrenzt, hängt jedoch in der Praxis von der Größe des Speichers ab. Da diese Anzahl jedoch einen sehr starken Einfluß auf die Auslastung des Systems besitzt, müßten entweder die Programme sehr klein und/oder der Speicher sehr groß sein. Weil dies nicht von vornherein und in jedem Falle durchführbar ist, wurde zur weiteren Leistungssteigerung des Computers das sogenannte **virtuelle Speicherkonzept** entwickelt, das im Folgenden ganz kurz vorgestellt werden soll.

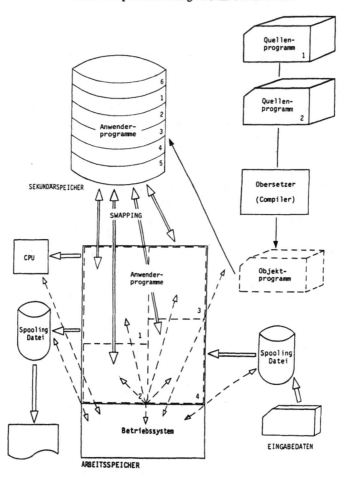

Bild 96: Batch-Verarbeitung mit Timesharing

1.2.2 Das virtuelle Speicherkonzept

Wie bereits ausgeführt, hängt die Schnelligkeit der Online-Verarbeitung stark von der Anzahl der Programme ab, die gleichzeitig im Speicher sind. Es wird dadurch Zeit, die zum Swapping nötig ist, reduziert und es können mehr Anwendungen ohne Swapping ausgeführt werden. Da es jedoch nicht möglich ist, den Arbeitsspeicher beliebig groß zu dimensionieren, ist es notwendig, die Programme möglichst klein zu halten. Da auch dieses nicht immer in dem erforderlichen Maße möglich ist, werden alle Programme vom Betriebssystem sozusagen „künstlich" verkleinert. Dies geschieht dadurch, daß jedes Programm automatisch in viele Teile zerstückelt wird. Diese Teile sind, je nach Betriebssystemphilosophie, entweder alle gleich lang (**page**) oder von unterschiedlicher Länge (**Segmente**). (Beide Arten können auch gemeinsam benutzt werden). Bei der Abarbeitung eines Programmes wird jetzt nicht mehr auf einen Schlag das gesamte Programm in den Speicher gebracht, sondern nur jeweils eine Page oder ein Segment. *Entsprechendes gilt für das*

Swapping. **Der** Arbeitsspeicher wird analog zu den Programmen auch in einzelne Bereiche unterteilt, **die gerade so groß** sind, daß sie eine Page aufnehmen können **(pageframe).**

Im Arbeitsbereich befinden sich also zu einem Zeitpunkt eine Vielzahl von kleineren Programmstücken, die alle quasisimultan verarbeitet werden. Wenn nun der Fall eintritt, daß alle **Kommandos,** die sich in einer **Page** oder in einem Segment befinden, abgearbeitet sind, **wird vom** Betriebssystem ein weiteres Teilstück nachgeladen und das alte evtl. entfernt **(paging).** Dies hängt u.a. davon ab, ob noch freier Platz im Speicher ist.

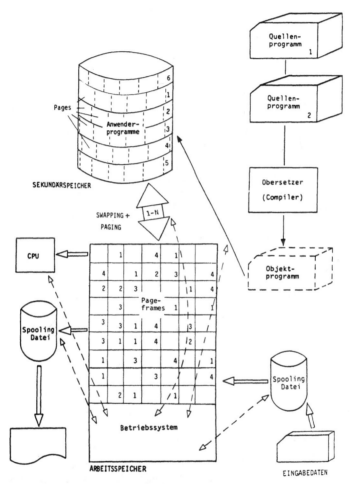

Bild 97: Batch-Verarbeitung mit virtuellem Speicher

Die Größe eines Programmes ist durch diese Methode nicht mehr durch die Größe des Arbeitsspeichers beschränkt, sondern durch die des Sekundärspeichers, auf dem es komplett gespeichert ist. Die Kapazität dieser Speichermedien ist heute jedoch so groß, daß es von daher praktisch keine obere Begrenzung für die Größe eines Programmes gibt.

Zum Schluß soll auf den immensen Verwaltungsaufwand hingewiesen werden, der notwendig ist, alle diese beschriebenen Aktivitäten in einer annehmbaren Zeit durchzuführen.

Dies ist nur aufgrund der sehr hohen Geschwindigkeit der modernen Rechner möglich. Die Vorgänge laufen normalerweise unsichtbar und unmerkbar für den Benutzer ab. Sie erlauben eine kurzfristige Bearbeitung der Benutzeranforderungen und damit eine hohe Aktualität der Informationen. Jeder Anwender hat dadurch das Gefühl direkt und alleine mit dem Rechner zu kommunizieren.

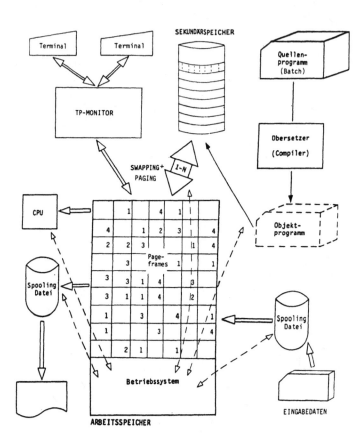

Bild 98: Batch/Online-Verarbeitung

Da es jedoch auch heute nicht nötig und sinnvoll ist, alle Anwendungen im Online-Betrieb abzuwickeln, werden in den Rechenzentren gleichzeitig sowohl Online- als auch Batch-Verarbeitungen durchgeführt. Um trotzdem die geforderten Antwortzeiten sicherzustellen, werden die Online-Benutzer bevorzugt bearbeitet. Die Zeit, die danach übrigbleibt, wird benutzt, um die Batchprogramme abzuarbeiten.

Zur Abwicklung der Online-Verarbeitung ist im Unterschied zur Batch-Verarbeitung bei vielen Großrechnern ein zusätzliches kompliziertes Ablaufsteuerungsprogramm notwendig (TP-Monitor).

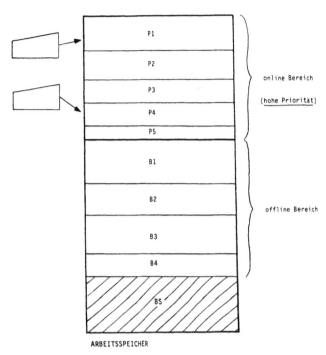

Bild 99: Aufteilung des Arbeitsspeichers in online und offline (Batch) Bereiche

2. Online-Verarbeitung mit TP-Monitoren

Die heutigen Großrechner arbeiten mit Betriebssystemen, die die beschriebenen Entwicklungsstufen durchlaufen haben. Das heißt, alle diese Systeme wie DOS,OS, BS1000 usw. wurden ursprünglich für die Batchverarbeitung konzipiert und entsprechend der wachsenden Anforderungen angepaßt und verändert. Gerade die Online-Verarbeitung stellt jedoch Forderungen, die sich wesentlich von der Batch-Verarbeitung unterscheiden:

— Es sollen viele Benutzeranforderungen parallel verarbeitet werden!
— Die Antworten sollen nicht erst am Ende eines Programmes sondern sofort ausgegeben werden!

Dies macht es notwendig, daß mehrere Terminalbenutzer mit den gleichen Programmen arbeiten und mehrere Programme auf die gleichen Dateien zugreifen können.

Mit der statischen Zuordnung von Programmen zu Regions/Partitions können diese Anforderungen nicht mehr erfüllt werden. Die Organisation eines TP-Monitors hebt deshalb diese starre Zuordnung für die Online-Programme auf. Er verteilt die Betriebsmittel wie Terminal, Hauptspeicherplatz, Dateien, Programme usw. kurzfristig an die einzelnen Benutzeranforderungen (Transaktionen). Nach der Erfüllung einer Anforderung stehen die Betriebsmittel für andere Transaktionen zur Verfügung.

Ein TP-Monitor nimmt also für seinen Bereich ähnliche Funktionen wahr, wie sie das Betriebssystem für den gesamten Rechnerbetrieb besitzt. Es gibt daher bei der Online-Verarbeitung eine Reihe von Begriffen, die ihre Entsprechung in der Rechnerorganisation finden.

2.1 Einführung und Definition von Grundbegriffen

Allgemein versteht man unter dem Begriff **Monitor** ein **Steuerprogramm**, das ihm untergeordnete andere Programmteile oder selbständige Programme steuert und koordiniert.

Das Steuerprogramm, das die Verarbeitung der Online-Ein/Ausgaben über Terminal regelt, wird als **Teleprocessing-Monitor**, abgekürzt **TP-Monitor**, bezeichnet. Für diese Monitore ist es unerheblich, ob ein Terminal direkt an den Rechner angeschlossen (**local**) oder ob es geographisch getrennt (**remote**) ist. (Im zweiten Falle wird die Verbindung über eine Datenübertragungsleitung z.B. **Standleitung** hergestellt.)

Als Steuerungsprogramm für die Dialogverarbeitung nimmt der TP-Monitor im modernen Rechnerbetrieb eine ganz zentrale Stellung an. Es ist sehr wichtig, daß er einerseits schnelle Antwortzeiten ermöglicht und andererseits eine geringe Belastung des Systems verursacht. Gerade der erste Punkt stellt eine wesentliche Schwierigkeit dar:

Die Anforderungen an den Monitor treffen ungeordnet und in unterschiedlichem Umfang (Stoßzeiten) ein.

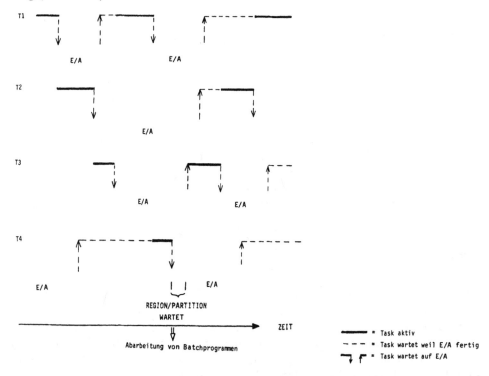

Bild 100: Beispiel Multitasking mit 4 Tasks: Überlappung der Task-Verarbeitung mit I/O-Operationen

Um die Bearbeitung zu optimieren, erlauben die meisten Monitore, wie das Betriebssystem des Rechners, eine Parallelverarbeitung der Benutzeranforderungen. Jedes Userprogramm wird als einzelne Aufgabe, als sogenannte task angesehen. So ist z.B. jedes Ter-
minal(-programm) eine Task. (Bei guten TP-Monitoren ist die Anzahl der Tasks unbegrenzt.) In einer Region/Partition werden mehrere Tasks gespeichert, die während der
Zeit, in der die Region/Partition aktiv ist, überlappt bearbeitet werden. Die Auswahl einer
zu bearbeitenden Task kann dabei entweder durch den Monitor selbst oder durch das Betriebssystem erfolgen. Man bezeichnet diese Form der Verarbeitung als multi-tasking, entsprechend dem Begriff Multiprogramming im allgemeinen Rechnerbetrieb. Die verschiedenen Tasks können untereinander kommunizieren.
Als letzter Begriff soll noch thread eingeführt werden. Unter einem Thread versteht man
den Speicherbereich, in dem die Tasks abgespeichert werden. Diese zusätzliche Unterscheidung ist nötig, da die Anwenderprogramme (Tasks) bei manchen Monitoren mit dem Mo-
nitorprogramm in einer Region/Partition liegen und dort von ihm aufgerufen werden. Es
gibt auch TP-Systeme, die mehrere Regions für die Benutzer belegen.

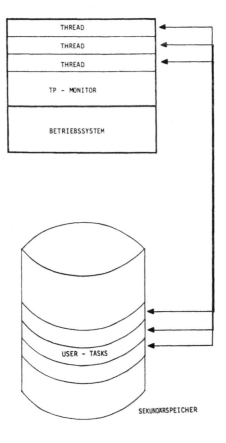

Bild 101: Aufbau einer TP-Monitor Region/Partition

Bei den meisten Anwendern wird der Fall auftreten, daß ein Programm von mehreren Benutzern gleichzeitig benutzt wird. Ein Beispiel hierfür ist ein Auskunftssystem bei dem mehrere Terminals mit dem gleichen Programm auf denselben Datenbestand zugreifen.

Diese Mehrfachverwendung eines Programmes kann auf verschiedene Arten geregelt werden:

- Jede Task erhält eine eigene Kopie des Programmes.
- Es existiert nur eine einzige Kopie des Programmes, das von allen gleichzeitig benutzt wird (**multi-threading, code sharing**).

Die erste Methode ist überschaubarer und einfacher im Handling als die zweite. Sie hat jedoch den Nachteil, daß Programm mehrfach im Kernspeicher vorhanden sein müssen.

Die Probleme, die bei dem code sharing auftreten, sollen in dem folgenden Kapitel etwas eingehender untersucht werden.

2.2 Das Re-entrant Problem

Wenn mehrere Benutzer gleichzeitig dasselbe Programm benutzen, ist der Fall sehr wahrscheinlich, daß in dem Programm-code Variable und/oder Felder enthalten sind, die im Verlaufe der Verarbeitung verändert werden. Wenn die einzelnen Tasks unterbrochen

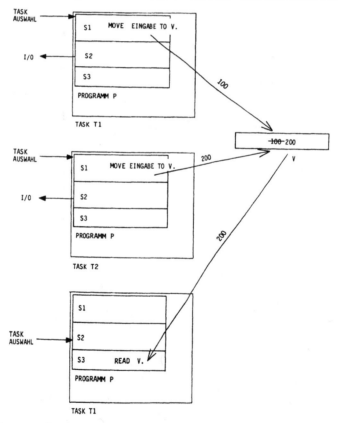

Bild 102: Das Re-entrant Problem

und zu einem späteren Zeitpunkt wieder „ins Leben" gerufen werden, muß sichergestellt sein, daß jede Task das Programm in dem Zustand vorfindet, indem sie es verlassen hat. Ein Programm, in dem dies garantiert ist, heißt **wiedereintrittsfähig (re-entrant).**

Diese Forderung kann nur erfüllt werden, indem die Variablen vom Coding getrennt werden. Zum besseren Verständnis soll das folgende Beispiel dienen:

Ein Programm besteht aus mehreren Sections S1 bis S3. Es wird von mehreren Benutzertasks T1 bis T3 bearbeitet. In der Section S1 wird eine Variable V modifiziert. In der darauffolgenden Section S2 erfolgt eine Ein- oder Ausgabeoperation, so daß die Bearbeitung der Task T1 unterbrochen wird. In der Wartezeit wird die Task T2 gestartet. Diese modifiziert mit demselben Kommando ebenfalls die Variable V. Dann erreicht T2 ebenfalls die Ein-Ausgabe Instruktion und wird unterbrochen. Jetzt kann entweder die Task T1 weiterverarbeitet oder die Task T3 gestartet werden. T3 würde die Variable erneut verändern.

In jedem Fall enthält die Variable V nicht mehr den alten Wert, wenn die Task T1 weiterbearbeitet wird.

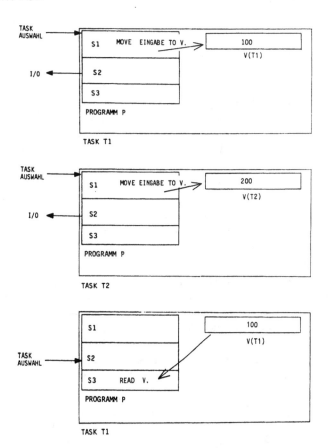

Bild 103: Das Re-entrant Problem

Durch die Trennung aller Datenbereiche, die während des Programmlaufes modifiziert werden können, von dem reinen Coding, kann erreicht werden, daß die Variable für jede Task den dazugehörigen Wert enthält. *Jede Task erhält einen eigenen Datenbereich exklusiv zugeordnet.* In diesem Bereich können alle Datenfelder beliebig manipuliert werden, ohne daß eine andere Task davon berührt wird. Die Verknüpfung zwischen Coding und Datenteil erfolgt über Adresspointer.

Eine andere wichtige Voraussetzung für die Lösung des re-entrant Problems liegt darin, daß das Programm keine codemodifizierenden Instruktionen enthält. Dies ist vor allem bei Assemblerprogrammen zu beachten. (Bei höheren Programmsprachen wie Cobol ist das Problem nicht relevant.) Aus diesem Grund ist die Trennung von Code und Daten gefahrlos möglich. Trotzdem bringt diese Aufteilung der Programme gerade bei Cobol einige Probleme mit sich. Dazu gehört z.B. das Zuordnen der Datenbereiche zu dem Codingteil. Die Monitore, die mit Codesharing arbeiten, arbeiten daher mit sogenannten **Pre-Compilern.** Dies sind Umwandlungsprogramme, die vor der eigentlichen Übersetzung in Objektcode, das Programm bearbeiten. Damit wird es möglich, den normalen Cobol-Instruktionsvorrat zu erweitern.

2.3. Aufgaben eines TP-Monitors

Die Aufgaben eines TP-Monitores sind sehr umfangreich. Es gehören dazu die Annahme der Benutzereingaben, die Ausgabe der Antworten auf dem Bildschirm, die Zuordnung der Ein-/Ausgaben zu den entsprechenden Benutzerprogrammen und Terminals, die Sortierung der Anfragen nach DB- und Nicht-DB-Dateien, Datenschutz, Datensicherung, Testhilfen, Dateiverwaltung, Überwachung des Ablaufes u.v.a.m.

Ein Monitor kann prinzipiell mit und ohne Datenbank eingesetzt werden. Im Einsatz ohne Datenbanksystem muß er die Verwaltung aller Dateien des Online-Systems übernehmen. Dies umfaßt u.a. den Schutz gegenüber konkurrierenden Zugriffen, Maßnahmen zur Datensicherung und Datenschutz. Er übernimmt also eine Vielzahl von Aufgaben für konventionelle Dateien, wie sie das Datenbankmanagementsystem für die Datenbankdateien besitzt. Allerdings werden keine eigenen Zugriffs- und Organisationsformen verwendet. Im Zusammenhang mit Datenbanken beschränken sich die Aufgaben auf die Dateien, die nicht von dem Datenbanksystem verwaltet werden. Wenn auch Batchprogramme auf Dateien, die von dem Monitor verwaltet werden, zugreifen sollen, wird der Monitor vor zusätzliche Probleme gestellt. In der Regel wird dies so gelöst, daß die entsprechenden Programme ebenfalls unter der Steuerung des TP-Monitors ablaufen (**asynchrone tasks**).

Neben der unterschiedlichen Behandlung der Mehrfachverwendung von Programmen unterscheiden sich die verschiedenen TP-Monitore u.a. im Komfort, in der Geschwindigkeit, dem internen Management der Tasks, in der Unterstützung der verschiedenen Betriebssystem-Zugriffsmethoden und der Schnittstellen zu Datenbanken. Unabhängig von diesen Unterschieden sollte ein guter TP-Monitor folgende Funktionen befriedigend erfüllen können:

- Es sollten die gängigsten Programmiersprachen wie Assembler, Cobol, Fortran, PL/1 bearbeitet werden können.
- Es sollte ein gutes Mapping-System zur Erstellung von Bildschirmmasken vorhanden sein.

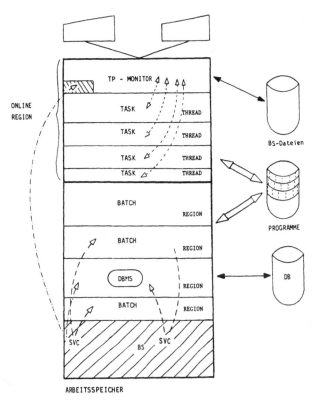

Bild 104: Kompletter Aufbau des Arbeitsspeichers mit TP-Monitor, Online-Programmen, DB-System
und Batchprogrammen

- Es sollten Bearbeitungsmöglichkeiten für DB- und Nicht-DB Dateien (interfaces zu Datenbanksystemen) vorhanden sein.
- Zur Eingabe von Programmen sollte ein leistungsfähiger und komfortabler Editor existieren.
- Zum Testen sollten möglichst umfangreiche Testhilfen angeboten werden.
- Bei code sharing sollten ausreichende Hilfen zur Erstellung von Programmen, die reentrant sind, bestehen.
- Es sollten Möglichkeiten vorhanden sein, um Programme untereinander aufrufen zu können.
- Es sollten vom Terminal aus Batchprogramme gestartet werden können.
- Das Antwortzeitverhalten sollte gut sein.
- Ein 24-Stundenbetrieb sollte garantiert werden.
- Der Umstellungsaufwand sollte möglichst gering bleiben.
- Es sollten ausreichende Mechanismen zum Datenschutz und zur Datensicherung angeboten werden.
- Bei Terminaldefekten sollte problemlos auf andere Terminals umgeschaltet werden können (logisches Terminalkonzept).

– Das System sollte möglichst unempfindlich gegenüber Hardware- und Betriebssystem-
  änderungen sein.
– Es sollte ausreichend Kapazität für Wartung und Unterstützung bei Ausfällen anbieten.
– Die Systemstatistiken sollten aussagekräftig sein.
– Das System sollte bei allen Anforderungen möglichst billig (Kauf, Schulung und War-
  tung) sein.

Diese Punkte müssen in Abhängigkeit der jeweiligen Anforderungen erweitert, ergänzt
und gewichtet werden.

3. Beispiele für TP-Monitore

3.1 COM-PLETE

COM-PLETE wird, wie das Datenbankmodell ADABAS, von der Firma SOFTWARE
AG, Darmstadt, vertrieben. Der Monitor kann auf Siemens- und IBM-Anlagen (OS/MFT,
VS1, MVT, SVS, MVS) benutzt werden. Dabei kann er sowohl als selbständiges **Daten-
kommunikations-System (DC-System)** mit konventionellen Dateien oder zusammen mit
Datenbanken eingesetzt werden. In Verbindung mit einem Datenbanksystem bildet COM-
PLETE ein komplettes DB/DC-System.

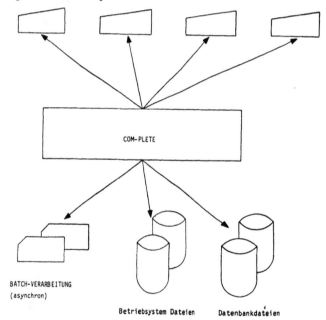

Bild 105: Übersicht über die COM-PLETE Funktionen

Mit COM-PLETE können die verschiedensten TP-Funktionen ausgeführt werden:

– Online-Dateneingabe
– Dialogbetrieb
– Realzeit-Verarbeitung

- Interaktives Programmieren
- Job-Fernverarbeitung
- System Management
- System Überwachung
- Zentraler Datenschutz.

Das TP-System gehört zu der Gruppe von Monitoren, die *kein Codesharing* benutzen. Dies wirkt sich z.B. günstig auf den Zeitaufwand, der für Programmumstellungen benötigt wird, aus. Die Anwenderprogramme brauchen in den meisten Fällen nur wenig verändert werden, da sie nicht re-entrant geschrieben sein müssen. Außerdem unterscheidet sich die Programmstruktur mit COM-PLETE nur wenig von einem Batchprogramm ohne COM-PLETE.

3.1.1 Der Aufbau von COM-PLETE

COM-PLETE benutzt eine Region/Partition im Hauptspeicher. Die einzelnen Anwenderprogramme befinden sich ebenfalls in dieser Region und werden dort von dem TP-Monitor geladen, ausgeladen und aufgerufen. Der Speicherplatz, den das Online-System belegt, hängt von dem Umfang der Anwendungen ab. Große Teile der Online-Region liegen während der Verarbeitungszeit *real* im Arbeitsspeicher. Diese Teile unterliegen nicht dem normalen Betriebssystempaging (page fixed). (Im wesentlichen sind dies die Threads und häufig benutzte Teile der COM-PLETE Verwaltungsprogramme.)

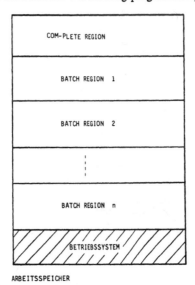

Bild 106: COM-PLETE im Arbeitsspeicher

COM-PLETE selbst besteht aus drei Hauptbereichen, den System Tasks, den Common Modules und den Threads.

Die **System Tasks** regeln die Kommunikation mit den Terminals. Dazu gehört eine eigene Terminalzugriffsmethode und ein Spoolbereich für Nachrichten und Ausdrucke.

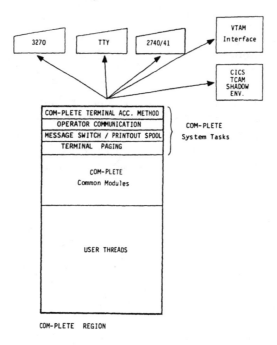

Bild 107: Aufbau der COM-PLETE Online-Region

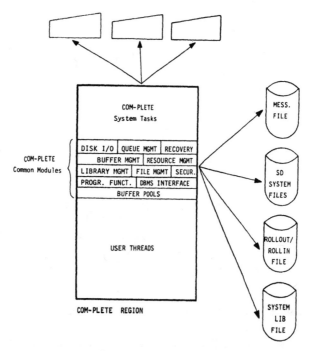

Bild 108: Aufbau der COM-PLETE Online-Region

Zu den **Common Moduls** gehören alle Programmteile, die den Ablauf des Systems regeln. Dies sind u.a. Recovery für Nachrichten, Datenbank Interface, das Management der Dateien, Bibliotheken und Puffer sowie der Datenschutz. Außerdem sind in diesem Teil verschiedene Bufferbereiche enthalten.

Die **Threads**, in die die Benutzertasks geladen werden, können unterschiedliche Grössen besitzen. Die Größen hängen von verschiedenen Faktoren ab. Zum einen muß ein Programm komplett in einen Thread passen, und die Anzahl der Plattenzugriffe soll möglichst klein sein. Andererseits sollte der Online-Bereich, da er resident ist, nicht zu groß werden.

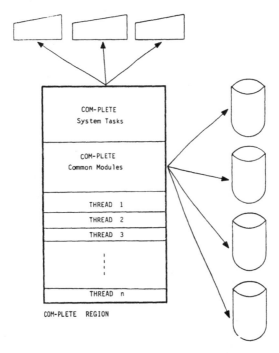

Bild 109: Aufbau der COM-PLETE Online-Region

Die Anzahl der Benutzerthreads ist maximal 15. Sie wird zusammen mit der Größe der Threads bei der Generierung von COM-PLETE definiert. Die Speicherplätze eines Thread liegen im Speicher zusammenhängend hintereinander. In einem Thread können beliebig viele Benutzer mit unterschiedlichen Programmen überlagert arbeiten. Die Zahl der Benutzertasks ist daher nur durch die Anzahl der Terminals begrenzt, wobei einem Thread zweckmäßigerweise mehrere Terminals zugeordnet werden. Das Ein- und Auslagern der Threadinhalte in bzw. aus einem Thread übernimmt bei COM-PLETE ein eigener **paging supervisor**. In einem Thread liegen neben dem Coding auch die Verwaltungsinformationen zur Steuerung des Benutzers und die aktuellen Daten für ein Terminal. Damit die Benutzerthreads sich nicht gegenseitig überschreiben können sind sie untereinander und gegenüber dem COM-PLETE Nukleus geschützt.

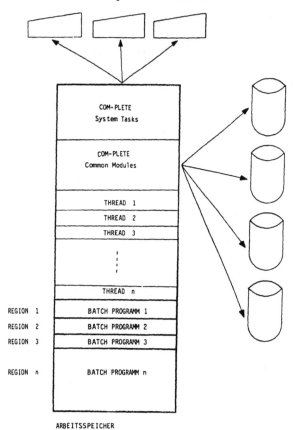

Bild 110: Aufteilung des Arbeitsspeichers

3.1.2 Das Taskmanagement bei COM-PLETE

3.1.2.1 Automatisches Management durch COM-PLETE

Die Verarbeitung der Benutzer und der verschiedenen Verwaltungsaufgaben erfolgt in **System-Subtasks**. Es wird dabei noch zwischen den COM-PLETE System-Subtasks und den **Benutzer-Subtasks** unterschieden. Die Benutzer-Subtasks werden zur Verarbeitung in den Threads abgespeichert.

Alle I/O-Operationen der Anwender werden überlappt bearbeitet (multitasking). Ausserdem wird bei COM-PLETE das Auslagern von Tasks mit anderen Tätigkeiten überlappt. Da wesentliche Teile der Online-Region nicht dem System-paging unterliegen, wird die entsprechende Verwaltung von COM-PLETE selbst übernommen. Das Ein- und Auslagern der Threadinhalte führt der Paging Supervisor aus. Wenn das Userprogramm in einem Thread ein Terminal I/O durchführt oder einen Datenbankaufruf absetzt, wird der Thread zur Auslagerung freigegeben. Der COM-PLETE Paging Supervisor führt dann den Austausch eines Threadinhaltes mit einem gezielten Plattenzugriff aus. Da die Schnelligkeit, in der dieser Austausch der verschiedenen Benutzertasks ausgeführt wird, sehr wichtig ist, benutzt COM-PLETE eine eigene Technik, die im folgenden kurz beschrieben werden soll:

Vorausgesetzt sei eine Region mit zwei Threads. Neben den zwei darinliegenden Tasks befinden sich noch mehrere weitere Programme auf einem Plattenspeicher. Von diesem werden alle die, die zur weiteren Bearbeitung bereit sind, in eine Warteschlange (ready to run queue) eingetragen. Der Threadinhalt mit der höchsten Priorität wird aus der Warteschlange ausgewählt und beim nächsten Austausch *komplett* in den Arbeitsspeicher geladen. Die Threads sind auf der Platte so abgespeichert, daß auf jedem Zylinder stets eine Lücke ist, in die die auszulagernden Threads passen. Das Schreiben und Lesen kann dadurch mit nur einer Lese- Schreibkopfpositionierung durchgeführt werden.

Das Ein- und Auslagern wird allerdings nur ausgeführt, wenn vorauszusehen ist, daß die I/O-Wartezeit des Programmes den Vorgang rechtfertigt. Bei einzelnen Plattenzugriffen werden die Threads nicht freigegeben, da die Wartezeit hierfür zu klein ist (30 - 100ms). Während dieser Wartezeit erfolgt jedoch eine Überlappung mit der Bearbeitung von anderen Threads.

COM-PLETE Tasks können jederzeit von einem Terminal aus gestartet werden. Daneben können noch Asynchrone Tasks von Anwendungsprogrammen oder vom Terminal aus abgeschickt werden. Unter diesem Begriff versteht man Verarbeitungen, die ohne Terminalverbindungen ablaufen. Asynchrone Tasks können mit Batchprogrammen verglichen werden, die alle Funktionen des TP–Monitors benutzen. Anwendungsbeispiele sind das Einspielen von Daten in Online-Dateien oder Verarbeitung von Online-Dateien. Diese Programme laufen dann in eigenen Regions/Partitions ab. (Zum Austausch von Daten können spezielle COM-PLETE Dateien benutzt werden.)

3.1.2.2 Management durch den Anwender

Neben dem im vorigen Kapitel beschriebenen Ablauf, hat bei COM-PLETE das Benutzerprogramm selbst die Möglichkeit, Programme nachzuladen und zu starten. Dabei kann das neue Programm in einen eigenen oder in den gleichen Thread gelegt werden. Im letzteren Fall wird das aufrufende Programm überschrieben und ist damit zerstört. Die Programme können sich Datenbereiche als Parameter übergeben.

Das gegenseitige Aufrufen von Programmen hat den Vorteil, daß damit komplexe Ablaufstrukturen möglich sind. Außerdem können Programm-Module in verschiedenen Anwendungen benutzt werden. Ein Beispiel für einen solchen Ablauf ist die Anwendung „Lagerverwaltung", die sich aus verschiedenen einzelnen Programm-Moduln wie „Lagereingang", „Lagerausgang", „Verbuchung des Zahlungseinganges", „Anschriften-Änderung" und „Mahnung" zusammensetzt. Das Modul „Anschriften-Änderung" könnte dann auch von anderen Anwendungen wie Kundendatei o.ä. verwendet werden.

Das Aufrufen von Programmen durch Anwenderprogramme wird bei COM-PLETE **Overlay Technik** genannt. Es steht dazu eine Reihe von Funktionen zur Verfügung, die alle mit CALL bzw. MCALL bei Assembler, aufgerufen werden können:

ATTACH Mit dieser Funktion kann ein bestimmtes Programm in einen Thread geladen und parallel zu dem anlaufenden Programm ausgeführt werden.

COLOAD   Hiermit kann ein Programm in einen Thread geladen werden. Es wird jedoch nicht automatisch gestartet wie bei ATTACH. Dies geschieht durch die Funktionen COLINK oder COXCTL. Jeder Aufruf von COLOAD bewirkt eine Erhöhung eines „Use"-Zählers. (Bei jedem Aufruf von CODEL wird er wieder um 1 vermindert!) Wenn ein Programm mehrmals mit COLOAD aufgerufen wird, muß es re-entrant geschrieben sein, da nur eine Kopie angelegt wird!

CODEL   Diese Funktion vermindert den „Use"-Zähler eines Benutzerprogrammes um 1. Wenn der Zähler 0 erreicht hat, wird das Programm gelöscht. Die Funktion hängt eng mit der COLOAD-Funktion zusammen.

COLINK   Mit COLINK wird die Kontrolle an ein anderes Programm übergeben. Die Kontrolle geht nach Beendigung des Programmes wieder an das aufrufende Programm zurück. (Zu der Instruktion nach dem COLINK-Call.) Wie bei CO-LOAD wird bei mehrmaligem Aufruf des gleichen Programmes nur eine Kopie angelegt.

COXCTL   Mit dieser Funktion wird ebenfalls die Kontrolle an ein anderes Programm übergeben. Im Unterschied zu COLINK erfolgt jedoch kein Rücksprung beim Ende.

FETCH   Hiermit wird ein Programm in den Thread des aufrufenden Programmes geladen und ausgeführt. Das alte Programm ist damit zerstört!

Beim Aufruf der Funktionen müssen verschiedene Parameter übergeben werden. Dazu gehören der Name des Programmes, sowie die Adresse und die Länge der Datenbereiche für das neue Programm. Nach jedem Aufruf gibt COM-PLETE einen Returncode zurück, der angibt, ob die Ausführung korrekt (= 0) oder fehlerhaft war.

3.1.3 Terminalmanagement bei COM-PLETE

3.1.3.1 Die Terminalzugriffsmethode CTAM

COM-PLETE benutzt zum Dialog eine eigene Zugriffsmethode (CTAM, **COM-PLETE Terminal Access Method**). Sie ist unabhängig von den Betriebssystem Zugriffsmethoden. CTAM arbeitet wahlweise entweder in einem **generellen polling** Modus oder mit **gezieltem polling**. Der erste Begriff sagt aus, daß turnusmäßig *alle Terminals* reihum abgefragt werden, ob sie eine Eingabe erhalten haben. Diese Abfragen werden bei COM-PLETE durch das Kanalwerk durchgeführt, so daß die CPU nur in Anspruch genommen wird, wenn tatsächlich eine Datenübertragung stattfinden soll. Beim gezielten Polling fragt die CPU nur *ein einzelnes Terminal* ab.

Die Zugriffsmethode übernimmt den Aufbau von Steuerblöcken, Kanalprogrammen und Steuerzeichen für die Leitungssteuerung. Für die Übertragung der Daten zwischen Terminal und Hauptspeicher werden keine Warteschlangen im System eingerichtet. Die Daten verbleiben in dem Terminalpuffer, bis sie von COM-PLETE abgeholt werden. Das Terminal ist in der Zeit für weitere Eingaben gesperrt. Die Pufferbereiche, die zur Übertragung benötigt werden, werden alle dynamisch nur mit der benötigten Länge zugeordnet und sofort wieder freigegeben. Die Puffer werden bei der Terminalkommunikation in Einheiten von 16 Bytes vergeben (**small buffers**).

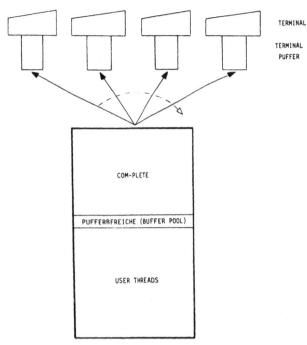

TERMINAL

TERMINAL
PUFFER

COM-PLETE

PUFFERBEREICHE (BUFFER POOL)

USER THREADS

Bild 111: Polling   COM-PLETE REGION

3.1.3.2 Die Terminalverwaltung bei COM-PLETE

COM-PLETE unterscheidet zwischen **logischen** und **physischen Terminals**. Das bedeutet, daß jedes Gerät intern einen Namen besitzt, über den es von dem Monitor angesprochen wird. Die Programme können beliebig von jedem Terminal aus bearbeitet werden. Es besteht kein fester Zusammenhang zwischen Gerät und Programm. COM-PLETE merkt sich jedoch, daß ein Programm von einem bestimmten Terminal aus gestartet wurde, betrachtet es als **Primärterminal** für dieses Programm und leitet die Antworten dorthin zurück. Bei Ausfall eines Gerätes kann interaktiv über die Operator-Konsole eine Umdefinition der Zuordnung durchgeführt werden. Zur Kommunikation mit anderen Terminals kann über eine interne Liste mit den entsprechenden logischen Gerätenamen eine Verbindung definiert werden. Auch hier kann interaktiv eine Umdefinition erfolgen. COM-PLETE kann auch Terminals bedienen, die gleichzeitig an TSO oder CICS zugewiesen sind.

Bei der Online-Verarbeitung mit vielen Terminals kann sehr leicht der Fall auftreten, daß einige Benutzer gleichzeitig ihre Anforderungen (Transaktionen) an COM-PLETE stellen. Zur Festlegung von Reihenfolgen für die Bearbeitung können Prioritäten vergeben werden. Dafür gibt es zwei Möglichkeiten:

— Prioritäten des Terminals
   Dabei können jedem Terminal frei vergebbare Prioritäten zugeordnet werden. Alle Terminals werden, wenn sie eine Eingabe erhalten haben, in eine Warteschlange eingetragen (**ready-to-run-queue**). Aufgrund der vergebenen Prioritäten werden sie dann innerhalb eines Threads abgearbeitet.

– Prioritäten des Threads

Die Threads werden nacheinander gestartet, so daß dem 1. Thread die höchste Priorität zukommt. Programme können mit der Threadlock-Option bestimmten Threads zuge- ordnet werden, wodurch eine Reihenfolge entsteht.

3.1.3.3 Die Terminal Ein/Ausgabe Funktionen

Bei COM-PLETE gibt es für die Anwenderprogramme 3 verschiedene Möglichkeiten mit dem Terminal zu kommunizieren:

1. Terminal Input und Output
2. Bildschirmmasken
3. Terminal Paging.

Diese drei Ausgabemöglichkeiten können in einem Programm zusammen benutzt werden.

Zu Terminal Input/Output

Bei dieser Methode werden die Ein- und Ausgabeformate im Benutzerprogramm definiert. Zur Ausführung der I/O-Operationen stehen die Funktionen READ und WRT zur Verfü- gung. Es gibt zwei Arten der Terminal Ein/Ausgabe mit diesen Funktionen, **terminalab- hängig** und **terminalunabhängig**.

Bei der terminalabhängigen Ein/Ausgabe müssen alle Steuerzeichen, die zur Bildschirm- kommunikation nötig sind, im Programm selbst bereitgestellt bzw. verarbeitet werden.

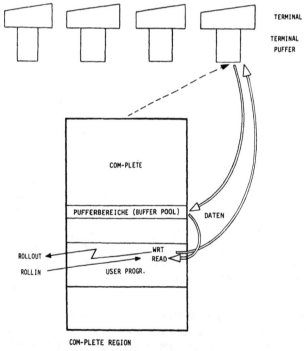

Bild 112: Terminal INPUT/OUTPUT

Bei der terminalunabhängigen Ein/Ausgabe sind alle Steuerzeichen aus dem Eingabestrom bereits entfernt. Entsprechend fügt COM-PLETE alle nötigen Steuerzeichen in den Ausgabestrom ein.

Die *Funktion WRT* verursacht nach der Ausführung der Ausgabe das Auslagern des Programmes, wenn ein anderes Programm wartet. An den Namen WRT können verschiedene Outputoptionen angehängt werden. Z.B. bedeutet WRTD, daß das Programm nach der Ausgabe beendet werden soll. Der Buchstabe C (**Konversationsmodus**) bewirkt, daß das Programm nach der Ausgabe zwar ausgelagert, aber sofort in die Ready-To-Run-Queue eingetragen wird. Andernfalls erfolgt dies erst nach Abschluß der Eingabe (Returntaste). Die Eingabe selbst befindet sich im Terminalpuffer. Von dort wird sie von COM-PLETE in den COM-PLETE Terminalpufferbereich (Small Puffer) im Arbeitsspeicher gelesen. Wenn das entsprechende Programm dann in den Thread geladen wird, lädt es mit der Read-Funktion die Daten in seinen Datenbereich. COM-PLETE gibt danach den Pufferbereich sofort wieder frei. (Dies kann verhindert werden, wenn bei dem Aufruf der Readfunktion die Re-read-Option (READR) angegeben wird.) Beide Funktionen, READ und WRT, geben Returncodes zurück, die Auskunft geben, ob und welche Fehler bei der Bearbeitung auftraten.

Zu Bildschirmmasken

Die Ein- und Ausgaben werden über fest definierte Bildschirmformate (**maps**) ausgeführt. Diese Masken werden bei COM-PLETE unabhängig von den Programmen erstellt und verwaltet. Die Erstellung kann interaktiv über Terminal mit einem speziellen Dienstprogramm (UMAP) durchgeführt werden. Das Utility stellt alle Kommandos zur Verfügung, die notwendig sind, um die Felder eines Bildschirmes zu definieren. Alle Felder der Maske werden dabei an die Stelle des Bildschirmes geschrieben, an der sie bei der Ausgabe liegen sollen. Hinter die Felder müssen die Spezifikationen (blinken, geschützt usw.) gelegt werden. Vor dieser Bildschirmdefinition muß eine COM-PLETE SD-Datei eingerichtet werden, in der die Maske gespeichert werden kann. Von dort können die Definitionen jederzeit abgerufen und auf dem Bildschirm überprüft, getestet und geändert werden. Nach erfolgreichem Austesten können sie in eine Ladebibliothek übernommen werden. Die SD-Datei wird dann nicht mehr benötigt und kann gelöscht werden. Von der Ladebibliothek werden die Formate in die COM-PLETE Bibliothek übernommen, von der sie von den Anwenderprogrammen zur Laufzeit dynamisch aufgerufen werden.

Die Trennung der Masken von den Programmen hat den Vorteil, daß das Aussehen eines Bildschirmes jederzeit verändert werden kann, ohne daß die Programme davon berührt werden.

Im Anwenderprogramm muß ein **mapping request control block** (MRCB) enthalten sein, der den Namen der Maske sowie verschiedene Terminal- und Feldkontrollinformationen enthält. Daneben kann, wenn in einem Programm die vordefinierten Feldcharakteristika verändert werden sollen, eine **Feld Kontroll Tafel** (FCT) eingebaut werden. Außerdem muß im Programm ein Bereich definiert sein, in den bzw. aus dem die Feldwerte gelesen bzw. geschrieben werden. Das Lesen und Schreiben aus bzw. in den Bildschirm geschieht mit den beiden Funktionen READM und WRTMC. Sie werden in dem Benutzerprogramm mit CALL aufgerufen. Dabei müssen als Parameter ein Feld für den Returncode, der MRCB, der Datenbereich (wenn nötig) und evtl. die FCT übergeben werden.

Wenn der erste Call in dem Programm ausgeführt wird, wird die Bildschirmmaske automatisch von COM-PLETE geladen.

zu Terminal Paging

Diese Ausgabeform ist immer dann wichtig, wenn durch eine Transaktion soviele Ausgaben erzeugt werden, daß sie mehr als eine Bildschirmfüllung in Anspruch nehmen. Dies kann z.B. bei der Anzeige von kompletten Namenslisten auftreten. Die gesamte Menge der Ausgabe wird in diesem Fall in einer internen temporären **Paging-Datei** zwischengespeichert. (Eine Page der Datei entspricht einer Bildschirmfüllung.) Von dieser Datei aus können die einzelnen Bildschirmausschnitte vom Terminaluser beliebig abgerufen werden. COM-PLETE bietet dafür Standardfunktionen an, die das Blättern in dem Datenbestand erlauben.

Als temporäre Zwischendatei wird eine COM-PLETE SD-Datei benutzt, die durch das Benutzerprogramm eingerichtet werden muß. (Es kann nur eine Datei für ein Programm zu einer Zeit bestehen.) Die Datei ist dann einem Terminal zugeordnet und kann deshalb von keinem anderen aus gelesen werden. Wenn das Programm beendet wird, wird die Datei automatisch von COM-PLETE gelöscht. Die Pages in der Datei sind von 1 bis n durchnummeriert (max. 255). Das Benutzerprogramm muß beim Füllen der Datei eine Bildschirmseite auswählen, die bei der ersten Ausgabe abgezeigt werden soll (**current page**). Nach der Initialisierung wird die am meisten benutzte Page von COM-PLETE als Current Page ausgewählt.

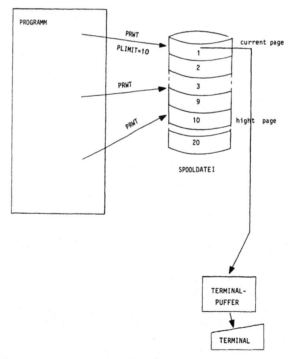

Bild 113: Das Terminalspoolingkonzept

Das Anzeigen der Datei kann entweder mit dem Utility UP oder durch Funktionstaste ausgeführt werden. Das Utility stellt verschiedene Display-Funktionen zur Verfügung. Das sind z.B. Anzeigen einer Page mit einer bestimmten Nummer, Anzeigen der nächsten oder der vorigen Page, Anzeigen der letzten oder ersten Page auf dem Bildschirm. Alle Kommandos werden unabhängig von dem Anwenderprogramm ausgeführt (**COM-PLETE Terminal Subtask**), das in der Zwischenzeit von COM-PLETE ausgelagert wurde. Durch Drücken der Returntaste (Sendetaste) wird das Utility verlassen und in das Benutzerprogramm zurückgesprungen. Zum Einrichten der Paging Datei muß im Programm die Funktion **POPEN** aufgerufen werden. Das Schreiben und lesen in bzw. aus der Paging Datei wird durch die Funktionen PWRT bzw. PREAD erledigt.

3.1.3.4 Senden von Nachrichten an Terminals (message switching)

Es können bei COM-PLETE, wie bei den meisten TP-Monitoren, Nachrichten zwischen Terminals hin und hergeschickt werden. Solche Nachrichtentexte können sowohl von einem Terminal zu einem anderen oder von einem Terminal zu mehreren anderen gesendet werden. Es ist außerdem möglich, Alternativempfangsterminals auszuwählen, die angesteuert werden sollen, wenn das eigentliche Empfangsgerät nicht bereit ist. Durch COM-PLETE-Kommandos können Terminals für den Empfang von Nachrichten aktiviert oder desaktiviert werden. Die Nachrichten können mit weiteren COM-PLETE-Befehlen außerdem in verschiedenen Formen manipuliert werden. So können die Nachrichten z.B. gespeichert und mehrmals abgerufen oder automatisch nach einer bestimmten Zeit zur Anzeige gebracht werden. Es ist auch möglich, Nachrichten zu löschen bevor sie ausgegeben werden. Das Senden von Nachrichten ist bei COM-PLETE nicht auf Terminals beschränkt. So können zusätzlich auch Online- und Batchprogramme Nachrichten an Terminals abschicken.

3.1.3.4.1 Nachrichten von Terminal zu Terminal

Alle Botschaften, die zu Terminals geschickt werden, werden von COM-PLETE in eine Plattendatei geschrieben. Diese Dateien sind jeweils einem Terminal zugeordnet und enthalten alle Messages für das Terminal.

Den Botschaften können Prioritäten zugeteilt werden. Sie können beliebig oft aus der Datei abgerufen und angezeigt werden. (Die maximale Verweilzeit einer Botschaft in der Datei ist 24 Stunden.)

COM-PLETE unterteilt alle Nachrichten in Segmente. Jedes Segment kann bis 1000 Byte lang sein. Die Anzahl der Segmente wird nur durch die Größe der Messagedatei begrenzt. Vor der Ausgabe auf dem Terminal werden alle Segmente einer Nachricht zusammengebunden.

Die Messages können, wenn es erforderlich ist, mit Sicherheitsrestriktionen versehen werden. Dazu kann ihnen ein **Klassen Code** (class code) zugeteilt werden. Dieser teilt sich in zwei Kategorien; Sicherheits-Klassencode (von 1-7) und andere Sonderklassen (von 8-16). Jedes COM-PLETE-Terminal hat zwei Sicherheitsklassen-Codes zugeordnet, die die Art der Message, die es schicken und die die es empfangen kann, spezifiziert.

Die Nachrichten werden, wenn keine anderen Messages vorliegen, sofort nach dem Absenden auf den Empfängerbildschirm geschrieben. Wenn dieser aus irgendwelchen Grün-

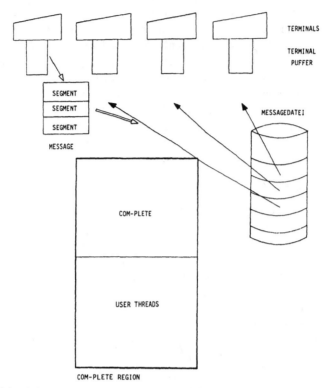

Bild 114: Nachrichtenbehandlung (Terminal – Terminal)

den nicht empfangsbereit ist, kann auf ein ausgewähltes Alternativgerät geschrieben werden. Beim Schreiben kann es vorkommen, daß durch Fehler oder andere Eingriffe (z.B.
Stop-Taste), der Schreibvorgang unterbrochen wird. In diesem Falle sorgt eine COM-
PLETE Message-Restart Mechanik dafür, daß die verlorengegangenen Teile erneut ausgegeben werden. Dies erfolgt auf einer Checkpunktbasis, z.B. Bildschirmseitenende.

Zum Senden von Botschaften von einem Terminal zu einem oder mehreren anderen
von COM-PLETE verwalteten Terminals dient das Utility UM. Es wird über ein Auswahl-
menu vom Bildschirm aus aufgerufen. Als UM-Kommandos existieren u.a. Senden, Löschen, Halten, Freigeben von Messages und die Terminalkommandos zum Definieren des
bzw. der Ziel- und Alternativterminals, zum Sperren und Freigeben eines Terminals gegenüber Botschaften usw.

3.1.3.4.2 Nachrichten von Programmen an Terminals

Das Verfahren entspricht weitgehend den bei den Terminalnachrichten beschriebenen
Aktionen. Die Größe der Segmente kann jedoch 32 766 Bytes betragen.

Das Abschicken einer Nachricht von einem Programm (Online oder Batch) geschieht
mit der Funktion MESGSW. Sie wird mit einem Call aufgerufen, bei dem verschiedene Parameter übergeben werden müssen. Diese geben den Bereich und die Länge der Nachricht
im Programm an.

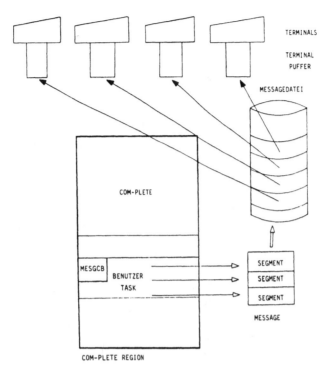

Bild 115: Nachrichtenbehandlung (Programm – Terminal)

Das Programm muß außerdem noch einen sogenannten **message switching control block** (MESGCB) enthalten. Dieser beinhaltet verschiedene Informationen über die Nachricht, die COM-PLETE zur Ausführung benötigt. Dies sind die Nachrichtenklasse, ein Segment-schalter und eine Identifikationsnummer. (Der Segmentschalter zeigt COM-PLETE an, ob es sich bei der vorliegenden Nachricht um einen Teil (Segment) einer Nachricht oder um eine komplette Nachricht handelt.) Die Adresse des Kontrollblockes ist ebenfalls ein Para-meter bei dem Call der Funktion MESGSW. COM-PLETE gibt nach dem Rücksprung aus MESGSW einen Returncode zurück.

Zur Ausgabe von Nachrichten und Daten auf langsamere Geräte wie Druckerterminals steht eine eigene COM-PLETE Spooling-Organisation zur Verfügung. Die Programme brau-chen also nicht auf die Ausführung des Druckes zu warten. Außerdem können die Nach-richten dadurch mehrfach abgerufen werden.

Alle Ausgaben werden auf einer Platte gespeichert. Die Plattendatei wird mit der Funk-tion PSOPEN von dem Programm eröffnet, mit der Funktion PSPUT beschrieben und da-nach mit PSCLOS zum Ausdruck freigegeben. Zur Spezifikation der Nachricht ist der **printout spool control block** (PSCB) im Programm erforderlich. Er enthält wie der MESGCB den Klassencode und eine Identifikationsnummer sowie die Länge der Nach-richt.

3.1.4 Programmanagement bei COM-PLETE

3.1.4.1 Erstellung von Anwendungsprogrammen

Die Anwendungsprogramme können interaktiv über die COM-PLETE-Terminals eingegeben, übersetzt und gestartet werden. Im Fehlerfalle können die Dumps des Programmes
am Bildschirm angesehen werden.

In die Programme müssen die CALL-Aufrufe mit den entsprechenden Parametern für
die gewünschten COM-PLETE-Funktionen eingebaut werden. Außer diesen Aufrufen sind
keine COM-PLETE bedingten Modifikationen erforderlich. Insbesondere brauchen die
Programme, mit der Ausnahme der selbst mit COLOAD/COLINK nachgeladenen, nicht
re-entrant geschrieben zu sein. Durch die Vermeidung zusätzlicher COM-PLETE Befehle
können die Programme mit den normalen Compilern umgewandelt werden.

Bei der Programmerstellung muß beachtet werden, daß der Umfang der Programme
nicht zu groß wird. Wie in Kapitel 3.1.2 (Task Management) bereits kurz beschrieben,
werden die Anwenderprogramme nicht unterteilt, sondern komplett in den Benutzerthreads gespeichert. Um den realen Kernspeicherbedarf des Online-System gering zu halten und einen guten Durchsatz zu erhalten ist es sinnvoll, die Größe der Threads zu beschränken. Das Programm sollte deshalb aus mehreren selbständigen Modulen (Tasks) bestehen. Mit der Overlay Technik kann der Benutzer dann eine eigene Verwaltung und
Aufrufstruktur erstellen.

Zum Bearbeiten der Programme steht die Funktion UEDIT zur Verfügung.

3.1.4.2 Editieren bei COM-PLETE

Mit der UEDIT-Funktion können Programme eingegeben, geändert und zum Umwandeln, Linken und Ausführen abgeschickt werden. UEDIT ist ein **Fullscreen-Editor**. Das
heißt, daß nicht eine Zeile in einen Bearbeitungsbereich transportiert und dort verändert
werden muß, sondern daß der Cursor beliebig auf jede Zeile gesetzt werden kann. Innerhalb einer Zeile kann jedes Zeichen mit dem Cursor angesteuert und verändert werden.
Zum Eingeben und Ändern von Texten stehen die üblichen Funktionen wie Suchen
(SCAN), Ersetzen (REPLACE), Kopieren (COPY), Löschen (DELETE) usw. zur Verfügung. Zusätzlich dazu können die Terminal-Funktionstasten eingesetzt werden.

Beim Aufruf von UEDIT wird die zu bearbeitende Datei automatisch in eine interne
COM-PLETE SD-Datei geschrieben. Alle Änderungen werden dann nur in dieser Datei
ausgeführt. Mit dem Kommando SAVE kann die SD-Datei wieder zurückgeschrieben werden.

Der Aufruf der Funktion erfolgt über das Utility-Auswahlmenu. Es wird dann ein Auswahlbildschirm ausgegeben, über den in die gewünschte Anwendung verzweigt werden
kann. Für Hardcopyterminals wird von COM-PLETE ein eigener Zeileneditor (UED) zur
Verfügung gestellt, der ebenfalls mit einer SD-Datei arbeitet.

3.1.4.3 Testen von Anwendungsprogrammen

Die Testunterstützung läßt sich bei COM-PLETE in zwei Verfahren einteilen, Anzeigen von Thread-Dumps und Modifizieren von Objektprogrammen.

Die Dumps können mit der Funktion UDUMP auf dem Bildschirm angezeigt werden.
Sie werden von COM-PLETE nach einem fehlerhaften Programmabbruch in eine SD-Da-

tei geschrieben. Es können maximal 40 solcher Dumpdateien erzeugt werden. (Nach der 40. Datei wird die erste überschrieben.) Jeder Dump enthält eine Kopie des Threadbereichs mit allen Werten, die Registerinhalte und die Fehlerursache. Beim Anzeigen auf dem Bildschirm können Teile des Dumps umadressiert werden. Dies kann relativ zum Thread- oder Programmanfang, relativ zu Registerinhalten oder anderen Adressen geschehen. Zum Suchen bestimmter Inhalte steht ein Suchbefehl zur Verfügung.

Der aktuelle Stand der Objektprogramme kann mit der Funktion ULIB (ZAP-Kommando) auf dem Bildschirm angezeigt und verändert werden. Um gezielt einzelne Stellen im Programm ansprechen zu können, müssen die Adresse des entsprechenden Programmbereiches und der Inhalt in hexadezimaler Form angegeben werden. Beim Ändern sind neben der Adresse noch der alte und neue Inhalt erforderlich.

Mit dieser Funktion können kleine Fehler ohne eine erneute Umwandlung des Quellenprogramms verbessert und das Programm neu ausgeführt werden. Dies birgt jedoch Gefahren, da es sehr leicht möglich ist, daß solche Änderungen später vergessen werden.

Weitere Testmöglichkeiten wie Online-Debugging werden von COM-PLETE nicht angeboten. (Unter Online-Debugging versteht man Programmtestläufe, bei denen man das Programm an beliebigen Stellen anhalten, Variablen und Feldinhalte auf dem Bildschirm ausgeben und interaktiv verändern kann.)

3.1.4.4 Verwaltung von Benutzerprogrammen

Alle Online-Programme, die unter COM-PLETE laufen sollen, müssen in der **COM-PLETE-Programmbibliothek** gespeichert sein. Die Programme werden über ihren Namen identifiziert. Der Name und einige zusätzliche Informationen wie Regiongröße und Threadlock werden von COM-PLETE automatisch dem Programm vorangestellt (Präfix). Die Programmbibliothek kann mit dem Utility ULIB verwaltet werden. Bei dem Aufruf von ULIB können die verschiedenen Verwaltungskommandos angegeben werden. Die wichtigsten dieser Kommandos sind Katalogisieren (CAT) und Löschen (DEL) eines Programmes, Ausgeben (DIS) der Attribute und Verändern der Objektprogramme (ZAP).

Die Regiongröße, die bei dem CAT-Kommando übergeben wird, gibt den Platz an, den das Programm einschließlich aller Speicherbereiche benötigt. Dies kann maximal 252 K sein.

Das Programm selbst ist in seiner Größe auf etwa 64 K beschränkt. Bei größeren Programmen muß der Programmierer eine eigene Overlaystruktur entwerfen. Der Threadlock-Parameter (CAT-Kommando) gibt an, daß ein Programm immer nur in den Thread geladen werden kann, der an dieser Stelle angegeben ist. Damit ist sichergestellt, daß nur eine Kopie eines Programmes zu einer Zeit aktiv ist. Da eine Datei ebenfalls einem Thread fest zugeordnet werden kann, ist es möglich, eine feste Verbindung zwischen einem Programm und einer Datei herzustellen. Dies ist z.B. bei der Verarbeitung von ISAM-Dateien wichtig. (Siehe dazu auch Kap. 3.1.5.1.)

Bei dem ersten Aufruf einer Transaktion, sucht der **Transaktion Handler** den Namen des dazugehörigen Programmes in einer Programmtabelle, die resident im Arbeitsspeicher liegt. In dieser Tabelle sind verschiedene Informationen über die Programme, wie Name, Größe und Berechtigungen gespeichert. Der COM-PLETE Lader lädt das Programm dann aus der Programmbibliothek mit einem Zugriff in einen speziellen oder einen anderen ge-

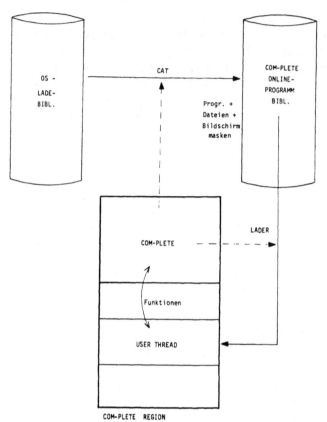

Bild 116: Programmverwaltung

eigneten Thread. Dort wird es dann von COM-PLETE gestartet. Nach dem Start arbeitet es völlig unabhängig und benutzt nur die COM-PLETE Funktionen als Unterprogramme.

Während des Laufes kann das Programm weitere Programme aufrufen oder über den Transaktion Handler eine neue Transaktion starten. Jede dieser Transaktionen kann am Ende die Steuerung wieder an den Transaktion Handler zurückgeben. Die Transaktion ist damit beendet und es werden alle in Anspruch genommenen Resourcen freigegeben.

Zum Überwachen des Ablaufes bietet COM-PLETE eine Reihe von Programmen an, die statistische Auswertungen durchführen. Es kann damit geprüft werden, ob Systempa- rameter wie Puffergrößen und Prioritäten so definiert sind, daß eine optimale Leitung des Online-Systems gewährleistet ist.

3.1.5 Dateibearbeitungsmöglichkeiten bei COM-PLETE

Mit COM-PLETE können sowohl konventionelle Dateien als auch Datenbanken bear- beitet werden. Außerdem besitzt COM-PLETE noch zwei eigene Dateitypen, die CAP- TURE- und die SD-Dateien. Für den Transport der Daten zwischen Datei bzw. Datenbank werden von COM-PLETE Pufferbereiche (big buffer) benutzt, die in Einheiten von 2K Bytes vergeben werden.

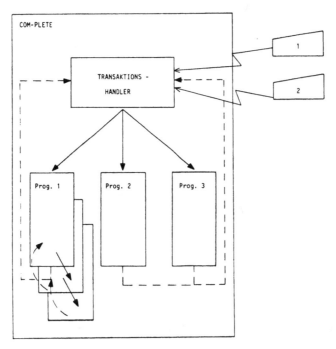

Bild 117: Transaktionsbehandlung bei COM-PLETE

3.1.5.1 Verarbeitung/Verwaltung von konventionellen Dateien

COM-PLETE unterstützt die IBM-Zugriffsmethoden BDAM, ISAM und VSAM. Die Dateien können mit allen Verarbeitungsformen (Einfügen, Löschen, Ändern) angesprochen werden. Bei Veränderungen in den Dateien kann wahlweise auf dem Sicherungsband ein Logging der Sätze vor und nach der Veränderung erfolgen. Damit ist eine Wiederherstellung der Dateien im Falle einer Zerstörung bzw. ein Rückgängigmachen von Veränderungen möglich.

Die Datendateien können dynamisch allociert und deallociert werden. Ein Open auf eine Datei braucht erst beim ersten Zugriff ausgeführt zu werden. Außerdem können Dateien für die TP-Benutzung gesperrt werden. Die Dateien werden zum Schutz gegen konkurrierende Update-Zugriffe gesperrt (Datenschutz auf Dateiebene). D.h., daß eine oder mehrere Dateien *für eine Transaktion* einem Benutzer exklusiv zur Bearbeitung zugeteilt wird.

Das Einfügen von neuen Sätzen in ISAM-Dateien ist sehr aufwendig (Überlaufbereiche, Aktualisieren der Indexlisten usw.). Bei COM-PLETE ist es deshalb erforderlich, daß die Neuaufnahme von Sätzen in ISAM-Dateien aus einem bestimmten Thread erfolgt. Die Zuordnung der Datei zu dem Thread wird beim Katalogisieren in die COM-PLETE Programmbibliothek mit der Threadlock-Option definiert. Das Programm, das die Einfügungen ausführen soll, wird auf dieselbe Weise mit der Lock-Option dem „ISAM-Thread" ebenfalls fest zugeordnet. Die Option sorgt außerdem dafür, daß jeweils nur eine Kopie des Programmes aktiv ist. Es ist aus diesen Gründen zweckmäßig, daß der ADD-Funktionaufruf in eine separates (kleines) Programm gelegt wird, das dann mit ATTACH oder FETCH nachgeladen werden muß.

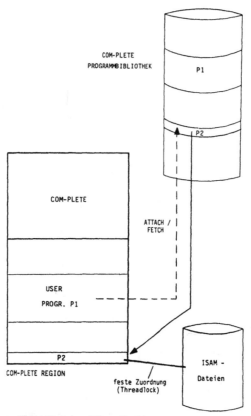

Bild 118: Verarbeitung von ISAM-Dateien (Threadlock)

Eine Möglichkeit diese Form des Einfügens von Sätzen zu umgehen liegt darin, in die Dateien Dummysätze (leere Sätze) zu legen, die dann nur noch verändert werden müssen. Bei BDAM und VSAM ist die Lock-Option nicht notwendig!

Das Lesen und Schreiben von Dateien bzw., aus den OS-Dateien erfolgt mit Hilfe verschiedener COM-PLETE Funktionen, die mit CALL in dem Benutzerprogramm aufgerufen werden:

TFGET   Lesen eines Datensatzes
TFGETU   Lesen eines Datensatzes zum Ändern
TFPUT   Schreiben eines oder mehrerer Datensätze
FFPUT   Schreiben eines veränderten Datensatzes.

Alle Dateien, die durch diese vier Funktionen bearbeitet werden sollen, müssen bei der Initialisierung von COM-PLETE definiert und zugeordnet werden. Außerdem müssen sie in der COM-PLETE Online-Programmbibliothek eingetragen sein.

In dieser Bibliothek befinden sich außer den Dateien alle Online-Programme und Bildschirmmasken, die mit COM-PLETE angesprochen werden sollen. Die Verwaltung der Bibliothek wird mit dem Utility ULIB ausgeführt. Zum Eintrag einer Datei wird der Befehl

CAT (catalog) benutzt. Mit ihm können alle Argumente angegeben werden, die nötig sind, um die Datei zu beschreiben und zu definieren. Dazu gehört ein Name, der Typ der Datei (ISAM, BDAM, VSAM), die Art des erlaubten Zugriffes und bei ISAM-Dateien evtl. eine Zuordnung der Datei zu einem oder mehreren Thread (**threadlock**). Die Datei darf dann nur von Programmen angesprochen werden, die in diesen Threads liegen!

Das Sperren von Dateien beim verändernden Zugriff wird über ein exklusives ENQ (ENQUEUE) geregelt, das automatisch beim Aufruf von TFGETU ausgelöst wird. Nach der Ausführung von TFPUTU wird mit einem entsprechenden DEQ (DEQUEUE) die Datei wieder freigegeben. Mit den Funktionen TFENQ und TFDEQ kann sich ein Benutzerprogramm eine Datei exklusiv zuordnen und wieder freigeben.

Die Verwendung der COM-PLETE Datei-Lese- und Schreibfunktionen setzt in dem Anwendungsprogramm einen Bereich voraus (**request parameter list**), der die I/O-Anforderungen spezifiziert (z.B. Anzahl Sätze, Art des Zugriffs usw.).

3.1.5.2 COM-PLETE SD-Dateien

Außer den IBM-Zugriffsmethoden benutzt COM-PLETE noch eine eigene Zugriffsmethode zur sequentiellen und direkten Verarbeitung. Diese **COM-PLETE SD-Dateien** (SD =

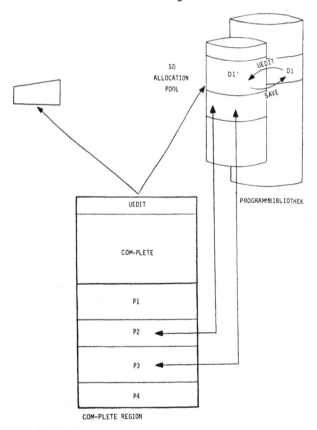

Bild 119: COM-PLETE SD-Dateien

sequentiell direkt) können als schnelle Zwischenspeicher sowohl für TP als auch für Batch-anwendungen benutzt werden. Sie können ohne Formatierung dynamisch über den Bild-schirm oder von Programmen aus eingerichtet und gelöscht werden.

Die SD-Dateien werden von COM-PLETE u.a. dann automatisch eingerichtet, wenn das Utility UEDIT aufgerufen wird. Der Anwender kann sie zum Austausch von Daten zwi-schen verschiedenen Programmen und als Terminal-Paging-Dateien benutzen und dafür selbst einrichten. Alle SD-Dateien liegen in einem gemeinsamen SD-Bereich (**SD allocation pool**).

Mit verschiedenen ULIB-Kommandos kann die Belegung bzw. die Größe des noch freien Bereiches auf dem Terminal angezeigt werden. Die Verwaltung wird über eine Directory von COM-PLETE übernommen. Mit ULIB kann die Directory angezeigt werden, so daß die Anwender eine Übersicht über die Anzahl und Größe der Dateien erhalten können.

Das Einrichten der SD-Dateien vom Anwenderprogramm aus geschieht mit der Funk-tion SOPEN. Es muß dabei ein Name und die Satzlänge mitgeteilt werden. Wenn die SD-Datei bei dem Aufruf bereits existiert, bewirkt er das Eröffnen zur Bearbeitung. Es gibt zwei Arten, eine SD-Datei zu bearbeiten, gemeinsam und exklusiv. Bei der gemeinsamen Verarbeitung können zwei oder mehr Anwenderprogramme gleichzeitig die Datei lesen, verändern und löschen. Andernfalls ist die Benutzung einem User vorbehalten. Zur Aus-führung der Befehle dienen die Funktionen SDWRT, SDREAD, SDCLOS und SDDEL. Alle vier Funktionen werden über Calls aufgerufen.

3.1.5.3 CAPTURE-Dateien (Sicherungsdatei)

Es besteht für die Anwenderprogramme die Möglichkeit, eigene Daten in die COM-PLETE Sicherungsdatei zu schreiben. Solche Daten können z.B. Datensätze, Programm-ausgaben – die als Traceinformationen gesammelt werden –, oder Prüfinformationen sein. Es können auch Einfüge- oder Änderungstransaktionen gespeichert werden, die dann spä-ter durch Batchprogramme ausgeführt werden können. Das Schreiben in die Datei ge-schieht mit einem Call der Funktion CAPTURE.

Zu beachten ist, daß die Benutzerprogramme die Datei zwar beschreiben, sie jedoch nicht lesen können. Dazu muß ein spezielles Batch-Utility CUCTCAPT benutzt werden.

3.1.5.4 Verarbeitung von Datenbankdateien

COM-PLETE kann mit allen Datenbankmodellen zusammen eingesetzt werden: Nach der Umwandlung muß das Programm mit einem entsprechenden Interface zusam-mengebunden werden. Im Moment besteht ein solches Interface für ADABAS. Andere Mo-dule müssen auf Anforderungen erstellt werden.

Mit einer Datenbank zusammen bildet COM-PLETE ein vollständiges DB/DC-System mit allen Funktionen für Datenschutz und Datensicherheit.

Batch-Programme können dann sowohl getrennt von COM-PLETE nur mit ADABAS oder ohne ADABAS nur mit COM-PLETE arbeiten.

Die Anwendung von ADABAS entspricht der in dem 1. Teil beschriebenen Methode.

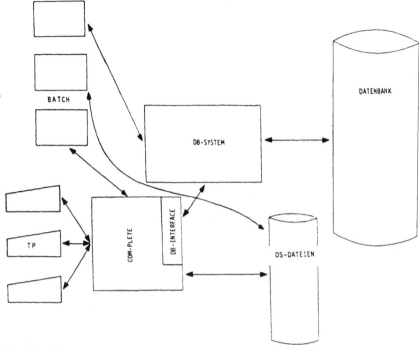

Bild 120: COM-PLETE mit einer Datenbank und OS-Dateien

3.1.6 Management von OS-Dateien

3.1.6.1 Verwaltung der OS-Dateien

Alle Aufgaben, die mit dem Management der OS-Dateien zusammenhängen, werden von dem Utility UDS bearbeitet. Es wird vom Bildschirm aus aufgerufen. Über einen Auswahlbildschirm kann der Terminalbenutzer dann in die Funktionen springen. Diese Funktionen umfassen u.a. das Zuordnen (ALLOC), das Katalogisieren (CATLG) und Entkatalogisieren (UNCATLG), das Löschen (SCRATCH) und Umbenennen (RENAME) von Dateien sowie verschiedene List- und Such-Anfragen.

3.1.6.2 Verwaltung von Partitioned Data Sets

Hierfür steht ein besonderes Utility, UPDS, zur Verfügung. Mit UPDS können über das Terminal die verschiedensten Funktionen ausgeführt werden:

— Listen der Directory
— Anzeigen eines Members (eines PDS)
— Anzeigen einer sequentiellen Datei
— Löschen eines Members
— Umbenennen eines Members.

Das Utility wird über das Menu vom Bildschirm aus aufgerufen. Es wird dann ein weiterer Auswahlschirm gezeigt, über den in die Funktionen verzweigt werden kann.

3.1.7 Management von Batchprogrammen

Außer dem TP-Betrieb können über COM-PLETE auch selbständige Batch-Programme (Asynchrone Tasks) in eigenen Regions/Partitions gestartet werden. COM-PLETE übernimmt dann die Steuerung dieser Programme. Der Anstoß kann entweder über COM-PLETE-Kommandos oder von Benutzerprogrammen aus erfolgen. Er kann von bestimmten Ereignissen wie Uhrzeit oder ähnlichem abhängig gemacht werden. COM-PLETE stellt die Programme in die OS-Warteschlange, wo sie von dem Betriebssystem ausgewählt und gestartet werden. Zum Austausch von Daten können die COM-PLETE SD-Dateien benutzt werden. Die Ausführung des Submits im Benutzerprogramm obliegt der Funktion RJE (remote job entry), die wie alle COM-PLETE Funktionen über einen Call aufgerufen wird. Im Programm muß in einem Bereich die JCL für den zu startenden Job vorbereitet sein. Die Adresse und die Länge dieses Bereiches müssen als Parameter an RJE übergeben werden. Anhand eines Returncodes kann das Programm selbst überprüfen, ob das Abschicken erfolgreich war. (Bei umfangreichen JCL-Statements kann RJE mehrmals aufgerufen werden.)

Das Starten eine Asynchronen Task vom Terminal aus geschieht mit dem Editorkommando SUBMIT.

3.1.8 Management von COM-PLETE

COM-PLETE benötigt während des Betriebes keine eigene Masterkonsole. Die Kommunikation mit COM-PLETE erfolgt entweder über die normale Systemkonsole oder ein COM-PLETE Terminal, das als Konsolterminal definiert ist. Nur von diesem Terminal aus sind die Systemmanipulationen erlaubt. Zu dem COM-PLETE Konsolbefehlen gehören unter anderem

DIS   Anzeigen der Terminal Aktivität

ADD   Hinzufügen einer Leitung unter COM-PLETE Kontrolle

DEL   Freigeben einer Leitung von der COM-PLETE Kontrolle, so daß sie von einem anderen System benutzt werden kann

IGN   Logisches Sperren von Terminals, d.h. die Terminals werden nicht mehr bedient

RES   Wiederstarten eines gesperrten Terminals

DCTL   Anzeige priviligierter Terminals

SETCL   Terminal in priviligierten Status setzen

UNCTL   Priviligierten Status für ein Terminal löschen

HMSG   Senden der 'HELLO' Message z.B. nachdem Terminal mit Ignore gesperrt waren

CAN   Beendigen eines Programms für ein Terminal (cancel)

CLO   Abschließen des Logbandes

EOJ   Abschließen des COM-PLETE Systems.

3.1.9 Jobablaufmanagement mit COM-PLETE

Zur Kontrolle des Ablaufs von Programmen (Jobs) steht die Funktion UQ zur Verfügung. Die Möglichkeiten, die die Funktion bietet, lassen sich in zwei Gruppen teilen: Anzeigeoperationen und Kontrolloperationen. Mit den Anzeigeoperationen lassen sich Informationen über die aktiven Tasks im System, Pagingstatistiken, Jobs in Input- oder Output-Warteschlangen, Statusinformationen über Bänder und Platten auf dem Bildschirm anzeigen und Messages an den Consoloperator schicken. Die Kontrolloperationen erlauben eine Beeinflussung des Jobablaufes. Dazu gehört z.B. das Löschen eines Joboutputs aus der Outputqueue, das Verändern einer Outputklasse u.a.m. Außerdem können die Gesamtaktivitäten aller Regions/Partitions auf dem Bildschirm verfolgt werden.

Aus Sicherheitsgründen können UQ-Funktionen bestimmter Terminals oder Terminalbenutzer zugeordnet werden (**control status**).

Um zu verhindern, daß alle Terminalbenutzer den Output jedes Jobs anschauen und beeinflussen können, kann beim Initialisieren von COM-PLETE alternativ definiert werden, daß alle Benutzer jeden Job, oder kein Benutzer einen Job anschauen und kontrollieren kann. Im zweiten Fall muß dann für jeden Terminalbenutzer speziell ein Zugriffsprofil definiert werden.

3.1.10 Datensicherung bei COM-PLETE

Zur Datensicherung gibt es bei COM-PLETE ein Sicherungsband. Diese Sicherungsdatei enthält eine Kopie der Datensätze, die verändert wurden (after images). Es muß jedoch bei der Definition der Datei ein automatisches Logging spezifiziert worden sein.

In die Loggingdatei können von den Programmen aus beliebige Daten geschrieben werden (CAPTURE-Funktion).

Außerdem enthält das Logband statistische Informationen wie Startzeit eines Programmes, Anzahl der Plattenzugriffe, Zeitpunkt und Art der Beendigung des Programmes. Dazu werden die Identifikationen der Nachrichten, die zwischen den Terminals ausgetauscht wurden, festgehalten.

Ein automatisches Recovery bei der Bearbeitung konventioneller Dateien existiert noch nicht. (Eine ET/BT-Logik wie bei ADABAS ist in Vorbereitung!)

Allerdings bietet COM-PLETE beim Editieren mit UEDIT eine Recovery-Funktion an. Diese sollte immer benutzt werden, wenn längere Eingaben zu machen sind.

3.1.11 Datenschutz bei COM-PLETE

Zum Schutz gegen unerlaubten Zugriff auf Daten und Programme stehen verschiedene Mechanismen auf unterschiedlichen Ebenen zur Verfügung:

TERMINAL Jedes Terminal ist in COM-PLETE eindeutig definiert. Für jedes dieser eindeutig definierten Terminals können verschiedene Sicherheitsstufen eingerichtet werden.

PROGRAMM Jedes Anwendungsprogramm verfügt über Systeminformationen, die zur Einrichtung eines eindeutigen Programmschutzes herangezogen werden können.

DATEI   Der Zugriffsschutz auf Dateien erfolgt über Programmname, Jobname, Terminal ID und/oder Passwort. Der Zugriffsschutz kann auf alle zu schützenden Dateien im System ausgedehnt werden. Er beschränkt sich nicht nur auf die unter COM-PLETE Kontrolle laufenden Online-Dateien, sondern bietet auch einen wirksamen Schutz gegen beliebige Programme, die auf die Dateien zugreifen.

EXITS   Für speziellen, durch den Benutzer zu definierenden Datenschutz stehen besondere Standard-EXIT-Routinen zur Verfügung.

Der Zugang zu COM-PLETE selbst ist durch ein Passwort geschützt. Jeder Terminalbenutzer muß sich dem System gegenüber identifizieren. Dies geschieht durch einen Aufruf des Utilities ULOG mit User-ID und Password. Das Utility prüft anhand einer SD-Datei, ob der Benutzer zur Benutzung von COM-PLETE zugelassen ist. Die Datei enthält zu diesem Zweck für jeden zugelassenen Benutzer einen Satz. Die Terminalsitzung muß ebenfalls durch ULOG abgeschlossen werden. Dabei werden verschiedene statistische Informationen über den Benutzer abgespeichert.

Die Sicherung von Plattendateien vor unberechtigten Zugriffen wird vom Systemprogrammierer mit der COM-PLETE **direct access device security** (DASDS) Routine eingerichtet. Es werden dabei die Namen aller Batch- und Online-Programme, die zum Zugriff auf eine Datei berechtigt sind, definiert. Außerdem wird ein Password vergeben, unter dem die Datei anzusprechen ist. Für Online-Programme kann noch eine Zuordnung zu bestimmten Terminals hergestellt werden. Programmen, die solche geschützten Dateien ansprechen wollen, steht dazu die Funktion DASDS zur Verfügung. Bei dem Call der Funktion muß das Programm dann den Namen der Datei und das Passwort angeben. Nach jedem Auslagerungsvorgang des Programmes muß ein erneuter DASDS-Call ausgeführt werden. Das heißt, nach jedem Terminal I/O muß ein DASDS-Aufruf codiert werden.

Alle unberechtigten Zugriffsversuche auf eine geschützte Datei erzeugen eine Meldung auf der Operatorkonsole mit Angabe der Partition, des Programm- und Jobnamens, sowie des Namens der angesprochenen Datei. Der Operator wird durch den Hardware-Alarm auf die Datenschutzverletzung aufmerksam gemacht. Sobald er die Meldung quittiert hat, wird das Programm mit Dump abgebrochen. Datenschutzverletzungen, die so registriert wurden, können nicht mehr aus der Dokumentation entfernt werden.

Literaturverzeichnis

Bauer, F.L., und *G. Goos:* Informatik, Eine einführende Übersicht. Zweiter Teil, 2. Aufl. Berlin−Heidelberg−New York 1974.

Bauer, M.: Datenbanken im direkten Zugriff. Teil 1: Welche Vorteile bringt eine Datenbank? Online-adl-nachrichten 10 , 1979.

−: Was passiert nach einem Systemabbruch? Online-adl-nachrichten 7−8, 1979.

Date, C.I.: An Introduction to Database Systems. Reasing, Mass. 1975.

Dierstein, R.: Datensicherung in Datenbanksystemen. Datenschutz-Berater (DSB), Nummer 10, Informationsdienst zu den Problemen von Datenschutz, Datensicherung und Ordnungsmäßigkeit der Datenverarbeitung, Düsseldorf 1979.

Ernst, G., und *H. Wetzel:* Rechnerorganisation II, Skript SS 1977, TU Berlin, Fachbereich 20.

Härder, T.: Implementierung von Datenbanksystemen. München−Wien 1978.

−: Leistungsanalyse von Datenbanksystemen. Angewandte Informatik 4, 1979.

IBM: IMS/VS PRIMER. IBM FORM Nr. SH 12−1285−0.

−: IMS/VS Anwendungsprogrammierung DB, Lerntext IBM FORM Nr. 6R12−1440−0.

−: IMS/VS Anwendungsprogrammierung DC, Lerntext IBM FORM Nr. 6R12−1441−0.

−: DATORG Arbeitsmittel, Einführung in die Datenorganisation auf Speichereinheiten mit direktem Zugriff. IBM-Form R12−1115−1.

−: IBM System/38. Einführungsbroschüre.

−: OS/VS2 Access Method Services Release 3.7 6C26−3843−0.

Klar, R.: Digitale Rechenanlagen. Sammlung Göschen Band 1241/1241a. Berlin 1970.

Löhr, K.-P.: Rechnerorganisation III, Skript WS 75/76, TU Berlin, Fachbereich 20, Forschungsgruppe Betriebssysteme.

Martin, J. : Computer Data-Base Organisation. Englewood Cliffs, NJ. 1975.

Moritz, B.: Checkliste: Organisationskriterien bei einem Dateientwurf. Online-adl-nachrichten 1−2, 1978.

Mikroprozessoren (Textsammlung). Die elektronische Revolution, Zeitungskolleg, Deutsches Institut für Fernstudien an der Universität Tübingen.

Niedereichholz, J. (Hrsg.): Datenbanktechnologie. Tagung II/1979 des German Chapter of ACM am 21. und 22. 9. 1979 in Bad Nauheim. Stuttgart 1979

Palmer, I.: Database Systems: A Practical Reference. C.A.C.I Inc. 1975 Internation, London, England Herausgeber Curtice, Crodman, Kerr

Projektgruppe Existierende Datenbank Software: IMS Datenbanksysteme − Erfahrungsberichte. Heft 3, Teil 1, Institut für Informationssysteme (IIS) GMD.

Scheuernstuhl, G., H.-J. Schneider, und *J. K. Wild:* Manuskript zur Vorlesung Datenbanksysteme I. Berlin WS 77/78.

Schlageter, G., und *W. Stucky:* Datenbanksysteme: Konzepte und Modelle. Teubner Studienbücher: Informatik. Stuttgart 1977.

SCS Akademie: Seminar Datenbanksystem IMS.

Software AG Darmstadt: ADABAS Reference Manual, Sept. 1976, ADA−321−020.

−: ADABAS Utilities Manual, Sept. 1976, ADA−321−030.

−: Übersicht über COM-PLETE, Sept. 1978, ACM−300−000.

−: COM-PLETE Utilities Reference Manual, Sept. 1978, COM−300−124.

−: ADABAS Versions 4.1.1 Planing Guide, April 1978, ADA−411−004.

−: ADABAS Anwenderschulung, Juli 1979, ATR−322−200.

−: ADABAS DBA Policies and Procedures, Okt. 1979, ADA−411−040.

−: COM-PLETE Anwenderschulung, Sept. 1979.

−: COM-PLETE PL/1 Application Reference Manual, Sept. 1979, COM−300−123.

−: ADABAS DBA Reference Manual, Mai 1980, ADA−411−042.

−: ADABAS Datenbankadministrator Schulung, Mai 1980, ATR−410−030.

−: ADABAS Introduction.

−: ADASCR Datenschutz Handbuch.

−: COM-PLETE Einführung, COM−100−065.

Tannenbaum, A.S.: Struktured Computer Organization (Vorabdruck).

Tsichritzis, D., und *P.A. Bernstein*: Operating Systems. New York 1974.

Tsichritzis, D., und *F.H. Lochovsky*: Data Base Management Systems. New York 1977.

Weber, W.: Einführung in die Methoden der Digitaltechnik. AEG-TELEFUNKEN-Handbücher **Band 6**, 4. Aufl. 1970.

Wedekind, H.: Datenorganisation. 3. Aufl. Berlin 1975.

Wedekind, H., und *T. Härder*: Datenbanksysteme II. Hrsg. von K.H. Böhling, U. Kalisch, H. Maurer Mannheim–Wien–Zürich

Wiederhold, G.: Database Design. New York 1977.

ZEDA Gesellschaft für Datenverarbeitung und EDV-Beratung: Shadow II Einführung.

–: Shadow II COBOL Programmers Reference Manual DOS and OS REF.No. AD–0107–7.

–: ISOGEN II Einführung.

Saarbrücker Arbeitstagungen

W. Kilger und A.W. Scheer (Hrsg.)

Rechnungswesen und EDV
1983. 526 Seiten. Brosch. DM 98.—
ISBN 3 7908 0304 9

Infolge des hohen Datenvolumens im Rechnungswesen sowie der vielfältigen Verflechtungen und Schnittstellen zu anderen betrieblichen Bereichen ist der Einsatz fortschrittlicher Instrumente der Datenverarbeitung oftmals zu einer zwingenden Notwendigkeit geworden.
Hierbei stellt sich aber das Problem, die sich ständig weiterentwickelnden technologischen Möglichkeiten der elektronischen Datenverarbeitung beim Aufbau von Planungs- und Abrechnungskonzepten sinnvoll zu nutzen.
Das Forum der Saarbrücker Arbeitstage führte Wirtschaftswissenschaftler, Führungskräfte aus Groß- und Mittelunternehmen und Unternehmensberater zusammen, die dann gemeinsam ihre Kenntnisse und Erfahrungen zu diesem Themenkomplex austauschten.

Rationalisierung
1982. 487 Seiten. Broschiert DM 86.—
ISBN 3 7908 0290 5

Stagnierendes Wachstum und verschärfte internationale Konkurrenz zwingen die Unternehmen weltweit, ihre Kosten zu senken bzw. weiteren Kostensteigerungen entgegenzuwirken. Rationalisierungsmaßnahmen in allen betrieblichen Teilbereichen sind notwendig.
Auf der 3. Saarbrücker Arbeitstagung diskutierten Praktiker mit anwendungsorientierten Wissenschaftlern über die Probleme und Möglichkeiten der Rationalisierung. Dabei wurden eigens dafür entwickelte Verfahren, wie etwa die Gemeinkosten-Wertanalyse, die Funktionsanalyse und das Zero-Base-Budgeting zur Erhöhung der Wirtschaftlichkeit herangezogen. Schwerpunkte bildeten darüber hinaus die Rationalisierungserfolge durch Einsatz der EDV bzw. die Rationalisierung des EDV-Einsatzes.

Forschungsgruppe Konsum und Verhalten (Hrsg.)

Innovative Marktforschung
1983. 266 Seiten. Gebunden DM 98.—
ISBN 3 7908 0289 1
(= Schriftenreihe Konsum und Verhalten 3)

Der Sammelband 'Innovative Marktforschung' richtet sich an Marktforscher in Betrieben und Instituten, die sich über neuere Verfahren der Datenerhebung und Datenauswertung informieren wollen. Im Kapitel zur Datenerhebung geht es vor allem um das nichtkognitive Verhalten und um Methoden zur Erfassung der Informationsaufnahme von Konsumenten. Damit rückt das alltägliche Konsumentenverhalten in den Mittelpunkt der Marktforschung.
In den Beiträgen zur Skalierung und zum Design werden moderne Techniken präsentiert, um das Repertoire der Praxis zur Datenauswertung zu erweitern. Besondere Bedeutung kommt der Magnitudeskalierung, dem konfirmatorischen Ansatz und der Längsschnittanalyse zu. Alle Methoden erlauben eine verbesserte Auswertung problematischer Daten, wie sie in der Marktforschungspraxis anfallen.
Die enorme Entwicklung auf dem Computermarkt führt auch zu Veränderungen für die computergestützte Marktforschung. Der dritte Teil des Buches beschäftigt sich mit der Durchführung von Marktforschungsprojekten mittels EDV. Im Mittelpunkt stehen moderne Entwicklungstrends im Bereich der Hard- und Software. Für den Marktforscher sind die computergestützten Interviewsysteme, Reaktionsmessungen und Auswertungsverfahren von besonderem Interesse.

Preise: Stand März 1984

physica-verlag · postfach 5840 · 8700 würzburg

GPSR Compliance
The European Union's (EU) General Product Safety Regulation (GPSR) is a set
of rules that requires consumer products to be safe and our obligations to
ensure this.

If you have any concerns about our products, you can contact us on

ProductSafety@springernature.com

In case Publisher is established outside the EU, the EU authorized
representative is:

Springer Nature Customer Service Center GmbH
Europaplatz 3
69115 Heidelberg, Germany